重庆市人文社科重点研究基地"重庆市统筹城乡教师教育研究中心"项目资助（项目编号：JDZS202302）；重庆市社会科学规划项目年度青年项目（2021NDQN75）；2023年重庆市教育委员会人文社会科学研究青年项目（23SKGH369）

新时代乡村教师教育情怀指标体系构建与提升路径研究

李 凯 著

重庆出版集团 重庆出版社

图书在版编目（CIP）数据

新时代乡村教师教育情怀指标体系构建与提升路径研
究 ／ 李凯著． -- 重庆 ： 重庆出版社，2024．7.
ISBN 978-7-229-18952-5

Ⅰ．G451.2

中国国家版本馆 CIP 数据核字第 2024FJ6178 号

新时代乡村教师教育情怀指标体系构建与提升路径研究
XIN SHIDAI XIANGCUN JIAOSHI JIAOYU QINGHUAI ZHIBIAO TIXI GOUJIAN YU TISHENG LUJING YANJIU

李 凯 著

责任编辑：袁婷婷
责任校对：刘小燕
装帧设计：寒 露

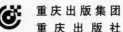
重庆出版集团
重庆出版社　出版

重庆市南岸区南滨路 162 号 1 幢　邮编：400061　http://www.cqph.com
定州启航印刷有限公司印刷
重庆出版集团图书发行有限公司发行
全国新华书店经销

开本：710mm×1000mm　1/16　印张：15.25　字数：245 千
2025 年 4 月第 1 版　2025 年 4 月第 1 次印刷
ISBN 978-7-229-18952-5

定价：88.00 元

如有印装质量问题，请向本集团图书发行有限公司调换：023-61520417

序

　　伴随着工具和技术理性的盛行，教育的"技术化"倾向忽略了对现代人精神的塑造。基于此，现代人的精神贫乏与沦落使得"精神成人"成为教育培养人的核心理念之一。[①] 教育是"精神成人"的主要路径和关键力量。正如雅斯贝尔斯所说："教育是人的灵魂的教育，而非理智知识和认识的堆积。""教师不是抱着投机的态度敷衍了事，而是全身心地投入其中，为人的生成——一个稳定而且持续不断的工作而服务。"要实现"精神成人"的理想愿望，教师必须具备深厚的教育情怀和高尚的精神品质。拥有深厚教育情怀的教师不仅能充分发挥自身的隐性影响力，引导学生向人格健全和人生幸福的方向发展，而且能站在人性的视角理解生命的价值，涵养自身的精神品质。从本体论、价值论、实践论的维度厘清教育情怀的人性逻辑，阐明教育情怀的德行素养，探寻教育情怀的智慧生成是新时代师德师风建设的重要内容，对深化认识和培育教育情怀具有重大意义。

　　教育情怀是一个我国本土化的概念。它是抽象的，看不见也摸不着，没有可操作的量化指标，却能触及心灵深处，充盈人性温度。它是一种超验的行动意识，是渗透于教育行动的意念，也是教师践行立德树人使命，从事教育活动的动力源泉和自身专业发展的情感内驱力。陶行知先生曾说，学校是乡村的中心，教师是学校和乡村的灵魂。推动乡村振兴，离不开一批又一批愿做春泥

---

① 靳玉乐，胡绪，张家军.教师一般育人能力的意义、特点与构成 [J].西南大学学报（社会科学版），2020，46（4）：93-100.

的乡村定向师范生。一所学校的发展靠校长，发展的动力靠教师，乡村教师是乡村振兴的重要力量。一支粉笔、两袖清风、三尺讲台、四季耕耘，他们用自己的无私奉献，点亮乡村的文明之光，滋润乡村教育的沃土。

教育是国运之本，是支撑国家发展的坚强基石。教师是教育的灵魂，人们常说"什么样的教师，就教出什么样的学生"，显而易见，教师与学生的成长、人才的培养有直接的联系。中国高等师范学府北京师范大学以"学为人师，行为世范"为校训，对教师及未来的教师进行定位。事实上，从社会发展、个人生存角度来说，教师也是一种职业，但因教师面对的受众不同，这份职业就具备了其他职业没有的独特性，它承载着千千万万家庭的希望，也承载着中华民族伟大复兴的希望。因此，教师必须厚植教育情怀。

2020年，中华人民共和国教育部（以下简称"教育部"）等六部门印发《关于加强新时代乡村教师队伍建设的意见》。文件提出如下意见：准确把握时代进程，深刻认识加强新时代乡村教师队伍建设的重要意义和总体要求；加强师德师风建设，激发教师奉献乡村教育的内生动力；创新乡村教师编制管理，提高乡村学校教师编制的使用效益；畅通城乡一体配置渠道，重点引导优秀人才向乡村学校流动；创新教师教育模式，培育符合新时代要求的高质量乡村教师；拓展职业成长通道，让乡村教师获得更广阔的发展空间；提高地位待遇，让乡村教师享有应有的社会声望；关心青年教师工作生活，优化在乡村建功立业的制度和人文环境；强化组织领导，确保各项政策措施落到实处。

2023年9月9日，习近平同志在致全国优秀教师代表的信中指出："教师群体中涌现出一批教育家和优秀教师，他们具有心有大我、至诚报国的理想信念，言为士则、行为世范的道德情操，启智润心、因材施教的育人智慧，勤学笃行、求是创新的躬耕态度，乐教爱生、甘于奉献的仁爱之心，胸怀天下、以文化人的弘道追求，展现了中国特有的教育家精神。"

综上所述，在社会多元化的今天，基础教育尤其是偏远山区及农村地区的教育，最为珍贵的是优秀的、扎根于教育的师资力量。究竟如何培养一批"下得去、留得住、干得好"的教师，以实现城乡教师资源的均衡配置与发展，是教育工作研究者和管理者需要思考的问题。从核心素养角度而言，乡村教师除了知识、能力方面的素养要过硬之外，还需要具有教育情怀。今天，站在以高质量的教育发展为党育人、为国育才的新时代起点上，教育同仁更应厚植教育情怀，为强国建设，为民族复兴，为脚下这片土地和每一个孩子的未来，也为教育事业的未来倾情奉献。因此，本书试图将教育情怀内涵进行系统梳理、归纳，并结合实证调研与质性访谈研究，提出培育乡村教师教育情怀的相应路径，以供各级教育行政部门及高等师范院校参考。

本书尝试构建新时代乡村教师教育情怀指标体系，并在此基础上对师范类高校及教育行政部门如何培育教育情怀路径进行全方位的实践研究。概括来说，本书具有如下理论意义与实践意义。

（1）理论意义：构建教育情怀指标体系，丰富教育情怀理论研究。

①通过对教育情怀内涵的梳理，提供一个教育情怀的理论框架，有利于构建并发展我国教师教育情怀的理论体系。

②通过对相关教育情怀理论的探索，构建乡村教师教育情怀指标体系，引导我国高等师范院校更好地推进师范专业内涵式发展，以及进一步提升职后教师教育情怀的认知与实践。

③通过对教育情怀培育路径的有力探索，从教学目标、设计、实施、评价等层面给予我国师范生教育情怀精准化培育的理论源泉，以及从职后发展方面提供培养策略等。

（2）实践意义：提出教育情怀培育路径，提升教育情怀实践研究。

①本书在实证调研的基础上，系统、全面地分析教育情怀相关文献，在此基础上，构建乡村教师教育情怀指标体系，注重养成性与实践性，积极探索乡村教师教育情怀培育提升路径，为我国教师教育基础性发展和成长提供理性指导。

②本书关注教育情怀的培育路径，通过对一线优秀教师成长路径的特质分析，从实践层面给予一些指导意见与行动路径，促进我国乡村基础教育的高质量发展。

前　言

　　"古之学者必有师。师者，所以传道受业解惑也。人非生而知之者，孰能无惑？惑而不从师，其为惑也，终不解矣。" 2023 年 9 月 9 日，习近平同志在致全国优秀教师代表的信中指出："新征程上，希望你们和全国广大教师以教育家为榜样，大力弘扬教育家精神，牢记为党育人、为国育才的初心使命，树立'躬耕教坛、强国有我'的志向和抱负，自信自强、踔厉奋发，为强国建设、民族复兴伟业作出新的更大贡献。"

　　笔者与学校相伴数十载，所遇师者颇多，但能让人记忆犹新、所念师恩者甚少。优秀的教师，似一缕清风，沁人心脾，也似一束光芒，照亮远方。一直以来，我们常常思考优秀的教师所秉持的品性与所坚守的初心是什么，是什么让他们能够一如既往、不懈努力、甘为人梯、默默无闻。基于此，我们想探究根植于优秀教师内心深处最宝贵的财富——教育情怀。

　　乡村教师是我国基础教育改革与发展的中坚力量，更是振兴乡村教育的核心群体。乡村教师教育情怀，是乡村教师日积月累，不断内化于心、外化于行的优良品德，是教师专业成长与发展不竭的动力源泉，更是对教书育人、培养社会主义事业合格建设者与可靠接班人所秉持坚定信念与忠诚保证最好的诠释。因此，探寻乡村教师教育情怀的指标体系构成与培育路径显得尤为重要。本书试图从理论与实证两个视角展开对乡村教师教育情怀的深入探索，期待能探寻教育情怀内涵本质、探究教育情怀指标体系、探索教育情怀培育路径，以期为乡村教师教育情怀提升提供路径参考。

本书编写框架、研究思路与统稿审定工作由李凯负责。房得阳与王永玲分别参与了叙事篇与实证篇内容的统稿工作。由于研究涉及大量的实证数据与质性资料，为了分类整理、系统分析，邱媛媛、廖丽、王钟依、向诗琪、刘欣悦、邓莉、王佳雨、赵银仙、梁爽、鲜冰冰、王悦、黎功鑫、杨尉等付出了辛勤劳动。质性访谈数据得到诸多位一线优秀乡村教师的大力支持，本书参阅并借鉴了多位专家学者的观点，在此一并表示感谢！最后，感谢重庆市人文社科重点研究基地"重庆市统筹城乡教师教育研究中心"项目资助（项目编号：JDZS202302）；重庆市社会科学规划项目年度青年项目（2021NDQN75）；2023 年重庆市教育委员会人文社会科学研究青年项目（23SKGH369）。

书中难免存在不足之处，敬请指正。

编者
2023 年 11 月

目　录

理论篇

第一章　教育情怀内涵演进的理论研究

第一节　词义溯源

一、教育的溯源

教育（education）狭义上指专门组织的学校教育；广义上指影响人的身心发展的社会实践活动。"教育"一词来源于孟子的"得天下英才而教育之"。拉丁语 educare 是西方"教育"一词的来源，意思是"引出"。

教育者按照法律法规和行业规范，根据学校条件和职称，有目的、有计划、有组织地对受教育者的心智发展进行教化培育，以现有的经验、学识授人，为其解释各种现象、问题或行为，以提高实践能力，其根本是以人的一种相对成熟或理性的思维认知、对待事物。人在其中慢慢对事物由感官触摸发展到认知理解的状态，并形成一种相对完善或理性的自我意识思维。但同时人有着自我意识思维，又有着自我感官维度，所以任何教育性的意识思维都未必绝对正确，而应该感性地理解思维的方向。

教育又是一种思维的传授，而人因为其自身的意识形态有着不同的思维方式。所以，教育应当以客观、公正的意识教化于人，如此，人的思维才不至于产生偏差，并因思维的丰富而逐渐成熟、理性，由此走向理性的自我和拥有正确的思维认知，这就是教育的根本所在。教育也是一种教书育人的过程，教师可将一种客观的理解传授给学生，使学生在生活中形成自己的价值观。因此，教育是一种提高人综合素质的实践活动。

"教育"一词始见于《孟子·尽心章句上》："君子有三乐，而王天下不与存焉。父母俱存，兄弟无故，一乐也；仰不愧于天，俯不怍于人，二乐也；得天下英才而教育之，三乐也。"许慎在《说文解字》中解释："教，上所施，下所效也。""育，养子使作善也。""教育"成为常用词，则是在19世纪末20世纪初。19世纪末，辛亥革命元老、中国现代教育奠基人何子渊、丘逢甲等有识之士开风气之先，排除顽固守旧势力的干扰，成功创办和推广新式学堂。随后清政府迫于形势压力，对教育进行了一系列改革，于1905年末颁布新学制，废除科举制，并在全国范围内提倡新式学堂。1909年，地方科举考试停止以后，西学逐渐成为学校教育的主要形式。

现代汉语中"教育"一词的通行，与中国教育的现代化联系在一起，反映了中国教育话语由"以学为本"向"以教为本"的现代性转变。

西方"教育"一词源于拉丁文 educare，前缀"e"有"出"的意思，意为"引出"或"导出"，意思就是通过一定的手段，把某种本来潜藏于身体和心灵内部的东西引发出来。从词源上说，西方"教育"一词是内发之意，强调教育是一种顺其自然的活动，旨在把自然人所固有的或潜在的素质自内而外引发出来。"教育"是以知识为工具教会他人思考的过程，使其思考如何利用自身所拥有的资源创造更多的社会财富，实现自我价值。

在教育学界，关于"教育"的定义多种多样，可谓仁者见仁、智者见智。一般来说，人们是从两个不同的角度给"教育"下定义的，一个是社会的角度，另一个是个体的角度。我国一般从社会的角度给"教育"下定义，而英美国家一般从个体的角度给"教育"下定义。从社会的角度来看，"教育"可以区分为以下不同的层次。

（1）广义的。从广义上说，凡是增进人们的知识和技能，影响人们思想品德的活动都是教育。"教育"被看成整个社会系统的一个子系统，承担着一定的社会功能。

教育从本质上理解就是社会对人们的知识灌输和行为指导；教育的对象是人；内容必须是良性的、有意义的。

（2）狭义的。从狭义上说，"教育"指个体精神上的升华。这一定义强调

3

社会因素对个体发展的影响。从个体的角度所定义的"教育"往往把"教育"等同于个体的学习或发展过程。

（3）更狭义的。从更狭义的角度来看，"教育"主要指学校教育，指教育者根据一定的社会或阶级的要求，有目的、有计划、有组织地对受教育者身心施加影响，把他们培养成一定社会或阶级所需要的人的活动。这主要指中国校园的应试教育。

综上所述，教育是在一定的社会背景下发生的促使个体社会化和社会个性化的实践活动。

二、情怀的溯源

《现代汉语词典》（第7版）将"情怀"解释为"含有某种感情的心境"。按心理学的解释，心境是以某种感情为主导或围绕某种感情、具有弥散性和持久性的心理状态。这种心境构成人们内心的情感基调和心理底色，持续地影响人们待人接物和做事的态度及言行。所以，"含有某种感情的心境"能表达出持续的情感体验、情感倾向和心理境况，有时也用来表达善美雅趣、温润心灵等方面的人文质感和意蕴，但难以明确表达人生志向、视野抱负、信念坚守及生活审美等生命品质和精神品性。近些年来，人们以多维语义和指向使用"情怀"这一概念，表达爱国家、爱民族的赤子深情和家国使命的责任担当，表达对中华优秀传统文化及美德的执着传承和弘扬，表达对理想、抱负、梦想的充分自信和执着追求，表达坚守初心、淡泊名利、用情做人、用心做事的生活态度和审美情趣，有时还表达不计一时得失而坚持"大胸怀、大抱负、大追求"的激情豪放等。

"情怀"一词在古汉语中是动宾词语的倒装词。情怀即"怀情"。其中，"怀"有"怀有""拥有"之义。而作为偏正词组，情怀即"情之怀"。其中的"怀"有"心胸""胸怀"之义。

情怀并非都是高尚的。情怀可以是平庸的、庸俗的，甚至可以是恶劣的。例如，"老夫情怀恶"（杜甫《北征》中的诗句）。从概念性质上理解，情怀是中性词。情怀作主语或宾语必须加定语。另外，情怀的概念可以理解为是由"怀情"的概念演化而来的。

情怀虽属于认知和情感范畴，却直接关乎意志和行动，影响乃至决定着人类行动的方向、动力和效果。古今中外，大凡在某个领域成就一番事业者，无不是对所作所为具有某种情怀者。

情怀是一种含有某种感情的心境，来自超验的"意义世界"，无法用数据指标测量和证明，但深植于精神文化土壤中。情怀由心而发，存在于主体的心智模式与认知结构中，具有持续性和稳定性；情怀具有鲜明的情感属性，并意指特定的对象，但并不随其日常情绪波动，而是理性"提纯"形成的一种抽象的情感；情怀是高层次的精神境界，关乎人文精神与良善品性，具有超越性。近年来，学术界对"情怀"这一概念的使用具体体现在以下几点。

其一，"情怀"不是简单地呈现人们"含有某种感情的心境"，而是表达对持续影响人们情感态度、生活方式、价值观念及言行的理想、信念、抱负和追求的坚持，表达人们在精神领域里执着地追寻生命意义、理想生活愿景或对内心精神家园的守望等；其二，"情怀"不是用物质的丰裕和享受展现个体富有的惬意，而是以精神的追求体现人们在现实社会生活中坚守内心的精神栖息或矢志于向真、向美的境界追求；其三，情怀不是个人情绪化的情感渲染，而是生命向前、向好、向上的一种积极人生态度和内在生命动能，包含责任、智慧、真诚、志向、勇气、理想、信念和追求等人性品质和精神品性。

简而言之，情怀是一种执着、挚爱，是人们内心情感态度、信念坚守和理想坚持等一体化融合的精神品性。个体所呈现的情怀展现着其鲜活的情感、坚定的信念、执着的理想追求及坚韧的行动力，展现其个性取向、生命审美、价值信仰、人格境界等精神生活样态。所以，"有情怀"已成为赞誉有品位、有涵养、有道德、有爱心、有责任、有抱负、有信仰、有梦想、有追求的人的"高阶语"。

三、教育情怀的溯源

结合"教育"与"情怀"两者的溯源，本书对教育情怀的溯源基于以下三个方面进行阐述。首先，教育情怀的产生与教育的出现相伴相随。自从有了教育活动，以及对于教育事业的重视与支持，人类社会才逐步产生与教育情怀相关的概念。其次，教育情怀的形成与社会的发展相辅相成。人类社会的发展让教育有了生长及生存的环境，尊师重教，教学相长，使得教育情怀的形成成为社会的需求、社会发展的内在动力。最后，教育情怀的发展与教师的职业相得益彰。教师成为职业后,教育真正成为社会发展的一项重要事业与活动,教师成为具有教育情怀的主体,也让教育真正有了灵魂使者,因而,教师职业化让教育情怀彰显其真正的内涵与价值。

何谓教育情怀?概括而言,教育情怀就是对教育的一种积极的情感体验和基本认知,是认知和行动主体对教育的一种正向态度和立场,是对教育的一种信心和信念。这种情怀关乎对教育的认同感和亲和力,反映认知主体和行动者与教育真实而具体的关系状态。通常意义上,教育情怀集中表现为对教育的一种深沉、持久、难以割舍的感情,其中包含对教育的责任感、使命感。教育情怀摆脱了生存主导的行为意向,转而追求精神性的超越与自我实现,这也使教育行动克服了盲行、盲动的实践导向,指向了追求卓越的精神境界。而具有教育情怀的教师一定富有善的感情、真的觉察和美的创造力,主动完善自身教育知识,提升教育技能,增长教育智慧,丰富教育情感,用教育情怀影响学生人格的发展和性格的养成。

基于此,本书对于教育情怀主要是从教师这一职业主体出发界定阐述的。

第二节　内涵表征

内涵是一种抽象的但绝对存在的感觉,是某个人对一个人或某件事的一种认知感觉。内涵不一定是广义的,也可是局限在某一特定人对待某一个人或某一件事的看法上。它的形式有很多,但从广义上来讲是一种可给人内在美感的概念。人的感知能力有差异,且内涵不是表面上的认知,而是内在的、隐藏在事物深处的认知,故需要探索、挖掘才可以得到。人们经常听到"某某某是一个有教育情怀的老师"的称赞,那么究竟什么是教育情怀的内涵呢?

《中国学生发展核心素养》总体框架确立了人文底蕴、科学精神、学会学习、健康生活、责任担当、实践创新六大素养。以核心素养的全面推进为着力点,用学生发展核心素养来引导乡村小学全科教师的专业发展。朱彤彤[①]等认为,乡村全科教师更需要乡村教育情怀的根植,乡村小学全科教师的乡村教育

---

① 朱彤彤,张爱琴.核心素养:培养乡村小学全科教师的新视角[J].基础教育研究,2019(7):24-26.

情怀主要体现在以下三方面：首先，热爱乡村教育事业，充分理解乡村教育的使命与意义。其次，对乡村教师身份的认同，从乡村教育工作中获得职业的幸福感和满足感。最后，关爱学生，平等对待每一个学生，尤其是对那些家庭条件相对困难以及父母常年外出务工的学生，要从学习和生活上多给予他们关怀。

韩延伦认为，教育情怀是教师内心执着于教书育人的精神品质，是教师执着追求教育的生命意义和坚守育人职业的内在动力与精神支撑。提升教师教育情怀境界，融聚教师坚守育人职业的内在力量和精神支撑，让教师在坚守育人职业中增强获得感、荣誉感、幸福感，是深化我国教育改革、提升教育整体质量的现实需要，也是高质量建设有理想信念、有道德情操、有扎实学识、有仁爱之心"四有"教师队伍的重要任务。

刘炎欣认为，教育情怀是教育者对教育事业产生的专业心境和情感依附。教育情怀与教育者的价值追求、专业发展、专业境界和情感特质等方面存在相互关联、不可分割的辩证关系。高远的价值追求是教育情怀的本体性存在，超越世俗的专业力量是教育情怀的行动逻辑。教师终其一生的专业发展是其教育情怀不断塑造的过程，也是教师专业化程度不断完善和丰富的过程。

教育情怀反映了"教师对于教育的理解、热爱、忠诚和信念的程度，体现为主观上的从教意愿"。教育情怀是教师专业成长的动力和专业发展的情感向心力。这是从哲学层面探讨教育情怀的机理，思考形成教育情怀的策略，挖掘教师专业发展与成长的情感机制。

刘文英认为，小学教育专业免费师范生的农村小学教育情怀内涵主要指教师对农村小学教育表现出的关注、热爱与追求。其内涵主要表现在认同感、责任感、使命感、服务意识、奉献精神和关爱学生等方面。

显然，教育情怀不是操作层面上的技术特征，更不是肉眼可见的"量化"指标，但它的存在却丝毫没有被怀疑过。它是一种超验的"行动意识"，是渗透于教育者教育行动过程中的意念，是对教育者的行动产生深刻影响的精神力量。教育与情怀是辩证统一的，教育情怀是身处教育之中的每一位从教者的核心价值品质，是教育者自由自觉的活动，体现了教育者意志、情感、意愿、坚守以及向心力的本质，是教育者精神力量的体现。

教师教育情怀不是简单地呈现教师在育人实践活动中的喜怒哀乐这些心

理状态和体验，而是用来表达教师发自内心的对教书育人的真诚、敬畏、责任和深沉的爱，表达教师对教书育人信念的坚守、对教育理想追求的坚持，表达教师在精神领域执着地追寻教育的生命意义和感受育人职业的崇高等。

刘庆昌认为，每一种具体的素养都牵连着学生主体的精神世界，而整个的核心素养结构就是一个受过教育的现代人形象。要培养这样的人，培育这样的素养，教师仅仅学高身正远远不够，还必须拥有教育情怀。教育情怀是一种客观的存在，在实践中也客观地发挥着作用，但可以肯定的是，人们普遍不会把教育情怀视为教育的生产力问题，而是很自然地把它归于教师个人职业修养的境界。而教育的粗放或者过于追求精细，又使得教育情怀不仅难有用武之地，甚至不会被教师自己提上议事日程。教师的教育情怀本质上是人文精神和教育理想融合的产物，它为教师拥有，却指向学生的成长、发展和解放，是一种朝着真善美的心理倾向。教师的教育情怀具体表现为以下五个方面。

（1）关怀。关怀是一人对另一人的关心，表现为在意另一人的存在、感受和未来命运，实际上就是一种爱。

（2）同情。从严格意义上说，同情也是一种关怀，但同情作为关怀并非持久的在意和关心，而是指与他人在内在情感、观念上产生了共鸣，或对他人外在的行为能够理解，这显然与把同情看作对弱者的关怀有所区别。

（3）启蒙。启蒙本义为启人之蒙，使人明白事理，并不是一种情感事件。

（4）解放。解放既是启蒙的题中之义，也是由启蒙延伸出来的一种相对独立的教育情感。

（5）成全。成全乃成人之美的态度，有中国儒家教育思想中的"成人"之意，是教育者欲成就受教育者的内在冲动，是一种建设性的教育情感。

一个具有关怀、同情、启蒙、解放和成全心理倾向的教师，即使他有知识和方法上的欠缺，也已经走在通向教育家的路上。这样的教师才是教育事业所需要的，当然也才是学生所需要的。[①]

教师的教育情怀即现代教师应具备的人文情怀，是教师对社会、学生和自身的情感态度和包容胸怀，包括师德伦理、人文精神和自我关怀。师德伦理是教师践行社会主义核心价值观爱国、敬业、诚信、友善的体现；人文精神的核心是促进每一个学生的全面发展，包括爱学生的教育态度、超越传统的教育

---

① 刘庆昌.核心素养教育呼唤教师的教育情怀[J].课程教学研究，2017（11）：4-6.

文化和尊重差异的教育智慧；自我关怀是教师对于其主体性、教育理想和教育反思的情感观照。由此，教师的教育情怀体现在社会向度的家国情怀、人格尊严、大爱之情，学生向度的人性关怀、品性涵养、个性塑造以及自身向度的主体性、理想追求、反思认知等方面。[①] 陈祺认为，教育情怀作为一个本土概念，其内涵有不同的解读。学界一致认为，教育情怀是教师对学生成长的迷恋和与学生相处的智慧。在新时代，教育情怀是教师的专业要求，它可促成教师的教育气质，能激发高昂的职业自觉，为专业发展提供源源不断的动力，是实现教育高质量发展的关键性因素。

一、指标体系

综上，诸多学者及专家从不同的角度对于教育情怀的内涵表征进行了较为全面且系统的阐述，基于此，结合研究对象乡村教师，本书将乡村教师教育情怀指标体系界定如表 1-1 所示。

表1-1　乡村教师教育情怀指标体系

一级指标	二级指标
理想信念	从教意愿、坚守之志、爱岗敬业、职业理想
仁爱之心	爱学生、爱生命、爱社会
道德情操	爱国守法、言行雅正、教育伦理
扎实学识	学科素养、教学能力、管理能力、科研能力
专业发展	职业规划、职后发展、终身学习

二、结构与功能

（一）教育情怀的"需要—满足"结构[②]

教育情怀并非人人具备，不同的人即使拥有教育情怀，其强度也会有明

---

① 肖凤翔，张明雪.教育情怀：现代教师的核心素养 [J].河北师范大学学报（教育科学版），2018，20（5）：97-102.
② 陈太忠，皮武.教育情怀：基于"需要—满足"框架的阐释与生成 [J].教育理论与实践，2021，41（19）：16-20.

显的区别，原因在于人的需要是不同的。需要及其满足是教育情怀的内在结构，可以用"压力体验—行动倾向—享用状态"的链式序列表示。

第一，压力体验。压力体验即某种心理失衡状态，当人目睹或体验到某种缺失时会产生不舒服的感觉和不愉快的情绪，这是需要产生的前提条件。教育情怀的产生同样源于人的心理失衡状态，它是教师感到个体成长和教育的社会价值不能充分实现而产生的心理不适。

第二，行动倾向。德国心理学家勒温（K. Lewin）假定个人与环境之间有一定的平衡状态，如果这种平衡状态遭到破坏，就会引起紧张（需要或动机），并导致力图恢复平衡的移动。因此，人类的行为包括紧张—移动—缓和的连续性表现。美国心理学家默里（H. A. Murray）把需要定义为"用以代表脑区力量的构造物，这种力量引起一系列行为的反应，使原有的紧张情绪解除，具有定向的目的"。马斯洛将人类的需要分成由低级到高级的不同层次，并把它们纳入一个连续的统一体中，把人的基本需要看作一个按层次组织起来的系统。而鲁宾斯坦认为，个性积极性的其他方面，如动机、理想和信念等，都是需要的变形。由上可知，如果教育的价值不能实现，因而让教育主体体验到压力或失衡状态时，教育主体就会努力消除这种压力，以便恢复到某种平衡状态，从而产生投身和奉献教育的倾向性。

第三，享用状态。享用是指使用某种东西或从事某项行为而得到满足。教育情怀并非具有强烈的、短暂的、爆发式特征的激情状态，也不是教师在出乎意料的紧张与危急状况下出现的应激状态，而是一种对教育事业关切和喜爱的持久而坚韧的情感，最后因投身教育而进入一种美好的生活状态，"就是'自然正当'的生活，那是一种完满、恬美、健康、正义的生活，它是按照灵魂的自然而体现的完美和谐的生活"[①]，因而也是一种良善的生活。作为一种需要，教育情怀可以暂时被掩盖，却像层层重压下的小草，即使长时间隐匿，也从不会真正消失，一旦条件具备，就会蓬勃地生长起来，直到通过从事教育行为而获得满足。

需要说明的是，教育情怀的内在机制不是一次性的"需要—满足"的过程，而是伴随着教师的职业成熟处于不断深化的螺旋式上升和循环过程之中。换言之，教师在产生从事教育工作的需要后，会通过采取行动，直至达到享用

---

① 金生鈜. 规训与教化 [M]. 北京：教育科学出版社，2004：261.

教育生活的阶段，但这并不意味着这一过程的终止，而是把教师带入新的境界，产生更高层次的需要，从而推动教师在教育事业中不断追求、奉献并获得更加美好的体验。

（二）教育情怀的功能

第一，超越性。教育情怀成分中的"关切"与"喜爱"必须基于对教育本质和价值的真正理解和认同之上。人的生命是双重的，生命成长的过程是矛盾的对立统一过程，也是一个不断实现自我超越的过程。这种超越性首先表现为精神性对生物性的超越。人通过创造自身的价值生命而与动物相区分，也奠定了人的超越性本质。其次表现为无限对有限的超越。作为现实性的存在，人的生命是有限的，但人的生命追求是无限的。教人成"人"的教育是人的价值生命的特有存在形式，其内在地包含着超越性，使得教育关涉理想和价值，决定了教师的教育情怀天然地具有某种超越性，其工作不是把现实的人再复制出来，而是为未来培养一代又一代新人，是对现实人的超越。因此，教育情怀应该是在对教育价值理解基础上的热爱，它能够促使教师的心灵从平庸中解放出来，不断感受和促进生命的超越。

第二，统整性。情怀属于个体情感体验，因而难以明确地为外界察觉。教育情怀是教师在较长时间内形成并表现出来的情感体验状态，表现为类型化、定势化的意识倾向和行为倾向。它是一种深层次的文化心理密码，对教师的观念和行为均具有巨大的统整作用。教育过程中教师的观念与行为是动态多元的，甚至多种教学观念与行为之间还会不断产生矛盾和冲突，教育情怀的统整作用可以使得不同的教育观念和行为在更高层面上得到整合。

第三，成全性。拥有教育情怀的教师对教育事业充满关切和喜爱之情，能够在成全学生的同时成全自身。教育活动首先指向学生的生命成长。"教师的教育情怀本质上是人文精神和教育理想融合的产物，它为教师拥有，指向学生的成长、发展和解放，是一种朝着真善美的心理倾向。"[1] 这说明教育情怀具有成全学生发展的鲜明特征，进而推动社会进步。因此，富有教育情怀的教师，对待社会始终表现出高尚的思想道德品质和崇高的教育伦理意识，对待学生始终表现出促进其全面发展的旨归和关心尊重的情感关照。与此同时，教育

---

[1] 谢翌.我看教育情怀[J].师道·人文，2020（10）：1.

情怀也成全教师自己，教师生活的快乐、幸福与成就的获得需要在学生身上实现。可见，强调教育情怀作为教师核心素养的关键在于，教育中的人将不再是"工具人"，也不再是抽象的"圣人"和"君子"，而是现实中的普通人，因此，要使人的全面发展成为教育的出发点和归宿，使立德树人在师生相互成全的过程中获得现实性和可能性。①

有理想信念、有道德情操、有扎实学识、有仁爱之心的"四有"好老师标准高屋建瓴，以简洁深刻的语言激励广大教师努力走好从人生存在到精神自由、从人生境界到价值使命的职业生涯可持续发展之路。理想信念决定老师灵魂的纯度和温度，维系老师人性的高度和气度，影响老师言行的信度和效度，制约老师发展的速度和深度；道德情操激励老师直面人生境界的问题，反思人生境界的榜样；扎实学识是老师体验人生自由的精神羽翼，赋予老师职业的亮度，磨砺老师精神的锐度，拓展老师思想的广度，建构老师生命的厚度；仁爱之心激励老师关注世界和平与人类命运，顺应和推动当代世界教育发展与变革的潮流，引领老师追寻遮蔽或失落的教育意义，为"构建人类命运共同体"的崇高理想进言献力。②

三、乡村教育情怀内涵

2017 年 10 月，教育部印发《普通高等学校师范类专业认证实施办法（暂行）》，文件指出，师范生的教育情怀是指"具有从教意愿，认同教师工作的意义和专业性，具有积极的情感、端正的态度、正确的价值观。具有人文底蕴和科学精神，尊重学生人格，富有爱心、责任心、事业心，工作细心、耐心，做学生锤炼品格、学习知识、创新思维、奉献祖国的引路人"。师范生乡村教育情怀包括以下三个方面。③

第一，对乡村发展的价值认可。对于大部分师范毕业生来说，任教乡村并非就业去向的第一选择，甚至是不被选择。他们大多认为乡村与城市相比是

---

① 陈太忠，皮武．教育情怀：基于"需要—满足"框架的阐释与生成[J]．教育理论与实践，2021，41（19）：16-20．
② 杨修平．习近平总书记"四有"好老师的教育哲学意蕴[J]．中国教育学刊，2018（7）：75-80．
③ 周银燕．地方高师院校师范生乡村教育情怀培育[EB/OL]．（2023-01-10）[2023-11-08]．https://www.doc88.com/p-29839264554594.html?r=1．

贫穷落后的，没有发展前途的，缺乏对乡村发展的价值认同。另外，即使任教也会因为渴望向城市流动，无法潜心和坚守乡村教育，从而形成"下不去、留不住、用不好"愈演愈烈的局面。多彩的乡土文化、丰富的自然知识、浓厚的乡村人文气息，都有待进一步挖掘和开发利用，形成乡村独特的课程和教师个性化教学。唯有在精神理念上充分认同乡村教育的重要价值，才有师范生前往和留在乡村任教的可能。

第二，对乡村教师的职业认同。长期以来，由于乡村的落后贫穷，只有能力不足的人才会在乡村发展的观念深入人心。加上对经济收入、教师编制、父母期望等因素的考虑，大部分师范生对乡村教师的职业认同感较低，缺少从事和坚守乡村教育事业的内在力量和信念支撑。对乡村教师的职业认同主要表现为乡村从教意愿、职业热爱、职业荣誉感、职业坚守四个方面。从教意愿的强度影响着职业热爱的生成，职业热爱的持续时间影响着职业荣誉感的获得，而职业荣誉感支撑着职业坚守，四者一脉相通，相互促进。只有对乡村教师职业充满认同，师范生才有乡村从教的意愿，才能对乡村教育注入情感，才能持续地全身心投入乡村教育事业。

第三，对乡村教育发展的责任担当。相对来说，乡村经济发展落后，教育环境艰苦，教师学习培训的机会较少，加上乡村学校的学生还有较多数量的留守儿童，乡村教师肩上担起的更多的是使命和责任。此外，在乡村振兴的背景下，乡村教师理应将教书育人与乡村振兴合流，不仅要把学生培养为具有基本素质的合格公民，更要唤醒他们内心的乡土情结，加强他们与乡土文化的联系，增进他们对乡村社会的认同。[①] 因此，师范生不仅要看到学生，还要拔高站位，基于乡村社会全局发展开展教育工作；既要让乡村少年走出乡村，更要让他们学成后回到乡村，建设乡村，发展乡村，而不是逃离乡村。师范生只有勇挑乡村教育发展的重担，才能在未来教育中潜移默化地影响学生，为乡村振兴埋下希望的火种。

---

① 赖明谷，安丽娟.基于乡村振兴战略的乡村教育发展研究[J].上饶师范学院学报，2019，39（4）：79-86.

第三节　时代发展

"青青子衿，悠悠我心。"自古以来，人才就是经济社会发展的第一要素，是城市创新驱动最活跃、最重要的基因。人才的培养跟教师有着直接的关系。在社会发展多样化、价值追求多元化的今天，公众对教育越来越重视，对教师的期望和要求也与日俱增。如果说知识改变命运，那么教师就是一个引路人、一个燃灯者，是一个用知识、用品格改变个体命运，并在这样的改变中汇聚起"时代季风"的伟大群体。一个新时代的教师，不仅仅要做一个合格的教书匠，还要做一个顶天立地的"大先生"。[①]

一、党中央对教师教育工作的重视

百年大计，教育为本；教育大计，教师为本；教师大计，师德为本。党的十九大和《关于全面深化新时代教师队伍建设改革的意见》强调加强师德师风建设，培养高素质教师队伍，倡导全社会尊师重教。教师素质是教师胜任教育工作的特质，通常由教师从事教育工作必备的知识、能力和情感组成，它们共同影响教师教育工作质量。

党的十八大以来，党中央高度重视教育工作，把教育摆在优先发展战略地位，对教育工作提出了一系列富有创见的新理念、新思想、新观点，系统回答了一系列方向性、全局性、战略性重大问题，标志着我们党对教育规律的认识达到了新高度，为推进新时代教育改革发展提供了强大思想武器。

学校立身之本在于立德树人。培养什么人，是教育的首要问题。我国是中国共产党领导的社会主义国家，这就决定了我们的教育必须把培养社会主义建设者和接班人作为根本任务，培养一代又一代拥护中国共产党领导和我国社会主义制度，立志为中国特色社会主义事业奋斗终身的有用人才。要把立德树人的成效作为检验学校一切工作的根本标准，健全全员育人、全过程育人、全

---

① 冰宇评论.厚植教育情怀 中华复兴才有希望 [EB/OL].（2018-09-20）[2023-11-08].https://www.sohu.com/a/254925938_100226880?scm=1102.xchannel:325:100002.0.6.0&spm=smpc.channel_248.block3_308_NDdFbm_1_fd.1.1701329203393yols8a2_324.

方位育人的体制机制，在坚定理想信念上下功夫、在厚植爱国主义情怀上下功夫、在加强品德修养上下功夫、在增长知识见识上下功夫、在培养奋斗精神上下功夫、在增强综合素质上下功夫，培养德智体美劳全面发展的社会主义建设者和接班人。这些重要论述进一步回答了新形势下培养什么人、怎样培养人、为谁培养人这个根本问题，明确了各级各类学校要坚持办学正确政治方向、培养社会主义建设者和接班人这一教育现代化的方向目标。

强教必先强师。要把加强教师队伍建设作为建设教育强国最重要的基础工作来抓，健全中国特色教师教育体系，大力培养造就一支师德高尚、业务精湛、结构合理、充满活力的高素质专业化教师队伍。弘扬尊师重教社会风尚，提高教师政治地位、社会地位、职业地位，使教师成为最受社会尊重的职业之一，支持和吸引优秀人才热心从教、精心从教、长期从教、终身从教。加强师德师风建设，引导广大教师坚定理想信念、陶冶道德情操、涵养扎实学识、勤修仁爱之心，树立"躬耕教坛、强国有我"的志向和抱负，坚守三尺讲台，潜心教书育人。

二、教育部对师范专业认证的审视

师范毕业生是中小学教师队伍的主要来源，师范类专业办学质量直接决定中小学教师队伍的整体水平，是影响中小学教育质量的关键因素。近年来，我国教师教育改革取得了积极进展，为基础教育和职业教育发展提供了强有力的师资保障。与此同时，教师教育综合改革也面临着开放化背景下的教师教育质量保障制度亟待建立、综合化背景下的教师教育特色亟待强化、教师教育内涵式发展亟待引导等新情况和新问题。

党的十九大明确提出要"加强师德师风建设，培养高素质教师队伍"。要加强教师教育体系建设，加大对师范院校的支持力度，找准教师教育中存在的主要问题，寻求深化教师教育改革的突破口和着力点，不断提高教师培养培训质量。《国家教育事业发展"十三五"规划》提出，加强教师教育体系建设，办好一批师范院校和师范专业，改进教师培养机制、模式、课程，探索建立教师教育质量监测评估制度。建立师范类专业认证制度、健全教师教育质量保障体系，是推动教师教育综合改革"牵一发而动全身"的突破口和着力点，是从源头上建设高素质教师队伍的一项重要举措。

随着我国教师教育开放化办学格局和高师院校综合化发展态势的日趋成型，教师教育专业资质问题被正式提上议事日程。2014年12月，教育部为规范和引导高校师范类专业建设，发布了《教育部关于开展师范类专业认证试点工作的通知》（教师司函〔2014〕98号）（以下简称《通知》），决定在江苏、河南和广西等省（自治区）开展师范类专业认证试点工作，重点完善师范类专业认证国家标准、研究制定师范类专业认证办法和探索师范类专业认证模式。

一个认证活动要得以顺利开展的条件很多，但其中最关键的要素是要有科学的认证标准。《通知》发布四套标准：《中学教师培养专业认证标准（试行）》《小学教育专业认证标准（试行）》《学前教育专业认证标准（试行）》《中等职业学校教师培养专业认证标准（试行）》，它们只是一个框架性标准，并没有相应的认定细则和操作方式，为此必须结合各地实际落实。

为规范引导师范类专业建设，建立健全教师教育质量保障体系，不断提高教师培养质量，教育部于2017年10月26日印发《普通高等学校师范类专业认证实施办法（暂行）》。

三、新时代对教师职业使命的塑造

教育大计，教师为本。教师是教育事业的第一资源，是国家繁荣、民族振兴、人民幸福的重要基石。在全国教育大会上，习近平同志就新时代教育改革发展提出一系列新理念、新思想、新观点，"坚持把教师队伍建设作为基础工作"作为"九个坚持"之一，突出了教师的重要性；要求教师肩负起"三传播""三塑造"的时代重任，将教师地位和作用提高到新的高度；提出"人民教师无上光荣"，对教师、教育和全党全社会提出更高要求。这是建设中国特色社会主义教师队伍的思想指引，是新方位、新征程、新使命下建设教师队伍的行动指南。

党的十八大以来，党中央坚持把教育作为国之大计、党之大计，作出加快教育现代化、建设教育强国的重大决策，推动新时代教育事业取得历史性成就、发生格局性变化。我国已建成世界上规模最大的教育体系，教育现代化发展总体水平跨入世界中上国家行列。据测算，我国目前的教育强国指数居全球第23位，比2012年上升26位，是进步最快的国家。这充分证明，中国特色社会主义教育发展道路是完全正确的。

中国特色社会主义进入新时代，发展新师范教育是贯彻党和国家决策部署的必然之举，提升教育现代化水平的必有之义，实现教育要素变革的必经之路。发展新师范教育，要更加重视立德树人根本任务的实施，要更加重视更高水准、更系统化、更智能化、更具开放性的教育，形成师范教育新目标、新形态、新模式。发展新师范教育，需朝着完善现代教师教育体系、创新现代教师培养模式、构建一流师资素质提升体系、健全新师范教育保障体系的方向不断前行。

（一）新时代教师的责任担当

"教师是人类灵魂的工程师，是人类文明的传承者，承载着传播知识、传播思想、传播真理，塑造灵魂、塑造生命、塑造新人的时代重任。"这一重要论述，深刻阐述了教师的重要性，突出了教师的重要使命和责任担当。

时代赋予责任，责任体现使命。当前，我国正处在实现中华民族伟大复兴中国梦的历史进程中，比历史上任何时期都更加接近中华民族伟大复兴的目标，对教育的期待比以往任何时候都更加迫切，对科学知识和卓越人才的渴求也比以往任何时候都更加强烈。在这样关键的历史时期，国家需要的是有健康体魄、有健全人格、有理想信念、有爱国情怀、有创新思维、有人文素养、奉献祖国、崇尚劳动的德智体美劳全面发展的人才。培养优秀人才，必须有优秀教师。今天的学生就是未来实现中华民族伟大复兴中国梦的主力军，广大教师就是打造这支中华民族"梦之队"的筑梦人。

新时代教师应坚持"三个牢固树立""四个相统一"，才能担当好时代重任。中国特色社会主义进入新时代，在这样的新时代，教师要担当好"三传播""三塑造"的时代重任。教师要牢固树立中国特色社会主义理想信念，带头践行社会主义核心价值观；牢固树立终身学习理念，加强学习，拓宽视野；牢固树立改革创新意识，踊跃投身教育创新实践，为发展具有中国特色、世界水平的现代教育作出贡献。教师应坚持教书和育人相统一，坚持言传和身教相统一，坚持潜心问道和关注社会相统一，坚持学术自由和学术规范相统一。"三个牢固树立""四个相统一"为广大教师确立了标杆，指明了方向，具有很强的指导意义。只有坚持"三个牢固树立""四个相统一"，广大教师才能完成塑造灵魂、塑造生命、塑造新人的时代重任；只有坚持"三个牢固树立""四个相统一"才能真正做到学生锤炼品格、学习知识、创新思维、奉献祖国的引路人，才能成为先进思想文化的传播者、党执政的坚定支持者、学生健康成长的指导者。

（二）新时代教师的能力要求

育有德之人，需有德之师。国家繁荣、民族振兴、教育发展，需要一支师德高尚、业务精湛、结构合理、充满活力的高素质专业化教师队伍，需要涌现一大批好老师。教师肩负着培养下一代的重要责任，做好老师"要有理想信念、要有道德情操、要有扎实学识，要有仁爱之心"。正确的理想信念是教书育人、播种未来的指路明灯，好老师应肩负国家使命和社会责任，应是道德高尚的人群；好老师还应是智慧型的教师，能够在各方面给学生以帮助和指导；好老师应该是仁师，没有爱心的人不可能成为好老师。"四有好老师"的标准，对新时代什么是好老师、怎样做一名好老师进行了深入诠释，为新时代教师素质能力提升指明了方向和路径。

提升教师素质能力是遵循教育规律和教师发展规律的重要体现。在全国教育大会上，习近平同志进一步强调指出："人民教师无上光荣，每个教师都要珍惜这份光荣，爱惜这份职业，严格要求自己，不断完善自己。做老师就要执着于教书育人，有热爱教育的定力、淡泊名利的坚守。"

"珍惜光荣"要求教师具有更强的职业理解能力。教师是太阳底下最崇高的职业，"一个人遇到好老师是人生的幸运，一个学校拥有好老师是学校的光荣，一个民族源源不断涌现出一批又一批好老师则是民族的希望。"这一论述充分揭示了一个民族拥有源源不断涌现的好老师是这个民族发展的根本依靠、未来依托，也体现了教师责任重大、使命光荣。而"珍惜这份光荣，爱惜这份职业"更需要教师自身深入理解这一职业，需要教师自我悦纳，需要教师把这种责任和使命作为自己内心坚定追求的情怀指向和目标，需要教师不仅敬重、挚爱这份职业，还需要教师在心中要有国家和民族，拥有肩负国家使命和社会责任的家国情怀，以信仰的心力担当育人的责任和使命，以爱心打开学生的知识之门，用爱心滋润学生的心田，用爱心培育爱、激发爱、传播爱，进而内化为教师的责任感、使命感、自豪感、获得感、荣誉感、幸福感，把对教师职业的理解上升为应有的品性高度。

　　"淡泊名利"要求教师具有更高的教书育人能力。教书育人是教师的天职，站在教室讲台上的那个人决定着教育的基本品质。这是教师的职业操守，是在"传道"中"授业""解惑"，要实现"经师"与"人师"的合一。它不仅展现了教师对教书育人的认知、对职业的感悟，也展示了教师的生活态度、生命状态和人生追求。教师的职业特性决定了教师必须是道德高尚的人群，应是以德施教、以德立身的楷模。学高为师，德高为范。教师在金钱、物欲、名利同人格的较量中应把握住自己，坚守精神家园，坚守人格底线，不为物欲所困，不为名利驱使，站住讲台、站稳讲台、站好讲台。这种坚守是一种行为品质，既表达时间维度上持久坚定的行动力，也表达意志品质上的坚忍执着。坚守是一种情怀品质，既表达坚定的责任心和执着的使命感以及忠于职守的人性品格和道德品性，也表达对内心信念的执着坚持。这种坚守不是以待遇和表彰、升迁为条件的，不是以条件决定去留的，更多的是来自对教师职业内在价值的坚守。教师应"捧着一颗心来，不带半根草去"，应"甘当人梯，甘当铺路石"。教师应以自身的学识、才识、阅历、德行濡化学生，点燃学生对真善美的向往。教师应有"热爱教育的定力"，不能把教师岗位仅仅作为一个养家糊口的职业，还应有为事业奋斗的志向和在育人实践中内省的意识，形成教书育人的强大动力。

　　"完善自己"要求教师具有更强的专业发展能力。教师要有强大的专业能力才能实现教书育人，"严格要求自己，不断完善自己"中的"严格"和"完善"对教师专业发展能力提出更高要求，尤其在当下的信息时代，更需要教师有终身学习的能力，进而不断提升专业能力。习近平同志指出："在信息时代做好老师，自己所知道的必须大大超过要教给学生的范围，不仅要有胜任教学的专业知识，还要有广博的通用知识和宽阔的胸怀视野。"教师所应拥有的理想信念、道德情操、扎实学识、仁爱之心，都需要在教育实践中学习获得。要给学生一碗水，教师就要有一桶水，甚至一潭水，这就要求教师应始终处于学习状态，站在知识发展前沿，刻苦钻研，严谨笃学，不断充实、拓展、提高自己，进而实现做学生锤炼品格的引路人，做学生学习知识的引路人，做学生创新思维的引路人，做学生奉献祖国的引路人。

（三）新时代教师的社会地位

百年大计，教育为本。"教育是国之大计、党之大计。""教育是民族振兴、社会进步的重要基石，是功在当代、利在千秋的德政工程。"这些重要论断，深刻阐述了教育发展的基本战略，充分体现教育在党和国家全局中的地位作用。"两个大计"是有机整体，统一于中国特色社会主义的伟大事业，统一于建设社会主义现代化强国的历史征程。

教师是立教之本，兴教之源。党的十八大以来，党中央将教师队伍建设摆在突出位置，作出一系列重大决策部署。例如，实施《乡村教师支持计划（2015—2020年）》，吸引优秀人才到乡村学校任教，带动和促进教师队伍整体水平提高，促进教育公平，推动乡村振兴。又如，印发《中共中央 国务院关于全面深化新时代教师队伍建设改革的意见》。这是中华人民共和国成立以来党中央、国务院出台的首个专门面向教师队伍建设的文件。它将教育和教师工作提到了前所未有的政治高度，明确教师的特别重要地位，确立公办中小学教师作为国家公职人员特殊的法律地位，要求各级党委和政府从战略高度认识教师工作的极端重要性，把加强教师队伍建设作为基础工作来抓，让教师成为让人羡慕的职业。再如，出台《教师教育振兴行动计划（2018—2022年）》。这是切实落实党的十九大报告中强调的"培养高素质教师队伍"的重要举措，为发展更高质量、更加公平的教育提供强有力的师资保障和人才支撑。这一系列重大决策部署为营造尊师重教的社会氛围提供了强有力的政策保障。

教师是人类历史上最古老的职业之一，也是最伟大、最神圣的职业之一。我国历来有尊师重教的传统，在历史长河中源源不断涌现出一批又一批好老师，昭示着中华民族的希望和传承。经过多年的努力，我国建立了较为完善的教育体系，拥有世界最庞大的教师群体，2017年，专任教师达到1 578万人，正是这一职业群体支撑起世界上最大规模的教育体系。我国教育总体发展水平居于世界中上行列，正是这一群体的辛勤耕耘、勤勉工作推动了我国教育的发展。尊重教师是发展教育事业的必然要求，也是尊重知识、尊重人才的具体体现。习近平同志对广大教师非常重视和关心，为全党全社会作出了尊师重教的表率。他强调，全党全社会要弘扬尊师重教的社会风尚，努力提高教师政治地位、社会地位、职业地位，让广大教师享有应有的社会声望，在教书育人岗位上为党和人民事业作出新的更大的贡献。这一重要论述为全党全社会尊师重教指明了方向。

随着办学条件不断改善，教育投入要更多向教师倾斜，不断提高教师待遇。这意味着，未来教育投入将从"物"的投入转向"人"的投入，并向教师倾斜，既用于加强教师培养、教师培训，又用于改善教师的工作、学习和生活条件，在经济上积极为教师谋福利，在物质条件上满足教师的需求，最大限度地改善教师待遇，让广大教师安心从教、热心从教、舒心从教、静心从教，让广大教师在岗位上有幸福感、事业上有成就感、社会上有荣誉感，让教师成为让人羡慕的职业。

（四）新时代教师的现实挑战

随着大数据、人工智能及 5G 新一代信息技术的发展与逐步普及，"人工智能 + 教育"的发展趋势日益明显，AI（人工智能）赋能教育已成为时代的命题，开始重构线上及线下的垂直教育生态。

AI 时代的教师应该承担什么样的角色？未来到底会不会失业？

英国最近发布一份报告显示，在统计未来社会三百多种将受到失业威胁的岗位中，电话推销员、打字员、保险业务员被淘汰率位居前三，科学家为 6.2%，音乐家为 4.5%，艺术家为 3.8%，教师排在倒数第二位，被淘汰的可能性是 0.43%。AI 时代，学校和教师不会消失，只是师生关系发生了变化。

未来教师已经不再是知识的唯一媒介和权威，学生可通过各种媒体与载体，而不只依靠教师获得信息和知识，教师主要是营造学习氛围，教孩子如何学习，富有情感地指导学生获取及处理信息的策略和方法；为学生设计个性化学习计划，帮助学生解决一些疑难问题，最终形成教与学的统一体。

世界正在以超出想象的速度飞速发展，未来教育将进入教师与人工智能协作共存的时代，而教师与人工智能的深度协同，可以在科技的迷幻与兴奋中帮助孩子建设心灵梦工厂，以充满个性化、正能量、高感性的赋能教育，促进学生的全面发展。

教育活动蕴含着丰富的情感与人文精神，师生情感交流是一种不可或缺的教育力量。教师要想在未来教育中真正发挥作用，就要有终身学习的意识，深刻理解教育的本质和科学技术进步给教育带来的变化，用 AI 创造的高效场景与深度体验，把孩子带进充满想象力的成长生态，结合教育的智慧，提升他们对世界的认知、自身的能力和内在的品格，这才是教师永恒的价值。

未来教育在对传统教育的内容、方法带来挑战的同时，必然会对教育的主体——教师带来巨大的挑战。

首先，对教师使命的挑战。千百年来，"传道、授业、解惑"是教师的基本使命和主要任务，但在教育内容多元化、综合化、能力导向和教育手段网络化、智能化、数据化的背景下，传统意义上的传道、授业、解惑已经不能反映现代教育和现代人才培养的要求，不能满足学生发展的需要。未来教育将改变师生之间单向传授的关系。面对日新月异的社会变化，面对网络化社群交往的普遍化，师生的单向传授无疑将被师生的双向交流、多向交流所替代。在现代网络环境下，人人是信息发出者，人人是交流主体，一人讲授、众人倾听的空间将越来越窄；未来教育中，信息渠道无限广阔，信息内容无限丰富，信息传播非常快速，用一种观点、一种声音、一个结论统帅教育过程将无法继续，一个世界多种声音、一个问题多种答案将成为常态；未来教育内容的单一信息来源更是变了，教师、教材、教参作为教育内容唯一的信息来源将被丰富多样的信息来源所取代，信息与信息之间的整合与辨析能力，信息的选择、判断和利用能力成为比信息本身更重要的能力。

其次，对教师教育功能的挑战。近年来，随着人们对教育性质和作用认识的加深、教育理念的更新，关于教育、教师单纯传授知识的观念已经得到了很大的改变，教育从单一知识传授转向知识、能力、态度三位一体的培养已成为广泛共识，并被写入国家教育文件，出现在教师培训活动中。但是，由于教育传统和考试选拔制度没有发生根本改变，知识性传授、模仿性训练、重复性练习仍然是教师教学的主要内容和形式。随着现代信息技术和人工智能的发展，传统的讲授将被丰富生动和更加具有针对性的信息传播所替代；机械练习、作业批改将被人工智能取代。据估计，现在教师工作内容的70%将由信息技术和人工智能来完成。对此，教师既要有所准备又不必太悲观。恰恰相反，简单重复的劳动被技术取代之后，教师的工作内容将聚焦于更复杂，更富有情感性、创造性、艺术性，更具互动性的"人"的教育活动。

更复杂的教学是将不同学科的知识和方法加以综合运用，以解决复杂问题。学科分化、分科教学仍然是现在的主要教育形式，随着单一学科知识、简单问题解决逐渐为信息手段所取代，复杂的教学将更依赖于人的教学。更富有情感性的教学既是学生成长的需要，也是机器教学的短板。高情感需求是现代社会的特征，情感交流和情感成长比知识获得更重要。传统教育由于时间和精力的限制及应试压力，很难实现这一目标，学生情感世界的苍白是普遍性问题。而教师机械性、重复性的劳动被信息技术替代以后，才更有可能从事一个大写的"人"的教育工作。更富有创造性、艺术性的教学，则是强调与众不同的、个性化的、培养想象力的教育，这些既是未来社会对人的素质的基本要求，也是当今教育的明显不足，当机械的、简单的、标准答案的教育更多由技术手段完成之后，教师才有可能更多地从事具体创造性、艺术性的教育。更具互动性的教育是指教师和学生在相互教育中构建新的世界。知识是现成的、由他人创造的，学生只是知识"容器"的观念在未来教育中将被彻底改变。学生既是知识的接受者，也是知识的创造者，教学活动既是既有知识的传递过程，也是新知识的创造过程，互动产生知识，互动创造人生。

最后，对教师生活方式的挑战。终身学习将成为教师的基本习惯。很长时间以来，在人们的观念中，学习是为了工作。读书、学习，进行知识的储备，是为了将来生活、工作的需要，这是社会现实的客观反映。社会的发展向人们提出了改变生活方式的要求，也为生活方式的改变创造了条件。在未来，不断学习、终身学习必将成为伴随教师一生的基本生活方式，成为一种人生的永久性体验。不断强化学习意识，增强学习动力，自觉改进学习方式，也将成为一名合格教师的必备素质。

第四节　培育路径

2020 年，教育部等六部门印发的《关于加强新时代乡村教师队伍建设的意见》明确提出："厚植乡村教育情怀。……引导教师立足乡村大地，做乡村振兴和乡村教育现代化的推动者和实践者。"乡村教师是乡村振兴的重要力量，师范生是补充乡村教师的主要群体。因此，以服务地方教育事业发展为师范生培养定位的地方高师院校，在师范生职前教育过程中培育其乡村教育情怀显得尤为重要。①

一、现实困境

（1）从教热情低落，职业坚守"燃料告急"。教育高质量发展离不开心怀理想、甘于奉献的教师。师范生是教师的后备力量，是未来的教师，理想信念的培育应是师范教育的重点。然而在现实中，教师多被视为一种谋生的职业，而师范生缺乏职业理想已成不争的事实。例如，乡村定向公费师范生作为补充乡村教师促进教育均衡发展的有效途径，是乡村振兴的重要力量，受到国家大力支持，他们毕业后却往往"下不去、留不住、干不好"。虽然受到协议约束大部分公费师范生仍然在毕业时选择了返乡从教，但由于普遍缺乏对乡村教师的角色认同，他们服务农村基层的概率较小，在服务期满后也难以继续留任。师范生的坚守意愿弱，严重制约了教育的高质量发展。

（2）职业认知不足，职业情感"难以催化"。教育高质量发展离不开先进的教师培育方式。师范院校的培育方式会直接影响师范生的教育情怀。当前，师范院校主要通过显性课程安排向师范生传授理论知识，隐性课程的影响不大，导致师范生职业认知不足。

（3）理论实践割裂，教育情怀"发动失效"。教育高质量发展离不开高素质的教师。教育实践是开启师范生职业生涯的起点，是为教师专业素质奠定基础的关键阶段。然而，在师范生的培养过程中理论与实践割裂，导致他们难以在真实场景中习得和内化教育教学理念和技能，师范生教育实践依然是教师培养的薄弱环节，师范毕业生的教育教学能力尚不能完全适应中小学的需要。真实的教育情境存在众多不确定因素，而师范生的能力多停留在处理书本习题上，熟悉并能背诵教育原理，却难以现场解决学生的各类突发事件，容易在教育实践中对职业产生恐惧，教育情怀衰退。

二、实践路径

《教师教育振兴行动计划（2018—2022年）》鼓励由地方政府统筹、地方高校引领和中小学积极参与的协同育人模式，建设职前与职后相互衔接的教师

---

① 陈祺，谢泉峰.教育高质量发展背景下的师范生教育情怀培育：现实困境与实现路径[J].湖南工业职业技术学院学报，2023，23（1）：66-70.

教育改革实验区,全面提升教师素质。师范生的教育情怀是个体感知和直观体验相结合而生成的,需要多维培养主体共同参与,形成协同育人模式。

第一,发挥地方院校师范生教育情怀培育引领作用。首先,开发校本课程,增强师范生教师职业认同和乡土情怀。课程是高校教学的载体。学校对不同专业制定相应的人才培养方案,明确培养目标。课程是实现培养目标的途径和方法。地方院校应鼓励教师在专业课程、教师教育课程和通识课程中加入课程思政内容,深化师范生对专业的情感认识,提升师范生的教育情怀。根据地方院校师范生的培养定位,地方院校应根据本地区乡村发展特色和历史开设一些乡土文化课程,以此增加师范生对乡村文化的认同。其次,拓展见习、实习价值,通过师范生具身感知和实践丰富情感体验。在教育教学中,见习、研习和实习是将理论应用于实践,提高师范生教育教学能力和水平的有效途径。最后,建设丰富的校园文化,培养师范生向善的道德品质和人文情怀。校园文化是培养师范生教育情怀的隐性因素,对师范生教育情怀的形成和发展起着潜移默化、春风化雨的作用。地方院校可对区域优秀乡村教师进行展示,讲述乡村教师的感人事迹,以增强师范生对普通人群或弱势人群的人文关怀,提高师范生的向善品质。

第二,构建区域政府统筹主导地位。地方院校主要服务地方需要,是促进地方教育发展和经济振兴的智力支持。地方政府应发挥政府管理职能,在教师进编计划、乡村教师工资待遇、地方院校实习实践基地开辟等方面进行统筹协调,支持地方院校对教师的职前职后培养,大力提高本地教师的教学素质。地方政府与地方院校可共建教师团队,邀请乡村、县域和市区特级教师、师德标兵开设师范生教学讲坛,讲解基础教育发展情怀和乡村教育的重要性,培养师范生的教育情怀和历史责任感,强化其乡村教育情感、职业认同感和职业归属感。

第三,鼓励中小学教师积极参与师范生实习指导。教育实习是提升师范生教育教学能力的重要保障。地方院校通过多次实践体验可以让师范生认识和体会乡村教育,了解乡村儿童的真实教育场域和激发其热爱农村教育的师者情怀。师范生在实习过程中,得到优秀中小学教师的言传身教,可促使其对乡村教育教学进行深刻反思。地方院校实习指导教师每周对师范生进行看望和指导,对师范生的问题进行分析和指导,并引导师范生开展农村留守儿童心理现状、乡村教育现状等问题的研究，以增强师范生的社会责任感。

第四，构建"U–G–S"协同育人机制，增强乡村学校实践教学体验。各地要积极构建高校、地方政府与中小学校三方协同育人机制，并积极利用人工智能信息提升人才培养质量。需要特别指出的是，乡村学校能够为师范生提供实践教学机会，在师范生培养中发挥着不可低估的价值和作用。陶行知在创办晓庄师范学校时认为："中心小学以乡村实际生活为中心，同时又为试验乡村师范的中心。"①

夫师，以身为正仪而贵自安者也。——《荀子·修身》

---

① 陶行知.陶行知全集（第 1 卷）[M].成都：四川教育出版社，2005：75.

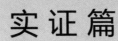

实证篇

第二章　教育情怀指标体系的实证研究

第一节　问题提出

一、研究背景

2018 年 9 月，《教育部关于实施卓越教师培养计划 2.0 的意见》发布，要求围绕全面推进教育现代化的时代新要求，立足全面落实立德树人根本任务的时代新使命，培养造就一批教育情怀深厚、专业基础扎实、勇于创新教学、善于综合育人和具有终身学习发展能力的高素质专业化创新型中小学教师。2019 年 9 月，教育部等五部门印发《关于加强新时代中小学思想政治理论课教师队伍建设的意见》的通知，强调"厚植家国情怀、传道情怀和仁爱情怀"。2022 年 4 月，教育部等八部门印发《新时代基础教育强师计划》，将教师师德师风建设提至教师队伍建设的首要位置，提升教师教育情怀成为新时代基础教育教师队伍建设的重要任务。2023 年 7 月，教育部印发《关于实施国家优秀中小学教师培养计划的意见》，提出要培养教育情怀深厚、专业素养卓越、教学基本功扎实的优秀教师。笔者对多份文件进行分析研究发现：教育情怀如今已经上升为教师应具备的关键素养，时代需要教育情怀深厚的高水平教师和具有先进教学理念的教育型教师。

本书旨在探索师范生教育情怀水平，并从中发现师范生所存在的问题，一方面基于此提出师范生教育情怀生成的方法、策略，给予师范生更多的启示，帮助师范生不断更新、提升自己的教育观，以便进一步建设结构良好、具有教育情怀的教师队伍，促进教育质量的提高；另一方面探索如何培养小学教师的教育情怀，完善我国教师教育情怀培养的理论体系。

二、研究目的

本书基于文献研究法、调查研究法对师范生的教育情怀现状、存在问题等进行系统研究，从更深层次挖掘师范生的教育情怀和专业发展的内在影响因素。本书具有理论和实践启示意义。理论上，本书结合国家政策、多位学者的观点，对教师教育情怀重新进行概念界定，并增加教师专业发展方面的内容，为后续研究提供理论依据。实践意义包括两方面：一方面明晰师范生对于教育情怀的理解，在此基础上挖掘其存在的问题和改进策略，为现有师范生教育情怀研究提供理论参考；另一方面通过现状调查为师范生教育情怀的提升提供数据支持，为教育部和师范类院校提供实施方向，以便制定适合小学教师高效发展的支持策略。

第二节　核心概念界定

教育情怀是教育者对教育事业产生的心境和情感依附，反映了"教师对于教育的理解、热爱、忠诚和信念程度，体现为主观上的从教意愿"[①]。教育情怀是教师专业成长的动力机制和专业发展的情感向心力。[②]本书下面结合国家政策、多位学者的观点从理想信念、仁爱之心、道德情操、扎实学识、专业发展五个方面进行概念界定。

一、理想信念

理想信念是人的内在信仰，它包括两个方面：一方面是教师对于未来个

---

① 侯小兵，张学敏.教师专业发展的模型及其实践价值[J].当代教师教育，2012（3）：6-10.
② 刘炎欣，王向东.论教育情怀的生成机制和升华路径：基于文化存在论教育学的视角分析[J].中国人民大学教育学刊，2018（2）：130-142.

人发展的美好想象，另一方面是教师内心确信和秉持的坚守。古人云："立志而圣则圣矣，立志而贤则贤矣。"理想信念会影响一个人的精神面貌和行为举止，教师的精神面貌和行为举止反映教师个人魅力，影响课堂效果。教师应"坚定理想信念，增强对党的价值追求和前进方向的高度政治认同，把好世界观、人生观、价值观这个'总开关'"。理想信念是中国共产党人的精神之"钙"，也是当代中国人实现中华民族伟大复兴的共同思想基础。教师为中华民族培养新时代接班人，应做到立德树人，而立德树人的首要之义是培养有理想、有担当、讲奉献的社会主义新人。教师只有自己有坚定的理想信念，才能真正承担起培育青年学生理想信念之重任。"有理想信念，这是实现中国梦的思想基础，体现了思想育人的导向。"①师范生应当不忘初心、牢记使命，坚定理想信念。

（一）从教意愿

从教意愿是指对于从事教育事业的愿望。从教意愿是师范生坚定从事教育事业必不可少的信念，坚定从教意愿是师范生坚定理想信念的前提。从人的本质上来讲，人是价值的存在，具有价值属性。要把握人的本质，对人的价值的关注必不可少。②教师作为"人"，其在经济、社会和环境等方面的价值追求不可忽视：经济方面受教师收入的影响；社会方面受社会对于教师身份认同的影响；环境方面受教师工作环境的影响。教师的从教意愿受到个人价值追求的影响。

（二）坚守之志

坚守是指具有持久的刚毅和决心来把握或坚持。坚守之志即师范生在面对内在困难、外界诱惑时能拥有从事教育事业理想信念的坚定意志。坚守之志为师范生有理想信念提供了心理基础，是师范生从事教育事业的关键力量。

---

① 于鹏飞. 习近平"四有"教师指向"四个导向"[EB/OL]. (2014-09-11) [2023-08-05]. http://cpc.people.com.cn/n/2014/0911/c241220-25644462.html.
② 姚炎昕，雷江华. 教师教育情怀：人性逻辑、德性素养与智慧生成[J]. 中国教育科学（中英文），2023，6（2）：121-131.

（三）爱岗敬业

爱岗敬业就是努力做好教育教学工作，在专业上无可挑剔，在态度上积极进取。[①]《新时代中小学教师职业行为十项准则》提出，中小学教师要做到爱岗敬业这一基本要求。爱岗敬业是教师的基本职业责任，是教师对于职业义务的自觉认识，是对职业责任的文化自觉。爱岗敬业是各个工作岗位都需具备的职业道德，教师担负育人重任，应更加注重自身职业素养的培养。

（四）职业理想

职业理想是师德动机的最高层次需要，是教师奉献教育工作的根本动力，是教师组织的核心成分。[②]职业理想一方面是个人的职业理想追求，另一方面是教师个人对于教师这个职业的责任意识。教师的职业理想是教师从事教育工作的事业心、责任心以及积极性，是教师全心全意培养学生社会责任与使命担当，乐于塑造人才的职业精神和成就动机。

二、仁爱之心

仁爱，即宽仁慈爱；爱护、同情的感情。语出《淮南子·修务训》："尧立孝慈仁爱，使民如子弟。"《史记·袁盎晁错列传》："仁爱士卒，士卒皆争为死。"仁爱是人类拥有的一种伟大情感，教师的仁爱之心是以爱学生为重要基础，进而延伸至爱生命、爱社会的一个非标准化系统。李碧静认为："具有仁爱之心的教师，应该时时关心学生的身心健康与发展成长，时刻谨记教师的使命和责任，对学生负责，呵护关爱学生。"[③]教师培养学生，不同于工厂的流水线制作，教师面对的是一个个有灵魂、有想法的独立生命个体，这就决定了教师必须用自己的独特灵魂唤醒另一个特别的灵魂，而教师要做到此，必须具有仁爱之心这样的伟大情感。有仁爱之心，这是教师从事的职业所需，体现了和谐育人的导向。①

（一）爱学生

教师对学生的爱要求教师要尊重学生的人格，满足学生学习和成长所需。而教师尊重学生，就是要尊重学生的追求、情感、兴趣、爱好、需要、经验和独立性、选择性以及创造性。② 爱学生是仁爱之心的核心理念，教师应将爱学生作为职业义务的基本内容，承担传授知识的基本责任，做到尊重学生的个人人格，鼓励学生的个人良好追求。

（二）爱生命

生命观是个体持有的对生命的态度，是做出有关生命行为的指导准则，对个体身心健康和社会和谐稳定具有重要意义。③2016 年 9 月 13 日，《中国学生发展核心素养》发布。它把"珍爱生命"列为六大核心素养之一"健康生活"的基本要点，要求学生能够理解生命意义和人生价值，了解生命安全的重要性。教师呵护学生生命，亦是在尊重学生的个性化需求。

（三）爱社会

爱社会是指以社会主义核心价值观为导向，坚持为中国特色社会主义事业而奋斗，为社会、人民而付出。郑小军提出，教师是为国家、社会和人民而培养学生，爱国家、社会和人民是教师仁爱之心的终极指向。④ 爱社会、爱国家是对教师的根本要求。教师不仅是知识的传授者，更是思想的传播者，他们所培养的学生应具有奉献祖国的远大理想和高尚情怀。

---

① 于鹏飞.习近平"四有"教师指向"四个导向"[EB/OL].（2014-09-11）[2023-08-05].http://cpc.people.com.cn/n/2014/0911/c241220-25644462.html.
② 李碧静.解读立德树人视域下教师的仁爱之心 [J].教育观察，2021，10（5）：138-140.
③ 张萌，黄莹.大学生生命观现状及其教育 [J].黑龙江高教研究，2018，36（9）：127-131.
④ 郑小军.论教师的仁爱之心及其实现 [J].教育评论，2018（11）：99-103.

三、道德情操

（一）爱国守法

依据《新时代中小学教师职业行为十项准则》，爱国守法指忠于祖国，忠于人民，恪守宪法原则，遵守法律法规，依法履行教师职责；不得损害国家利益、社会公共利益，或违背社会公序良俗。道德情操反映一个人的品德，它以道德认识为基础，以社会的道德要求为准则，最终体现在个人的道德行为上。[①] 爱国是道德认识的基础，社会道德要求的主要内容是遵守法律法规，最终体现为个人行为上的守法。

（二）言行雅正

言行雅正指教师语言规范，举止文明。依据《新时代中小学教师职业行为十项准则》，言行雅正具体指为人师表，以身作则，举止文明，作风正派，自重自爱；不得与学生发生任何不正当关系，严禁任何形式的猥亵、性骚扰行为。言行是否雅正反映了一个人道德认识水平的高低。教师有雅正的言行举止，学生才能"亲其师，信其道"，也像教师一样言行雅正。

（三）教育伦理

教育伦理指教育过程中的道德关系和行为规范，指向教育活动的价值和善。[②] 它是《新时代中小学教师职业行为十项准则》中规范从教行为的延伸。2016 年 6 月，教育部发布《高等学校预防与处理学术不端行为办法》，从国家层面大力整治学术不端行为。教育伦理体现了教育价值和教师职业素养。本书侧重于教育教学行为规范的公平与诚信。

四、扎实学识

扎实的学识是好教师的从教之基，好教师应具备精深的学科专业知识和

---

① 刘云芝，吴琼，韦洪涛.何为"有道德情操"的好老师：基于高校优秀教师的质性研究 [J].
苏州科技大学学报（社会科学版），2022，39（1）：89-94.
② 王正平.教育伦理学 [M].北京：人民教育出版社，2019：19.

广博的科学文化知识，注重遵循学生成长规律和教育规律，系统掌握科学的教学方法，与时俱进、因地制宜、因材施教，有目的、有计划地开展教学活动及评价。[①]习近平同志指出："扎实的知识功底、过硬的教学能力、勤勉的教学态度、科学的教学方法是老师的基本素质，其中知识是根本基础。"扎实学识的背后意蕴是以学生为中心，教师的知识要同时具有"专"和"博"的特点，要实事求是地认识到自身知识结构的不足，不断补充新知识，并能以这种求实精神影响学生，使每个学生对知识有敬畏感。[②]学生往往可以原谅教师的严厉刻板，但不能原谅教师的学识浅薄。"有扎实学识"是教师应具备的基本职业素养，扎实学识体现了知识育人的导向。

（一）学科素养

学科素养是师范毕业生从事小学教学工作的基础素养，是师范生形成教学能力的前提条件。参考2017年教育部印发的《普通高等学校师范类专业认证实施办法（暂行）》提出的四大毕业要求当中的"学会教学"，"学会教学"包括学科素养。学科素养是现代教育的重要培养目标之一，也是培养教师综合素质的重要途径之一。

（二）教学能力

教学能力是教师胜任教学工作的关键能力。参考2017年教育部印发的《普通高等学校师范类专业认证实施办法（暂行）》提出的四大毕业要求当中的"学会教学"，"学会教学"包括教学能力。高超的教学能力能够保证教学的顺利实施。教学能力是每位教师的基本素质，提高教学能力是提高教学水平和教学质量的首要前提因素。师范教育理论要与实践紧密结合，采用"教学做合一"的方法，以适应新时期党和人民的要求。

（三）管理能力

管理能力，对教师而言即班级管理能力。班级管理可以概括为教师通过

---

① 宋乃庆，罗士琰，肖林.新时代中国好教师培育刍议[J].中国大学教学，2018（7）：17-21，35.
② 夏文斌.引导教师做"四有"好老师[J].中国高等教育，2019（15）：76-78.

制定规则秩序、整合物理环境以促进学生学习的一系列过程与行为。[①]师范生专业认证中的一项毕业要求是"学会育人"。"学会育人"是师范生走上教学岗位的首要条件，育人是根本，管理能力是育人能力的重要内容，不具备管理能力就不能胜任教师这一职业。

（四）科研能力

科研能力指探究未知领域并产生创造性成果的能力。[②]随着新时代教育的发展和课程改革的不断深入，王鉴、王子君指出，新时代教师评价已发生从破"五唯"到立"四有"的转变，党明确将教师评价的重心回归于教师工作的初心。[③]科研能力已经成为新时代教师自身发展的一项必备能力。科研是教师的职业素养之一，也是提高教学水平和促进学科发展的重要手段。

五、专业发展

教师个体的专业发展是教师作为专业人员，从专业思想到专业知识、专业能力、专业心理品质等方面由不成熟到比较成熟的发展过程，即由一个专业新手发展成为专家型教师或教育家型教师的过程。教师是学生成长的引领者，教师的专业发展与学生息息相关。霍姆斯小组的系列报告提到"教师专业发展对教学产业的革命产生最持久的影响"。针对专业发展这一概念，学者们对此也进行了详细的讨论。马瑞娟认为，教师专业发展是教师内在专业结构不断更新、演进和丰富的过程，是教师为达到成熟而进行的持续不断的发展过程，是教师主体价值的实现，是教师实现内在生命价值的需要。[④]叶澜认为，教师必须对自身的发展有认识，其中包括对教育的理解以及对教育责任的承担。[⑤]赵昌木认为，教师专业发展，即教师学会教学、不断习得与教师有关的角色定位

---

① 夏文斌.引导教师做"四有"好老师[J].中国高等教育，2019（15）：76-78.

② 边国英.科研过程、科研能力以及科研训练的特征分析[J].教育学术月刊，2008（5）：22-25.

③ 王鉴，王子君.新时代教师评价改革：从破"五唯"到立"四有"[J].中国教育学刊，2021（6）：88-94.

④ 马瑞娟.教育生态学视阈下的教师专业发展[J].教育理论与实践，2013，33（3）：36-38.

⑤ 叶澜.我不赞成简单提"教师专业发展"[J].内蒙古教育，2023（3）：27-31.

和标准的社会化发展。[①]朱旭东认为，教师的专业生活过程就是知、情、意、行的内在专业结构得到不断丰富和完善的过程。[②]朱宁波认为，教师在职前、任教与进修整个过程中都必须坚持学习与研究，使自己的专业得到不断的发展。[③]此五位学者对专业发展进行了高度概括，本书采纳学者马瑞娟的定义，并基于国家最新政策文件进行补充。教师专业发展包含理想信念、仁爱之心、道德情操、扎实学识四方面，这四方面如能不断更新、演进和丰富，专业发展即可持续不断，教师就会成为"四有"好老师。

（一）职业规划

职业规划是对职业生涯乃至人生进行持续、系统的计划的过程，是师范生对自己未来的畅想，也是其学习知识的动力。史静寰、王振权提出，教师发展偏重于教师基于个性的教育方式，立足于个人需求，探索适合每个教师的不同教育方式，并在结合专业发展需要的基础上，完善教师多样化教育规划的职业生涯发展。[④]师范生需结合自身发展需求对未来进行规划。

（二）职后发展

教师职后教育重在培养高质量的教师，教师的职后发展方式是继续教育，目的是弥补和完善教师职前教育的不足，或者着眼于教师的专业成长，即注意教师自我知识的更新，帮助教师增强专业决策能力，拓展从事专业活动的知识来源。教师可以选择获得更高的学历，也可以有更多的职后教育选择。

（三）终身学习

孔子曰："吾十有五而志于学，三十而立，四十而不惑，五十而知天命，六十而耳顺，七十而从心所欲，不逾矩。"说明人需要不断地进行学习，紧跟时代的脚步。时代在不断地发展，教师专业发展的方向可以有相对固定的轨

① 赵昌木.教师成长论[M].兰州：甘肃教育出版社，2004：23.
② 朱旭东.教师专业发展理论研究[M].北京：北京师范大学出版社，2011：3.
③ 朱宁波.中小学教师专业发展的理论与实践[M].长春：吉林人民出版社，2002：72.
④ 史静寰，王振权.适合教师的个性化专业发展方式[J].教育理论与实践，2013，33（10）：35-39.

迹，但内容一定要与社会的、时代的要求结合起来。[①] 为了不与时代脱轨，教师需要不断地进行学习，提高自己，拥有终身学习的能力。

第三节　研究设计

一、调查对象

本书以对各类师范生的教育情怀进行问卷调查为基础，探究师范生的教育情怀的现状并提出相应策略。按照师范生的特殊定位和特点，本书选择当代师范生为调查对象。师范生是大学生的一类，所修专业属于教育方向，将来的就业目标比较明确，即到各级各类学校或教育机构从事教学管理工作，是未来教师的预备者。这样的教师不仅要有胜任某门学科的教学能力，还要对学生有一种情怀，使其在教师的培养下成长为德智体美劳全面发展的人。由于教育情怀相对内隐，对于师范生教育情怀如何培养的相关研究较少，但师范生的教育情怀又十分重要，所以本书选择它作为调查对象。

问卷发布采用随机抽样的方式，本次调查共回收问卷528份，有效问卷528份。参加问卷调查的所有被调查者中女生（72.54%）占大多数，男生（27.46%）占比较小。就被调查者的家庭所在地来看，城市占42.80%，农村占57.20%。而从被调查者的年级来看，2016级（8.71%）、2017级（3.22%）、2018级（6.06%）、2019级（18.56%）、2020级（18.18%）、2021级（13.07%）、2022级（31.82%）、2023级（0.38%）。同时，本次调查涵盖了各师范专业的学生，其中绝大部分是小学教育（全科教师）专业（67.99%）的学生，还有一部分是小学教育（卓越教师创新实验班）（6.63%）、小学教育（陶行知创新实验班）（9.66%）、教育技术学（7.58%）、英语师范（1.89%）的学生，另外还有其他师范专业的学生（6.26%）。统计发现，公费师范生占63.26%，普通师范生占32.20%，优师计划学生占1.52%，非师范生但想当教师的学生占3.03%。调查对象的基本信息如表2-1所示。

[①] 叶澜，白益民，王枬，等.教师角色与教师发展新探[M].北京：教育科学出版社，2001：226.

表2-1　调查对象基本情况

类　目	类　别	比例/%	项　数	类　目	类　别	比例/%	项　数
性别	男	27.46	145	师范生类别	公费师范生	63.26	334
	女	72.54	383		普通师范生	32.20	170
家庭所在地	农村	57.20	302		优师计划	1.52	8
	城市	42.80	226		非师范但以后想当教师	3.03	16
年级	2016 级	8.71	46	专业	小学教育（全科教师）	67.99	359
	2017 级	3.22	17		小学教育（陶行知创新实验班）	9.66	51
	2018 级	6.06	32		小学教育（卓越教师创新实验班）	6.63	35
	2019 级	18.56	98		英语师范	1.89	10
	2020 级	18.18	96		汉语言文学（师范）	1.33	7
	2021 级	13.07	69		数学与应用数学	0.19	1
	2022 级	31.82	168		戏剧教育	0.38	2
	2023 级	0.38	2		教育技术学	7.58	40
					其他	4.36	23

二、问卷设计

笔者通过分析已有研究发现，国内外对教师教育情怀的理论研究与实践探索尚处于萌芽阶段。但孩子成长的黄金时间机不可失，因此，培养教师的教育情怀，促进学生发展成为重中之重。本书以教育部发布的《小学教师专业标准（试行）》和《教师数字素养》教育行业标准为指导，参考《全科师范生信息化教学能力研究》一文中对于师范生信息化教学能力的调查问卷，《师范生眼中的"四有"好教师特质分析》一文中对于"四有"好教师标准以及《师范生教育情怀的内涵与结构：基于开放式调查的内容分析》中对于教育情怀的研究，进行了问卷设计，并确定理想信念、仁爱之心、道德情操、扎实学识、专业发展五个维度。问卷再将五个维度细分为17个二级指标，使其再细化，更加具体，通俗易懂，以便通过提出的问题调查师范生的教育情怀。每一个二级指标都包含具体的问题，调查对象根据自身情况从"非常不符合"到"非常符合"划分为五个等级，题目不同，得分不同，得分越高，表明师范生教育情怀水平越高，并进行了反向题目的设计，使其可以更好地反映客观现实。问卷主要包括三个部分：第一部分为基本信息；第二部分为现状调查；第三部分为问题建议。问卷各部分设计意图如表 2-2 所示。

表2-2　问卷各部分设计意图

部　分	题目类别	设计意图
基本信息	性别	了解师范生基本情况，通过分析探索其对于师范生的教育情怀的影响
	家庭所在地	
	学历	
	年级	
	师范生类别	
	报考师范原因	
现状调查	理想信念	考察其从教意愿、职业理想、坚守之志、爱岗敬业
	仁爱之心	探究师范生的育人潜能，教师对于生命、学生、社会的认识
	道德情操	考察其爱国守法、言行雅正、教育伦理
	扎实学识	探究师范生是否具有发展学科素养、教学能力、管理能力、科研能力的潜能
	专业发展	了解师范生对职业发展的规划和认知
问题建议	职业获得感	了解当前师范生在提升自我教育情怀面临的现实困境并获得其对于师范院校的培养建议，为策略的提出提供可信参考。给师范生自由发表看法的机会
	影响教师教育情怀的主要因素	
	学校如何培养师范生教育情怀	
	对师范生开展情怀教育的价值	
	期望学校如何提升教师的教育情怀	
	对师范生教育情怀培养有哪些建议和想法	

本研究在问卷设计中参考多位学者观点，将理想信念、仁爱之心、道德情操、扎实学识、专业发展分别分为多个二级指标，进行五级量表题目设计，旨在对师范生的教育情怀现状进行调查，详细题目见表 2-3。

表2-3　问卷中五级量表详细题目

一级指标	二级指标	题 目
理想信念	从教意愿	从事教师职业能够实现我的人生价值
		我为成为一名教师而感到光荣
	坚守之志	我有明确的乡村教育理想并矢志不渝奋斗终身
		我坚信自己能够成为一名优秀的教师
	爱岗敬业	我会积极培养德智体美劳全面发展的社会主义建设者和接班人
		我遇到棘手的问题时，依然能够调整情绪，保持热爱教育事业
	职业理想	我立志成为一名教育家型教师，为教育强国贡献自己的力量
		我没有大的职业目标，只想在乡村稳定地做一名教师
仁爱之心	爱学生	我能够关心爱护全体学生，平等对待学生，不虐待、不侮辱、不体罚学生
		在学生提出疑问的时候，我会尊重他，耐心地同他探讨
		在面对学习困难的学生时，我会因心生疲惫而放任该生
		教师可以带着自己的情绪上课
		我不会更加偏爱上课积极互动的学生，在我看来每一个孩子都有自己的优点
		我遵循教育规律和学生成长规律，因材施教，教学相长
	爱生命	我会组织实践活动来增加学生对生命的认识，让他们珍爱生命
		我能在课堂上正确引导学生的生命观
	爱社会	我会注重培养学生的社会主义核心价值观和共同体意识
道德情操	爱国守法	我始终贯彻党的教育方针，在教学活动中自觉维护党的权威
		我自觉遵守法律法规，依法履行教师职责
		我将带头践行社会主义核心价值观，弘扬真善美，传递正能量
	言行雅正	我会在生活和工作中以高标准要求自己，为学生树立榜样
		在大学期间，我会时刻以教师身份规范自己的仪容仪表
		为了更好地服务教育事业，我有责任努力提升并完善自身的素养
		面对艰苦的乡村教学环境，我依旧能够保持良好的心态
	教育伦理	我想从事教育，去回报国家与学校的培育和付出
		对于版权属于别人的课件、资料、教案等，在紧急需要的时候，我会直接借用

一级指标	二级指标	题　目
扎实学识	学科素养	我会不断学习现代教育手段和现代教育教学理念，用前沿的教学方法进行教学
		我有较为完备的学科知识基础和教育教学理论知识
		我会关注并积极学习教育领域的重要政策文件
	教学能力	我每周会抽出固定时间练习教师基本功（如"三字一话"、信息技术等）
		我了解项目式学习、混合式教学等模式，并能够在教学实践中运用
		我会对现成的教学课件（或内容模板）不加修改与提炼就直接去上课
		我能够运用大数据技术开展学生学情调研和学业评价
	管理能力	课堂上，我能及时调动学生学习热情
		在课堂教学中，如果学生对某个问题的观点超出了我的预设，且我当下没有正确的思路去解答，我会感到不悦
		我会按照一定的管理原则，采用适当的方法进行班级管理，增加班级凝聚力，形成好的班风
	科研能力	我会为了让学生有更好的教学体验自觉培养自己的科研能力，积极参加科研活动
		我知道调查研究法，能够围绕教育教学中的实际问题开展研究
		我能够在观摩完其他教师的优质课堂以后及时反思和改进自己的教学
		我乐于与教研室教师形成共同体，开展协同教研
专业发展	职业规划	我能自觉借助网络课程学习，帮助我更好地提升自己的教学能力
		我有自己的未来职业规划，对未来有清晰的目标
	职后发展	走上岗位后，我会努力提升自身学历，争取考取硕士、博士，为教育事业作更大贡献
		如果在乡村服务期满后，有一个从工资、工作环境、师资等各方面都比所服务的学校更好的城市学校的岗位，我会选择城市学校
	终身学习	我会持续不断地加强自身学习，终身为教育事业奋斗

三、问卷发放与数据统计软件

本书通过参考多位学者的文献，对政策文件进行研读，对各项概念进行重新界定，最终完成问卷设计。使用问卷星进行制作并通过随机抽样的方式进行线上发放，共回收 528 份问卷，其中有效问卷 528 份，问卷有效率 100%。通过 SPSS 软件和 Excel 等对统计获得的数据进行信效度分析、交叉分析、差异分析等。

四、信效度分析

（一）信度检验

本书通过 SPSS 软件对仁爱之心、理想信念、道德情操、扎实学识、专业发展五个维度进行信度检验。总体信度系数值为 0.950，大于 0.9，各维度的信度系数也都大于 0.9，因而说明研究数据信度质量较高，如表 2-4、表 2-5 所示。

表2-4　调查问卷整体信度检测结果

可靠性统计		
克隆巴赫 Alpha	基于标准化项的克隆巴赫 Alpha	项　数
0.939	0.950	97

表2-5　调查问卷各维度信度检测结果

维　　度	克隆巴赫Alpha	项　数
理想信念	0.885	8
仁爱之心	0.787	9
道德情操	0.875	9
扎实学识	0.926	14
专业发展	0.883	5
量表整体	0.966	45

（二）效度检验

本书通过 SPSS 软件对问卷进行效度检验。KMO=0.940，说明相关性较高，效果较好。Bartlett 球形检验的显著性概率值 P=0.000<0.05，有明显差异，适合做因子分析。如表 2-6 所示。

表2-6 调查问卷的效度检测结果

KMO 和 Bartlett 的检验		
KMO 值		0.940
Bartlett 球形检验	近似卡方	7 667.667
	df	0.990
	P	0.000

综上所述，问卷总体效果良好，符合检验分析要求。

第四节　调查结果分析

一、理想信念意识有待提高

理想信念作为教师教育情怀的重要参考，为教师提供了对未来发展的美好展望，也考验着教师对于这份职业的坚守。本书对理想信念的从教意愿、坚守之志、爱岗敬业、职业理想四个子维度进行分析。调研发现，师范生心中有理想信念的总体水平达 3.76，处于中等水平，说明师范生的理想信念有待提升。理想信念四个维度的得分由高到低依次为爱岗敬业 4.20、从教意愿 4.03、坚守之志 3.88、职业理想 2.93，具体分析结果见表 2-7。

表2-7　师范生理想信念及各维度得分情况

一级指标	二级指标	平均分	标准差	方　差
理想信念	总体分析	3.76	0.86	0.76
	爱岗敬业	4.20	0.75	0.56
	从教意愿	4.03	0.84	0.71
	坚守之志	3.88	0.86	0.74
	职业理想	2.93	1.00	1.03

标准差和方差代表数据的离散程度和稳定情况，数字越小，离散程度越小，数据越稳定。理想信念标准差0.86、方差0.76，总体呈现离散较小、数据较稳定的情况。

总的来说，师范生理想信念意识有待提高。

（一）师范生秉承从教意愿、爱岗敬业

作为一名教师，爱岗敬业的教育观念是教师职业道德的基本要求，是教师必不可少的个人职业道德要求。教育乃国之大计，教师作为知识的传授者，承担着教导学生养成良好习惯及高尚道德的重要任务。同时，从教意愿是师范生从事教育事业的内驱力，对于教学质量有间接影响，因此从教意愿对于教师开展教学活动具有重大作用。

由数据分析发现，师范生的爱岗敬业（4.20）和从教意愿（4.03）水平都相对较强。爱岗敬业标准差0.75、方差0.56，是四个维度中得分最低的维度，体现出在爱岗敬业的维度上，离散程度小，数据稳定，说明师范生在爱岗敬业方面的水平都较高且统一。

总的来说，师范生对于自身要求严格，注重个人爱岗敬业精神的培养，同时不忘增强自己的从教意愿。虽然爱岗敬业与从教意愿维度的得分不低，但仍有提升空间。师范生应不断提升个人各个方面的素养。

（二）师范生职业理想、坚守之志薄弱

坚守之志为师范生的理想信念提供了心理基础，是师范生从事教育事业的关键力量。教师的职业理想是教师从事教育工作的事业心、责任心以及积极性的重要因素，是勤于塑造人才的职业精神和成就动机，是全心全意培养学生的社会责任与使命担当。

由数据分析发现，师范生坚守之志（3.88）和职业理想（2.93）得分都较低，说明师范生在这两个维度的思想意识上存在部分问题，具有较大的提升空间。职业理想标准差1.00、方差1.03，体现出职业理想数据具有较明显的离散性，且不太稳定的特点。综合分析，本书认为师范生对于职业理想的追求有所不足，且个体意愿差别大，总体水平需提升。

总的来说，师范生信念不坚定，缺乏对于职业的远大理想。在职业理想维度上，数据呈现不稳定性，水平不一，但整体需提升。同时，师范生缺乏对教育情怀的坚定信念，这对教育事业不利。师范生应着重提升对于教育事业的坚守之志和职业理想水平。

（三）师范生性别与职业理想存在显著性差异

教师是学生成长道路上的领路人，其职业素养直接影响教学质量及学生人格培养，因此，教师应避免理想信念动摇、敬业精神不足、育人意识弱化等现象。为提升师范生对理想信念的意识，本书在频数统计的基础上，进一步将调查者性别、家庭所在地、学历、年级、师范生类别、专业及报考师范生原因等作为自变量，分别与师范生理想信念的指标进行差异性分析。

统计发现，对于体现职业理想的第八题"我没有大的职业目标，只想在乡村稳定地做一名教师"Sig（双尾）值低于0.01（表2-8），说明师范生性别与职业理想存在显著性差异。结合调查者性别交叉分析发现，女生（3.76）的理想信念总体水平得分比男生（3.75）高（图2-1）。坚守之志、爱岗敬业、从教意愿三个维度无显著性差异。由此分析，性别差异导致思维逻辑、处事方式不同，女生对未来目标设定较高，对自己的未来安排得更为详尽，更希望有一个美好的未来。男生相对理性，对于未知的困难，结合当下情况就很难有自己的理想，这并不代表男生就不会去努力，目标与努力并不冲突。但有一个远大的职业理想对于个人发展是有益的，尤其是教师这样一个需对他人负责的特殊职业，更需有远大的职业抱负，以激励自己成为一名优秀的教师。

表2-8 师范生性别与职业理想的显著性差异分析表

师范生性别与职业理想的显著性差异分析		独立样本检验								
		莱文方差等同性检验		平均值等同性 t 检验						
									差值95%置信区间	
		F	显著性	t	自由度	Sig.（双尾）	平均值差值	标准误差差值	下 限	上 限
我有明确的乡村教育理想并矢志不渝奋斗终身	假定等方差	1.34	0.247	1.193	526	0.233	0.105	0.088	-0.068	0.278
	不假定等方差			1.119	230.586	0.264	0.105	0.094	-0.080	0.290
从事教师职业能够实现我的人生价值	假定等方差	0.990	0.320	0.635	526	0.526	0.053	0.084	-0.112	0.218
	不假定等方差			0.606	237.543	0.545	0.053	0.088	-0.120	0.227
我为成为一名人民教师而感到光荣	假定等方差	0.132	0.717	0.050	526	0.960	0.004	0.080	-0.154	0.162
	不假定等方差			0.048	241.723	0.961	0.004	0.083	-0.160	0.168
我坚信自己能够成为一名优秀的教师	假定等方差	2.710	0.100	1.269	526	0.205	0.100	0.079	-0.055	0.255
	不假定等方差			1.231	245.027	0.220	0.100	0.081	-0.060	0.261
我会积极培养德智体美劳全面发展的社会主义建设者和接班人	假定等方差	0.407	0.121	-0.781	526	0.435	-0.055	0.070	-0.193	0.083
	不假定等方差			-0.734	231.254	0.464	-0.055	0.075	-0.202	0.092
我遇到棘手的问题时，依然能够调整情绪，保持对教育事业的热爱	假定等方差	0.314	0.038	0.506	526	0.613	0.038	0.075	-0.110	0.186
	不假定等方差			0.483	238.190	0.629	0.038	0.079	-0.117	0.194
我立志成为一名教育家型教师，为教育强国贡献自己的力量	假定等方差	2.618	0.106	0.616	526	0.538	0.051	0.083	-0.112	0.214
	不假定等方差			0.580	231.906	0.563	0.051	0.088	-0.123	0.225
我没有大的职业目标，只想在乡村稳定地做一名教师	假定等方差	2.288	0.131	4.088	526	0.000	0.454	0.111	0.236	0.673
	不假定等方差			4.054	255.433	0.000	0.454	0.112	0.234	0.675

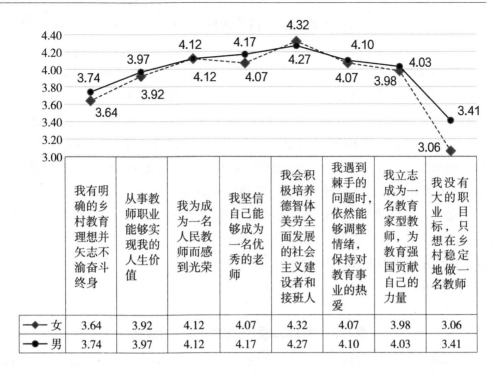

图2-1　师范生按性别在理想信念各维度得分情况

		我有明确的乡村教育理想并矢志不渝奋斗终身	从事教师职业能够实现我的人生价值	我为成为一名人民教师而感到光荣	我坚信自己能够成为一名优秀的老师	我会积极培养德智体美劳全面发展的社会主义建设者和接班人	我遇到棘手的问题时，依然能够调整情绪，保持对教育事业的热爱	我立志成为一名教育家型教师，为教育强国贡献自己的力量	我没有大的职目标，只想在乡村稳定地做一名教师
	女	3.64	3.92	4.12	4.07	4.32	4.07	3.98	3.06
	男	3.74	3.97	4.12	4.17	4.27	4.10	4.03	3.41

（四）城市师范生乡村教育情怀坚守之志较弱

　　按家庭所在地进行数据分析，在"我有明确的乡村教育理想并矢志不渝奋斗终身"这一方面，农村师范生（3.80）得分高于城市师范生（3.49）。由此分析，农村师范生对于乡村教育的情怀明显优于城市师范生。农村师范生从小生活条件艰苦，被父母告诫读书是走出农村的唯一一条道路，正因如此，他们更加了解、懂得乡村教育的不易，希望扎根在乡村，为乡村的孩子们提供良好的教育，缩小城乡教育差距，让更多的乡村孩子有机会走出去看看外面的世界。而城市师范生从小生活在城市，见过外面繁华的世界，有更开阔的眼界，缺少对乡村教育的了解。

二、仁爱之心观念尚有不足

　　习近平同志说："教育是一门'仁而爱人'的事业，有爱才有责任。"仁爱之心作为教师职业素养要求中的核心素养，要求爱学生，且教导学生爱生命和爱社会。教师仁爱之心的养成需要"内外兼修"，并进行科学而适宜的考核评价。本书对仁爱之心的现状进行了数据分析。

师范生仁爱之心的三个维度得分由高到低依次为爱社会4.38、爱生命4.35、爱学生3.72，具体情况见表2-9。由此可以看出，师范生爱社会以及爱生命这两个维度得分都较高，这两个维度是教师对于学生的知识传授，说明师范生对于教授学生相应的爱护个人以及家国情怀的思想是极为看重的。同时可知，师范生在爱学生这个维度的得分相对较低，有待提升。仁爱之心标准差0.86、方差0.79，总体呈现不离散、较稳定的趋势。

总的来说，师范生的仁爱之心在爱学生这个维度与其他两个维度差异较大，但整体水平都需提升。其中爱学生的个体差异也十分明显，师范生需统一提升自己在爱学生方面的思想学习。爱生命和爱社会虽已有较好的水平，但仍需不断提升。

表2-9　师范生仁爱之心及各维度得分情况

一级指标	二级指标	平均分	标准差	方　差
仁爱之心	总体分析	3.88	0.86	0.79
	爱学生	3.72	0.93	0.93
	爱生命	4.35	0.72	0.51
	爱社会	4.38	0.71	0.51

（一）师范生关爱学生意识有待增强

仁爱之心作为教师应有的一种伟大情感，要求教师爱学生、爱生命、爱社会。爱学生是教师必须具备的职业素养。同时，随着社会上出现越来越多学生生命安全受到威胁的事件，学生缺乏对于生命的敬畏之心，健康生命教育越来越受到关注，爱生命也成为教师必须具备的职业素养。另外，社会主义核心价值观要求培养爱社会的学生，学生需要将家国情怀驻留心中。

调研发现，师范生仁爱之心维度的总体水平为3.88，处于中等水平。这说明师范生仁爱之心的建立仍有较大提升空间，需要不断努力学习爱学生、爱生命、爱社会。教师要爱学生，教会学生爱生命、爱社会，教师作为知识的传授者，将正确的思想传播给学生，这是教师的基本职责。教师的仁爱之心要求他们爱学生，从内心、行为各个角度展现爱学生。

下面具体分析各个维度的得分离散稳定程度：爱学生（0.93）标准差最大，爱社会（0.71）标准差最小；爱学生（0.93）方差最大，爱生命（0.51）与爱社会（0.51）方差相等。由此可知，在仁爱之心的三个维度中，爱社会离散程度最小，最稳定，而爱学生离散程度最大，最不稳定。师范生在爱学生层面的水平不一，但整体都需提升。爱学生是教师仁爱之心最重要的维度，教师需认真践行《新时代中小学教师职业行为十项准则》中所提出的"关心爱护学生"，做一名关爱学生、尊重学生的好教师。

（二）师范生忽视生命教育

生命观是个体持有的对生命的态度，是做出有关生命行为的指导准则，对个体身心健康和社会和谐稳定具有重要意义。[①]生命观对学生身心健康成长具有较大影响。通过生命教育课程，学生将获得对人类生命从微观到宏观不同层面整体、深入的了解，这样就会更加尊重生命、热爱生命。

从具体题目数据看，无论是性别、家庭所在地，还是师范生专业、类别的区别，"我能在课堂上正确引导学生的生命观"得分都较高，说明被调查者从任一维度都具有较高的生命观意识。但是，"我会组织实践活动来增加学生对生命的认识，让他们珍爱生命"总体得分水平较低。结合来看，师范生重视生命教育，但对于如何进行生命教育存在问题，或者说师范生其实是缺乏对于生命教育重视的，因为只有意识方面的重视，却缺乏对于生命教育实践的重视，从某种程度上来说这就是生命观意识不到位的体现。

爱生命不仅需要意识层面达到要求，更需要付诸实践，光有意识没有实践，就像战士上战场不带枪，起不到应有的作用。

（三）师范生类别与爱学生存在显著性差异

结合不同类别师范生进行差异性分析，研究数据表明，师范生类别的不同对于仁爱之心的各个维度都出现了差异。首先是爱学生的维度，第二题"在学生提出疑问的时候，我会尊重他，耐心地同他探讨"显著性值低于0.05（表2-10），不同类别师范生与爱学生存在显著性差异。进一步进行交叉分析发现，非师范但以后想当教师的被调查者得分最低；普通师范生得分最高；公费

---

① 张萌，黄莹.大学生生命观现状及其教育[J].黑龙江高教研究，2018，36（9）：127-131.

师范生和优师计划得分相等，并列第二。由此看见，目前非师范学生因缺少师范课程内容的学习，对于教师职业身份缺乏正确认识，故而缺乏相应的教师素养。而公费师范生和优师计划因其工作的稳定性，缺少工作动力，可能会降低对个人的能力要求，这是值得重视的地方。其次是爱生命、爱社会的维度，都出现了显著的差异性。具体而言，普通师范生的生命观意识和社会主义核心价值观意识明显优于其他类别的被调查者，且普通师范生重视生命观的实践教学和社会主义核心价值观思想的传播，注重学生的个人思想培养，这是值得肯定的。

表2-10　师范生类别与爱学生的显著性差异分析表

ANOVA					
师范生类别与爱学生的 显著性差异分析		平方和	自由度	均　方	F	显著性
我能够关心爱护全 体学生，平等对待 学生，不虐待、不 侮辱、不体罚学生	组间	3.003	3	1.001	2.011	0.111
	组内	260.747	524	0.498		
	总计	263.750	527			
在学生提出疑问的 时候，我会尊重他， 耐心地同他探讨	组间	4.724	3	1.575	3.370	0.018
	组内	244.850	524	0.467		
	总计	249.574	527			
在面对学习困难的 学生时，我会因心 生疲惫而放任该生	组间	4.817	3	1.606	0.931	0.426
	组内	904.136	524	1.725		
	总计	908.953	527			
教师可以带着自己 的情绪上课	组间	3.006	3	1.002	0.606	0.612
	组内	866.901	524	1.654		
	总计	869.907	527			

ANOVA					
师范生类别与爱学生的 显著性差异分析		平方和	自由度	均　方	F	显著性
我不会更加偏爱上课积极互动的学生，在我看来每一个孩子都有自己的优点	组间	3.353	3	1.118	1.572	0.195
	组内	372.640	524	0.711		
	总计	375.992	527			
我遵循教育规律和学生成长规律，因材施教，教学相长	组间	3.527	3	1.176	2.299	0.077
	组内	267.911	524	0.511		
	总计	271.438	527			

（四）女生情绪控制能力强于男生

结合调查者性别进行交叉性分析，对于第三题"在面对学习困难的学生时，我会因心生疲惫而放任该生"以及第四题"教师可以带着自己的情绪上课"，男生得分均低于女生（图2-2）。由此可见，面对日常教学任务，男生的情绪控制能力弱于女生，女生对于稳定持久的状态具有较强的控制能力，同时因对于学生的责任意识，女生择优选择控制自己的情绪来避免对学生的身心造成损害，体现出女生对于教师的角色价值观意识认知到位，她们清晰了解身为教师面对学生时应具备的状态，明白教师应该对自身的情绪有控制能力，这是对学生的责任意识。

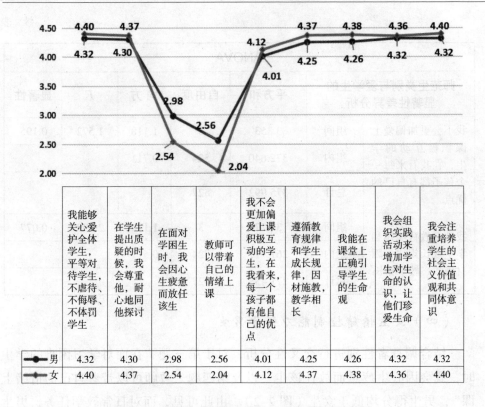

		我能够关心爱护全体学生，平等对待学生，不虐待、不侮辱、不体罚学生	在学生提出质疑的时候，我会尊重他，耐心地同他探讨	在面对学困生时，我会因心生疲惫而放任该生	教师可以带着自己的情绪上课	我不会更加偏爱上课积极互动的学生，在我看来，每一个孩子都有他自己的优点	遵循教育规律和学生成长规律，因材施教，教学相长	我能在课堂上正确引导学生的生命观	我会组织实践活动来增加学生对生命的认识，让他们珍爱生命	我会注重培养学生的社会主义价值观和共同体意识
●	男	4.32	4.30	2.98	2.56	4.01	4.25	4.26	4.32	4.32
●	女	4.40	4.37	2.54	2.04	4.12	4.37	4.38	4.36	4.40

图2-2　师范生性别在仁爱之心各维度得分情况

三、道德情操水平仍需提高

百年大计，教育为本；教师素养，师德为先。教师的道德情操水平直接关系立德树人根本任务的落实。回收的调查问卷经过数据整理后可得表2-11，由此表可以看出，参与调查的学生的道德情操总体水平达4.087分，标准差达0.833，方差为0.707。得分较集中、稳定。由此可见，师范生的道德情操水平中等偏上，但仍有一定的提升空间。

表2-11　师范生道德情操及各维度得分情况

一级指标	二级指标	平均分	标准差	方　差
道德情操	总体分析	4.087	0.833	0.707
	爱国守法	4.497	0.684	0.468
	言行雅正	4.258	0.789	0.627
	教育伦理	3.13	1.076	1.226

究其原因，一方面，国家十分重视教师队伍的道德情操建设工作。早在2005年，《教育部关于进一步加强和改进师德建设的意见》强调，要将师德建设作为学校办学质量和水平评估的重要指标，同时要把师德规范的主要内容具体化、规范化，使之成为全体教师普遍认同的行为准则，并自觉按照师德规范要求履行教师职责。为了加强教师的道德情操建设，增强教师教书育人的责任担当，国家先后出台《关于加强和改进新形势下高校思想政治工作的意见》《关于加强和改进新时代师德师风建设的意见》《关于加强新时代高校教师队伍建设改革的指导意见》等政策文件。尽管如此，社会上仍然存在"思想滑坡"的现象。2019年4月，教育部首次公布违反教师职业行为十项准则典型案例。这也证明了师范生的道德情操仍有一定的提升空间。另一方面，为人师表，率先垂范。教育家陶行知先生说："学高为师，身正为范。"从古至今，教师就是人之模范、行为的标杆。在这样的社会风气影响下，绝大多数师范生都能以高标准要求自己的方方面面，以此使自己符合大众对师范生的固有认知。因此，目前师范生的道德情操水平虽令人欣慰，但仍需进一步培养高尚的道德情操。

（一）师范生注重爱国守法、言行雅正

调研发现：爱国守法总体水平达4.497分，标准差为0.684，方差为0.468。爱国守法的各个题目平均分也均在4分以上，标准差和方差也都小于1。由此可见，被调查者在爱国守法层面上总体水平中等偏上，但仍有提升空间，得分离散程度小、较稳定。深思其背后原因，这与学校的日常爱国教育、党课教育、法治教育主题班会课或者思想政治课有密切联系。其中，被调查者在"我自觉遵守法律法规，依法履行教师职责"上的得分达4.52，高于总体水平。在题目"我将带头践行社会主义核心价值观，弘扬真善美，传递正能量"上的得分为4.50，略高于总体水平。而在题目"我始终贯彻党的教育方针，在教学活动中自觉维护党的权威"上的得分为4.47（表2-12），低于总体水平，这可能与不了解党的教育方针有关。因此，高等院校应更多开展宣传党的教育方针的活动，师范生应主动、积极地了解党的教育方针，提高自身的思想政治素养，培养爱国守法情怀。

表2-12　师范生爱国守法得分情况

二级指标	题　目	平均分	标准差	方　差
爱国守法	我始终贯彻党的教育方针，在教学活动中自觉维护党的权威	4.47	0.693	0.481
	我自觉遵守法律法规，依法履行教师职责	4.52	0.675	0.455
	我将带头践行社会主义核心价值观，弘扬真善美，传递正能量	4.50	0.683	0.467

　　言行雅正对应到"雅正"的课程，以习近平新时代中国特色社会主义思想、教师职业道德规范、教育和教师法律法规为主要内容，是师德培养基础课程，旨在规范教师行为，明确师德底线。调查发现：言行雅正总体水平达4.258分，标准差为0.789，方差为0.627。言行雅正的各个题目平均分均在4分以上，标准差和方差均小于1。由此可见，被调查者在言行雅正层面上总体水平中等偏上，但仍有提升空间，得分离散程度小、较稳定。分析其原因，与学生对教师的固有印象、所学的对教师要求的知识以及教师的以身作则有很大关系。具体而言，师范生在题目"我会在生活和工作中以高标准要求自己，为学生树立榜样"上得分最高，达到了4.42分。其次是在题目"为了更好地服务教育事业，我有责任努力提升并完善自身的素养"上的得分为4.36分。在题目"在大学期间，我会时刻以教师身份规范自身的仪容仪表"上的得分为4.18分。在题目"面对艰苦的乡村教学环境，我依旧能够保持良好的心态"上的得分最低，为4.07分（表2-13）。因此，对师范生的培养不仅要重视掌握各种技能，还要对其进行思想开导，使师范生能够从心底认同这份职业，从内到外真正做到言行雅正。

表2-13　师范生言行雅正得分情况

二级指标	题　目	平均分	标准差	方　差
言行雅正	我会在生活和工作中以高标准要求自己，为学生树立榜样	4.42	0.722	0.521
	在大学期间，我会时刻以教师身份规范自己的仪容仪表	4.18	0.826	0.683
	为了更好地服务教育事业，我有责任努力提升并完善自身的素养	4.36	0.725	0.526
	面对艰苦的乡村教学环境，我依旧能够保持良好的心态	4.07	0.882	0.778

（二）师范生教育伦理行为不够规范

教师教育伦理作为教师专业素养的重要内容，是不容忽视的重要组成部分，是教师专业性发展的进一步深化。调研发现：教育伦理平均分仅 3.13 分，其标准差和方差均高于 1。具体而言，师范生在题目"我想从事教育，去回报国家与学校的培育和付出"上的得分为 4.19，做得较好，高于总体水平。而在题目"对于版权属于别人的课件、资料、教案等，在紧急需要的时候，我会直接借用"上的得分仅 2.93（表 2-14），低于总体水平。究其原因，一方面由于部分高校教师曾出现过直接借用版权属于别人的课件、资料的情况，师范生潜移默化地模仿，导致他们并不认为这是一件十分严重的事情；另一方面部分被调查者本身就不够诚信，又加之紧急情况的前提条件，所以会无视版权问题，直接借用。但此现象从另一维度证明师范生已初步具有借助优质资源协助教学的思维。因此，师范生需进一步领会教育伦理，高校应加强对师范生教育伦理的教育工作。

表2-14　师范生教育伦理得分情况

二级指标	题　目	平均分	标准差	方　差
教育伦理	我想从事教育，去回报国家与学校的培育和付出	4.19	0.814	0.662
	对于版权属于别人的课件、资料、教案等，在紧急需要的时候，我会直接借用	2.93	1.337	1.789

（三）汉语言文学专业学生重视爱国守法、言行雅正

爱国守法是社会主义公民基本道德规范之一。调研发现：汉语言文学专业的学生在爱国守法上得分最高。数学与应用数学专业、戏剧教育专业的学生在爱国守法上有高度的统一性，均为4分，得分最低。其原因如下：汉语言文学作为学习传统文化的学科，本身能够培养学生良好的思想道德品质。具体而言，数学与应用数学专业、戏剧教育专业的同学在"我始终贯彻党的教育方针，在教学活动中自觉维护党的权威""我自觉遵守法律法规，依法履行教师职责""我将带头践行社会主义核心价值观，弘扬真善美，传递正能量"的得分均为4分，得分最低。究其原因，数学与应用数学专业同学侧重于理科知识学习，戏剧教育专业同学侧重于艺术类知识学习。文科专业同学由于有更多的思想政治课程，其在爱国守法方面的得分往往更高。因此，相关院校不仅要重视非文科专业学生相关能力的培养，也不能忽视其对教育方针的了解、法律法规的认识、社会主义核心价值观的培养。在这些专业的人才培养中，爱国守法应放到更高的位置上来。

言行雅正是为人师表的追求。调研发现：汉语言文学专业学生在言行雅正上得分最高，数学与应用数学专业、戏剧教育专业的学生在言行雅正上有高度的统一性，均为4分，得分最低（图2-3）。具体而言，被调查者在"我会在生活和工作中以高标准要求自己，为学生树立榜样""在大学期间，我会时刻以教师身份规范自己的仪容仪表""为了更好地服务教育事业，我有责任努力提升并完善自身的素养""面对艰苦的乡村教学环境，我依旧能够保持良好的心态"这四道题目中均为4分，得分最低。其原因是学校对数学与应用数学专业、戏剧教育专业学生的知识性要求更强，而在言行上的关注并不多。因此，相关院校不仅要认识到知识的重要性，也要明白言行雅正也是培养学生素质不可或缺的部分。

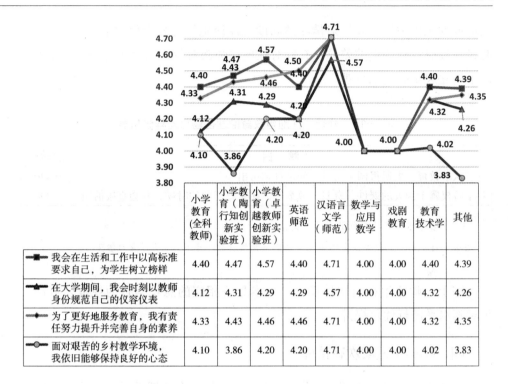

	小学教育(全科教师)	小学教育(陶行知创新实验班)	小学教育(卓越教师创新实验班)	英语师范	汉语言文学(师范)	数学与应用数学	戏剧教育	教育技术学	其他
■ 我会在生活和工作中以高标准要求自己,为学生树立榜样	4.40	4.47	4.57	4.40	4.71	4.00	4.00	4.40	4.39
▲ 在大学期间,我会时刻以教师身份规范自己的仪容仪表	4.12	4.31	4.29	4.29	4.57	4.00	4.00	4.32	4.26
◆ 为了更好地服务教育,我有责任努力提升并完善自身的素养	4.33	4.43	4.46	4.46	4.71	4.00	4.00	4.32	4.35
● 面对艰苦的乡村教学环境,我依旧能够保持良好的心态	4.10	3.86	4.20	4.20	4.71	4.00	4.00	4.02	3.83

图2-3　不同专业言行雅正各维度得分情况

(四)师范生性别与教育伦理存在显著性差异

教育伦理主要探讨师范生在教学活动中的伦理与道德的相关问题。调研发现:男女生无论在爱国守法还是言行雅正维度上的显著性均高于0.05,不存在差异性,说明男女生在爱国守法和言行雅正上都具有共通的意识。但他们在教育伦理上存在明显差异。具体而言,师范生在"我想从事教育,去回报国家与学校的培育和付出"上显著性大于0.05,不存在差异性,但在"对于版权属于别人的课件、资料、教案等,在紧急需要的时候,我会直接借用"上显著性小于0.001(表2-15),存在显著性差异。究其原因,当面临道德困境时,不同性别的人群往往会采取不同的行为方式。

女性通常会比男性体验到更多自我意识的道德情绪(如内疚和羞耻)以

及更低的积极情绪。女性对情绪的高度关注使她们的教育伦理水平更高。[①] 因此，高校应看到性别的差异，有针对性地加强教育伦理的宣传与培养，帮助师范生树立起正确的伦理观。

表2-15 师范生性别与教育伦理各题目差异分析表

题　目	显著性
我想从事教育，去回报国家与学校的培育和付出	0.420a
对于版权属于别人的课件、资料、教案等，在紧急需要的时候，我会直接借用	0.000*

注：*表示卡方统计在 0.05 级别显著。

a 表示在此表中，20% 以上的单元格期望单元格计数小于 5，卡方结果可能无效。

综上，师范生在道德情操上，基本具备相应的意识与行为规范，可进一步对其水平进行优化提升。

四、扎实学识层次有待提升

学高为师，身正为范。"学高"意味着教师要有渊博的学识。师范生的扎实学识总体水平达 3.790 分，标准差达 0.891，方差为 0.832（表 2-16）。由此可见，师范生的扎实学识水平有较大提升空间，得分较集中。

其背后原因：一是师范生学习的自觉性不高。在高中时期，学生有教师、家长的时时监督，即使不能自律也能凭借他人的力量帮助自身提高专注性。而上了大学，基于"上了大学就好了"的风气，他们又远离家长，大学的教师肯定也不像高中教师那般时时监督，再加上周边朋友的影响，这些都会在无形之中降低学习的自觉性。二是师范生不能很好地平衡学习与生活的关系。大学与高中的生活是截然不同的，除了平时的学习，还要参加各种各样的社团活动、比赛、科研项目等。即使到了大三也有很多学生不知所以，浑浑噩噩，本末倒置，无法将学习和生活平衡好。因此，师范生的扎实学识水平有待提升。

---

①WARD S J KING L A.Gender differences in emotion explain women's lower immoral intentions and harsher moral condemnation[J].*Personality and social psychology bulletin*, 2018, 44（5），653-669.

表2-16　师范生扎实学识及各维度得分情况

一级指标	二级指标	平均分	标准差	方　差
扎实学识	总体分析	3.790	0.891	0.832
	学科素养	4.130	0.790	0.626
	教学能力	3.505	1.008	1.055
	管理能力	3.420	0.973	1.022
	科研能力	4.100	0.787	0.620

（一）师范生学科素养、科研能力较扎实

学科素养是师范生必备的基础素养。调研发现：学科素养总体水平达4分以上，均高于扎实学识总体水平，处于中等偏上水平。标准差和方差都在平均分之下，相对更集中稳定。其各个题目的得分均在4分以上。具体而言，师范生得分从高到低依次为"我会不断学习现代教育手段和现代教育教学理念，用前沿的教学方法进行教学"（4.24分），"我有较为完备的学科知识基础和教育教学理论知识"（4.12分），"我会关注并积极学习教育领域的重要政策文件"（4.02分）（图2-4）。因此，高校在提升师范生学科素养上不光要重视现代教育手段和现代教育理念的教授，还要植入和学习更完备的学科知识基础和教育教学理论知识，同时要不断加强教育领域重要政策文件的解读和领会，使师范生更好地适应现代教育教学的学习。

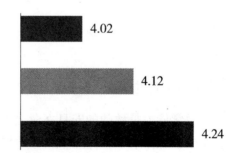

图2-4　师范生学科素养各维度得分情况

科研能力是促进教师专业发展和教学改进的重要指标。调研发现：科研能力总体水平均达4分以上，均高于扎实学识总体水平，处于中等偏上水平。标准差和方差都在平均分之下，相对更集中稳定。科研能力在扎实学识中居于

第二位。具体来看，师范生在"我能够在观摩完其他教师的优质课堂以后及时反思和改进自己的教学"上得分最高，为4.19分；其次是"我乐于与教研室教师形成共同体，开展协同教研"，为4.15分；"我知道调查研究法，能够围绕教育教学中的实际问题开展研究"和"我会为了让学生有更好的教学体验自觉培养自己的科研能力，积极参加科研活动"得分较低，均为4.03分（图2-5）。其原因是师范生更多地接受教育教学技能、方法的学习训练，而对于科研方法、科学研究实践培养较少，因此在师范生科研能力上，高校不仅要重视教学反思、协同教研能力，也要积极关注科研方法、科学研究实践等方面的培养，帮助师范生树立批判性思维，使其在职后阶段能够教学和科研并重，从而促进教学相长。

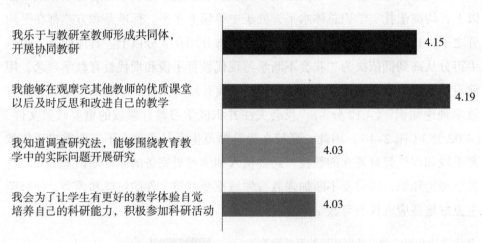

图2-5　师范生科研能力各维度得分情况

（二）师范生教学能力、管理能力有待提高

教学能力是教师的安身立命之本。调研发现：教学能力为3.505分，低于扎实学识总体水平。标准差和方差都高于1，得分不集中。教学能力居于第三位。具体而言，师范生在"我能够运用大数据技术开展学生学情调研和学业评价"上得分最高，为3.98分；其次是"我了解项目式学习、混合式教学等模式，并能够在教学实践中运用"，得分略低于前一道题，为3.96分；在"我每周会抽出固定时间练习教师基本功（如"三字一话"、信息技术等）"上得分为3.80分；而在"我会对现成的教学课件（或内容模板）不加修改与提炼就

直接去上课"上得分最低，仅为 2.28 分（图 2-6）。究其原因，部分师范生不能很好地将理论知识和实践相结合，有可能因为师范生在学习期间理论学习未达标，也有可能因为时代在飞速发展，滞后的理论知识不能再指导新环境下的教师去解决新问题。因此，师范院校应对在校师范生严格要求，与时俱进，强化教学理论知识。

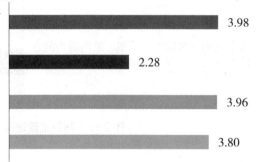

我能够运用大数据技术开展学生学情调研和学业评价　3.98

我会对现成的教学课件（或内容模板）不加修改与提炼就直接去上课　2.28

我了解项目式学习、混合式教学等模式，并能够在教学实践中运用　3.96

我每周会抽出固定时间练习教师基本功（如"三字一话"、信息技术等）　3.80

图 2-6　师范生教学能力各维度得分情况

教师是课堂教学的主导者，其管理能力的高低直接关系教学质量的好坏。调查发现：管理能力为 3.420 分，低于扎实学识总体水平。标准差低于 1，方差高于 1，得分不集中。管理能力最需提高。具体而言，师范生在"我会按照一定的管理原则，采用适当的方法进行班级管理，增加班级凝聚力，形成好的班风"上得分最高，为 4.16 分；"课堂上，我能及时调动学生学习热情"得分略低，为 4.11 分；"在课堂教学中，如果学生对某个问题的观点超出了我的预设，且我当下没有正确的思路去解答，我会感到不悦"得分最低，仅 1.99 分（图 2-7）。这说明部分师范生在面对课堂突发情况时不能正确处理，追根究底是因为师范生的实习经验不足，没有遇到过类似的情境，所以在面对突发情况时显得无所适从，缺少临场应变能力。师范院校应尽可能增加实习次数，师范生在实习期间应仔细观察班主任或科任教师如何正确处理突发情况，管理班级。教师在平时教学中也应多结合具体实习案例展开分析，加深师范生印象，从而提高师范生管理能力。

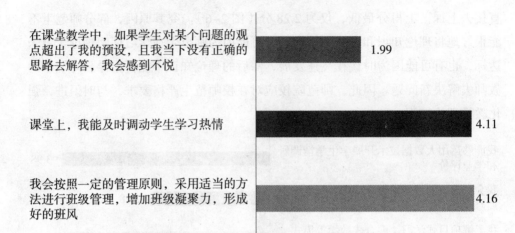

图2-7　师范生管理能力各维度得分情况

（三）普通师范生学科素养、科研能力水平最高

学科素养是学科教育的灵魂。调研发现：普通师范生在学科素养上的得分最高，为4.233分；其次是优师计划，得分为4.123分；公费师范生得分为4.080；非师范生为4.020分。具体而言，在"我会不断学习现代教育手段和现代教育教学理念，用前沿的教学方法进行教学"和"我有较为完备的学科知识基础和教育教学理论知识"上，普通师范生得分最高，分别为4.38分和4.24分。其次是公费师范生，分别为4.18分和4.06分。前一题依次为优师计划4.12分、非师范生4.06分；后一题依次为非师范生4.06分、优师计划4.00分。在"我会关注并积极学习教育领域的重要政策文件"上，优师计划得分最高，为4.25分；其次是普通师范生，为4.08分；公费师范生得分略低，为4.00分；非师范生最低，为3.94分（图2-8）。可见，在现代教育手段、教育教学理念、学科基础上，普通师范生这类非定向师范生反而做得比优师计划、公费师范生这类定向师范生好，仅在"我会关注并积极学习教育领域的重要政策文件"上，优师计划高于普通师范生。

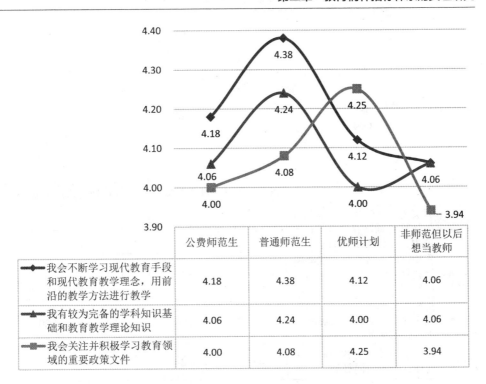

	公费师范生	普通师范生	优师计划	非师范但以后想当教师
◆ 我会不断学习现代教育手段和现代教育教学理念，用前沿的教学方法进行教学	4.18	4.38	4.12	4.06
▲ 我有较为完备的学科知识基础和教育教学理论知识	4.06	4.24	4.00	4.06
■ 我会关注并积极学习教育领域的重要政策文件	4.00	4.08	4.25	3.94

图2-8　不同类别学生学科素养各维度得分情况

　　科研能力是教师教学的基础和关键。调研发现：普通师范生在科研能力上仍居于领先地位，得分为4.190；其次是优师计划，为4.090分；公费师范生得分略低，为4.063；非师范生得分最低，为3.923分。无论在学科素养还是在科研能力上，普通师范生的总体得分都是高于优师计划和公费师范生的。具体而言，在"我会为了让学生有更好的教学体验自觉培养自己的科研能力，积极参加科研活动"和"我知道调查研究法，能够围绕教育教学中的实际问题开展研究"上，优师计划略高于普通师范生，其次是公费师范生和非师范生。在"我能够在观摩完其他教师的优质课堂以后及时反思和改进自己的教学"和"我乐于与教研室教师形成共同体，开展协同教研"上，普通师范生均高于定向师范生（图2-9）。

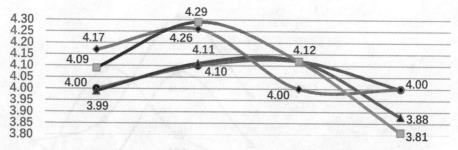

	公费师范生	普通师范生	优师计划	非师范但以后想当教师
我会为了让学生有更好的教学体验自觉培养自己的科研能力，积极参加科研活动	4.00	4.10	4.12	4.00
我知道调查研究法，能够围绕教育教学中的实际问题开展研究	3.99	4.11	4.12	3.88
我能够在观摩完其他教师的优质课堂以后及时反思和改进自己的教学	4.17	4.26	4.00	4.00
我乐于与教研室教师形成共同体，开展协同教研	4.09	4.29	4.12	3.81

图 2-9　不同类别学生科研能力各维度得分情况

　　究其原因，优师计划、公费师范生这类定向师范生由于学成即能就业，相对于非定向师范生少了很多就业压力，因此会存在对自身要求不高的问题。而普通师范生这类非定向师范生要接受社会的挑选，他们只能在大学不断提高自己各方面的能力，以适应社会的需要。他们需要过五关斩六将，层层突围，才有可能获得一份工作，因此他们不得不对自身要求更高。师范院校要重视定向师范生对自身要求降低的问题，强化定向师范生的竞争意识。

（四）师范生性别与教学能力、管理能力存在显著性差异

　　教学能力和管理能力是教师完成教育工作任务的基本能力。调研发现：男女生在学科素养、科研能力中的各个题目的显著性均大于 0.05，不存在差异性。值得一提的是，男女生在教学能力和管理能力上各有一题，即教学能力上的"我会对现成的教学课件（或内容模板）不加修改与提炼就直接去上课"和管理能力上的"在课堂教学中，如果学生对某个问题的观点超出了我的预设，且我

当下没有正确的思路去解答，我会感到不悦"，存在显著性差异（表2-17）。分析原因，其存在显著性差异和男女生普遍性格有关，女生通常更善于倾听和理解学生，更容易产生共鸣。女生在组织和管理方面往往更为细致和有条理。师范生应主动思考自己的性格特征，避免在教学中出现情绪化行为，针对优质资源克服惰性，合理使用、借鉴，从而逐步提高自身教学、管理能力。

表2-17　师范生性别与教学能力、管理能力各题目差异分析表

题　目	显著性
我每周会抽出固定时间练习教师基本功（如"三字一话"、信息技术等）	0.352
我了解项目式学习、混合式教学等模式，并能够在教学实践中运用	0.915[a]
我会按照一定的管理原则，采用适当的方法进行班级管理，增加班级凝聚力，形成好的班风	0.796[a]
课堂上，我能及时调动学生学习热情	0.234[a]
在课堂教学中，如果学生对某个问题的观点超出了我的预设，且我当下没有正确的思路去解答，我会感到不悦	0.007*
我会对现成的教学课件（或内容模板）不加修改与提炼就直接去上课	0.0000*
我能够运用大数据技术开展学生学情调研和学业评价	0.772[a]

注：

* 表示卡方统计在 0.05 级别显著。

a 表示在此子表中，20% 以上的单元格期望单元格计数小于 5，卡方结果可能无效。

综上所述，目前师范生的扎实学识还有很大的提升空间，各维度下反映出来的问题侧重在教学能力和管理能力上，结合性别、专业、师范生类别等不同变量分析各维度下的问题会发现变量与变量之间的相互影响，探究造成某些结果的原因。

五、专业发展意愿有所欠缺

（一）师范生专业发展意愿有待提高

本表 2-18 可知，师范生在专业发展各维度的平均分为 4.08 分，方差为 0.661，离散程度较小。这一系列数据说明：参与问卷调查的学生的专业发展意愿普遍较高，但仍有一定的提升空间，得分较集中。这是由于国家方针政策和师范生自身信念两方面的综合影响。

表2-18　师范生专业发展各维度得分情况

一级指标	二级指标	平均分	标准差	方　差
专业发展	总体分析	4.08	0.813	0.661
	职业规划	4.04	0.806	0.650
	职后发展	4.01	0.865	0.752
	终身学习	4.19	0.762	0.581

第一，2019 年 6 月 23 日，《中共中央 国务院关于深化教育教学改革全面提高义务教育质量的意见》（以下简称《意见》）发布。《意见》提出制定教师优待办法，保障教师享有健康体检、旅游、住房、落户等优待政策，也就是公共服务领域尽可能地给教师创造一些优待条件。同时明确教育投入优先保障并不断提高教师待遇。[1] 师范生对于成为教师的热情空前高涨，这在一定程度上促进了教育行业的发展。第二，在师范生自身的理想信念方面，师范生本身热爱教育事业。笔者在其他一级指标中发现，大部分师范生的理想信念水平较高，对于学生的喜爱程度较高，对于自身的专业发展比较明确。

在表 2-18 中，职业规划的平均分为 4.04 分，其中一个原因是 2020 年师范生人数急剧增加，成为一名教师变得愈发艰难，师范生无法对自己的未来进行预测，因此师范生的职业规划意识相对较弱。在专业发展中，终身学习的平均分为 4.19 分，相对较高，可见师范生有终身学习的意识。师范生不仅要在学校进行学习，成为教师后也要有终身学习的能力，才能始终引领孩子们走在

---

[1] 余维峰.教育部：制定教师优待办法，保障教师休假、旅游、住房等优待政策 [EB/OL].
（2019-07-09）[2023-08-11].https://www.sohu.com/a/325729864_100006284.

教育前列。

总的来说，师范生专业发展意愿普遍较高，但仍有一定提升空间，增强师范生的自我发展意愿任重而道远。

（二）普通师范生职业规划水平高于其他师范生

图 2-10 显示，优师计划的学生在"我有自己的未来职业规划，对未来有清晰的目标"方面平均分为 3.75 分，低于其他学生。普通师范生的平均分为 4.05 分，与优师计划的学生得分有较大的差异。其原因是，优师计划的学生是为中西部欠发达地区定向培养的优秀教师，日后有稳定的工作，未来职业的变化概率较小，而普通师范生在毕业后需要自己找工作，面对当今就业压力普遍增大的严峻形势，普通师范生需要对自己的未来早做规划，才不至于在毕业以后慌乱。面对一个知识和技术不断创新、信息爆炸的时代，教师需要不断学习。[①]在"我能自觉借助网络课程学习，帮助我更好地提升自己的教学能力"方面，非师范生但以后想当教师的学生平均分为 3.88 分，对于这方面的意识较弱；而普通师范生的平均分为 4.25 分，对于这方面的意识较强。这显示普通师范生在经过系统的学习之后，对于网络课程的认识更加深入，这从侧面说明学校对于师范生的培养有成效。这对于师范生日后的成长也有帮助。而相比于其他填写问卷的学生，普通师范生对此有更深入的了解，说明社会压力影响普通师范生后，普通师范生将其转化为了动力。

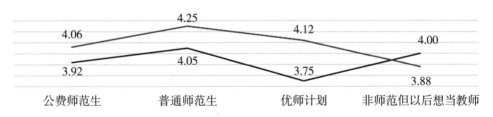

图 2-10 不同类别师范生职业规划差异分析图

---

① 董步学.专业自主：教师专业发展问题之探讨 [D].南昌：江西师范大学，2004：33.

（三）城市男生职后发展与农村男生有较大差异

如图 2-11，"如果在乡村服务期满后，有一个从工资、工作环境、师资等各方面都比所服务的学校更好的城市学校的岗位，我会选择城市学校"是笔者所设计的一道反向题目，从得分上来看，城市男生平均得分为 4.15 分。相比于其他人，城市男生愿意回到城市学校的人更多，而农村男生的平均得分为 3.94 分，城市男生与农村男生得分差别较大，这是因为男生更多具有理性思维，且与他们的生活环境有关。农村师范生对于家乡有一份热爱，也有家人的挂念，且如今严峻的就业形势使在农村长大的孩子们感到焦虑。而且，教师编制稀缺，农村的孩子想要回到农村任教的心理便愈发强烈。其次是城市女生，平均分为 4.05 分。但从整体来看，师范生在从事工作时，更愿意回到自己所熟悉的地方，这说明在对师范生的培养过程中，学校应该充分考虑学生的基本情况，使得更多的学生能够扎根农村，为乡村教育事业奋斗，缩小城乡教育差距。

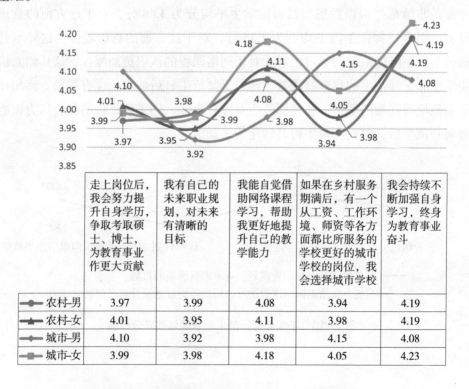

	走上岗位后，我会努力提升自身学历，争取考取硕士、博士，为教育事业作更大贡献	我有自己的未来职业规划，对未来有清晰的目标	我能自觉借助网络课程学习，帮助我更好地提升自己的教学能力	如果在乡村服务期满后，有一个从工资、工作环境、师资等各方面都比所服务的学校更好的城市学校的岗位，我会选择城市学校	我会持续不断加强自身学习，终身为教育事业奋斗
农村-男	3.97	3.99	4.08	3.94	4.19
农村-女	4.01	3.95	4.11	3.98	4.19
城市-男	4.10	3.92	3.98	4.15	4.08
城市-女	3.99	3.98	4.18	4.05	4.23

图 2-11　不同地区、性别师范生职后发展差异分析图

第五节　策略与建议

一、理想信念

（一）加强专业认同，坚定从教意愿

高校应加强师范生对于自身身份的认同，使其从中获得成就感，从而坚定对教育行业的从教意愿。

一方面，高校可为师范生开设专业导航讲座，基础讲座可以使他们基本了解专业的情况，再邀请有威望的教育专家为师范生讲授对师范专业的深层次理解，帮助师范生明晰师范专业是什么、能做什么、为什么这样做等专业问题。另一方面，高校教师可带领师范生前往各中小学校，走进课堂，跟随身处一线的教师，亲身了解教师的工作环境、在学校所面临的问题，及与学生交流时的注意事项，以此完成一个基础的师范专业导航，加强师范生对于自身专业的认识以及认同感。身份认同是公费师范生坚定从事教师职业的核心支撑，公费师范生能否扎根中小学长期从教、终身从教与身份认同密切相关。[1] 生活经验和培养政策赋予公费师范生身为未来教师既定的"先赋认同"和"结构性认同"，但对"教师"身份的完整认同还包括教育实践过程中的"建构性身份认同"。[2] 在了解师范专业特性，对个人专业有了强烈认同感之后，师范生能坚定从教意愿，同时为爱岗敬业、坚守之志、职业理想打好坚实基础。

（二）开展影子教育，根植爱岗敬业

高校以及中小学校可以寻找合适的影子教师，为师范生提供学习的榜样，

---

[1] HONG J Y.Pre-service and beginning teachers' professional identity and its relation to dropping out of the profession[J].*Teaching & Teacher Education*，2010，26（8）：1530-1543.

[2] 赵明仁.先赋认同、结构性认同与建构性认同："师范生"身份认同探析[J].教育研究，2013，34（6）：78-85.

跟着学习、进修，培养作为一名教师的敬业精神。

"影子教师"被定义为"一个被幼儿园、小学或初中雇佣的在合格督导监督下的个体，包括那些被语言教育学校项目、特殊教育和移民教育雇佣的个体"。本书借用影子教师的基本理念，为师范生提供可学习的对象，使师范生能加强爱岗敬业精神的培养。一方面，影子教师具有引领、示范作用，便于师范生了解优秀的教师是如何工作的，对于自己的工作是何态度，学习其爱岗敬业的优良品质。另一方面，学习模仿是人的基本能力，这也是师范生能接触到敬业精神真实存在的便利途径。师范生通过真实可接触的影子教师，能够学习他们身上的优秀品质，感受身处教育行业的优秀教师身上的爱岗敬业精神。教师的敬业精神是教师爱业、勤业、乐业、精业、创业的基本品质，教师必须具有全面、良好的素质，要心中有杆秤——努力、认真工作，不怕苦、不怕累。爱岗敬业，是习近平同志倡导的劳模精神的重要内涵。教育家朱熹认为："敬业者，专心致志，以事其业也。"故而，教师要爱岗敬业，专注于自身的教育事业，为国家培养人才。

（三）加强观念引领，厚植乡村情怀

学生应亲身参与乡村教育，了解乡村教育现状。高校要加强对于师范生的观念引领，将乡村教育情怀厚植于师范生心中。

一方面，师范生亲身前往乡村，参与"三下乡"、乡村教学等社会实践活动，了解乡村教育困境。另一方面，在师范生了解乡村教育现状之后，辅导员可及时开展座谈会，学校可及时开展相关讲座，目的在于加强对师范生的乡村教育情怀的观念引领，巩固师范生的乡村教育情怀，以此达到高校将乡村教育情怀厚植于师范生心中的目的，从而达到坚定师范生教育之志的目的。杨瑞清说，陶行知先生给后人留下了丰厚的精神遗产，最动人、最有力量的就是"爱满天下"的大情怀，乡村教育就需要这样的大情怀。实地考察学习强调学生通过真实体验与角色扮演，达到对教师职业的融入理解、对教学技能的具体掌握、对理想信念的坚定坚持、对教师情怀的增强升华，实现职业理想的自觉甚至坚定。高校应创造性地运用陶行知教育思想，传承优秀乡村文化，推动育人方式变革，助力乡村教育难题的解决，坚定师范生教育信念，因此学校应采取一定的方法坚定师范生的教育之志，尤其专注于乡村教育的困境，以陶行知教育思想的当代实践解决乡村学校育人的实际问题。

（四）开设优师栏目，树立职业理想

学校可开设优秀教师栏目，选取优秀教师事例，有代表性的教育家、教学名师、名校长、骨干教师等供学生学习，使师范生对于教师职业有更深刻的认知。

一方面，高校可将有代表性的教育专家等作为优师栏目主角，讲解他们的故事，甚至邀请优师本人举办讲座。另一方面，师范生要主动学习优秀教师的事例，这能为师范生在面对许多问题时提供对应的处理办法。师范生也可以从中感受到优师对于教育事业的职业理想，从而坚定个人的职业理想信念。教师肩负培育人的重要使命，职业要求要比其他职业高得多。师范生无法时时刻刻切身体验教师职业角色，日常教学就显得尤为重要。优秀教师，如华坪女高校长张桂梅等，为师范生提供了可以学习的榜样。强化职业认识的思想教育，对师范生的职业理想影响巨大。雅斯贝尔斯说："教育的本质就是一棵树摇动另一棵树，一朵云推动另一朵云，一个灵魂唤醒另一个灵魂。"优秀的教师唤醒预备教师的职业信念，预备教师才有坚定的职业理想信念，以此去唤醒祖国的花朵。师范生的职业理想可以很远大，做一名教育家；可以很平凡，做一名一线教书育人的教师，但师范生的最终目的都是为国家的教育事业作贡献，无论哪种职业理想都要坚定内心理想，成为优秀的教师。

二、仁爱之心

（一）加强爱心教育，践行"学生观"

高校应加强对师范生的爱心教育，师范生应加强对自身行为的要求，积极参与爱心服务，培养良好的教师品格，践行"学生观"。

一方面，高校应加强对师范生的爱心教育，组织师范生参与社会实践，有针对性地开展爱心服务，从在特殊学校的爱心服务中感受学生的可爱之处；从在幼儿园的爱心服务中感受小朋友的天真童趣；从在辅导班的爱心服务中感受每一位同学的努力勤奋。另一方面，高校应实行激励机制，鼓励师范生积极参与爱心服务。同时，师范生个人应增强自身主动性，自觉参与爱心社会实践，激发对于学生的仁爱之心，培养个人的教师品格，践行尊重学生、热爱学生的宗旨。师范生作为在校学生，亦是未来教导学生的教师，对于"四有"好

老师的"仁爱之心"既是感受者，又是将来的实施者。师范生应该尤其珍惜并好好利用这一特殊的学习时期，用心感受教师"仁爱之心"的时代内涵，努力成为一名热爱学生且被学生热爱的教师，培养自己的"仁爱之心"，做一名践行"学生观"，热爱学生、尊重学生的好教师。

（二）加强生命教育，践行"生命观"

高校应加强师范生生命教育，将"生命观"内涵理念根植于师范生脑海中，使师范生在现在及今后的教师生涯中践行"生命观"。

一方面，高校应加强个体生命教育，开设专业课程、开展专题讲座，为师范生提供生命教育，使师范生对于生命观有更真切的感受。目前，部分高校在生命教育方面缺少相关的课程，因此师范生对于生命观的意识薄弱，故而本书强调加强师范生在高校学习的生命教育课程。另一方面，高校教师要尊重学生的个体生命发展，依托课程教学，教导学生形成正确的生命观，将生命教学落实到实践中。实践中的教学才是真正的教育，才是落到实处的教育，因此高校日常的课程教学不可缺少生命教育的重要内容。个体生命是活泼的、生动的、瞬息万变的。生命教育提倡自由，重视教育对于学生生命发展的价值，关注学生的创造性发展，反对传统教育对学生自由的限制。刘铁芳指出，要关注个体的内在生命世界，通过教育实现"润物细无声"，实现个体的真正属于自己的生命情感的化育与生成。[①] 学者刘济良指出，生命教育一定要把生命发展的权利交给学生，同时必须明确学生的个体性以及生命的自我生成性。[②] 生命教育提倡的自由并非绝对的自由，而是主张有限的限制。有限的限制需要通过课程教学实践进行，课程中需要贯彻以学生为中心进行生命教学的实践。

（三）加强思政教育，践行"价值观"

高校应加强师范生的思政教育，明晰师范生的社会义务，使其在今后的教育工作中培养学生正确的社会主义核心价值观。

一方面，高校应加大思政教育本身的力度，如加强内容审核或加强学习完成度。高校可采用激励机制，设置答卷进行青年大学习答题，得分高者获

---

① 刘铁芳.生命情感与教育关怀[J].湖南师范大学社会科学学报，2000，29（5）：65-72.
② 刘济良.教育与人的生命[J].教育研究，2004，25（5）：35-36.

得相应奖励，使师范生对于思政教育的学习有更大的主动性，久而久之产生自主学习的想法。另一方面，高校不应仅限于基本的思政课程，还应依托专业课程对师范生进行潜移默化的思政教育，使社会主义核心价值观根植于师范生心中，提升师范生个人思想觉悟，在今后的教学中践行"价值观"。中国是古老而伟大的国家，正逐步走向世界舞台的中央，中华文明五千年未曾间断，优秀文化源远流长、博大精深；中国共产党是伟大的党，它时刻心系人民，全心全意为人民服务，关心人民的生产生活；我国政府是为人民谋幸福的政府，人民真正当家作主，人民的各种权利有保障，幸福指数越来越高。学生要理解爱国、爱党、爱社会主义这三者高度统一，是一个完整的有机体，缺一不可。师范生只有受到正确的思政教育，在成为教师后才能将思政内涵深植于自己学生的心中。

三、道德情操

（一）加强诚信教育，强化教育伦理

"人无信不立，业无信不兴。"诚信是公民道德的基石，是与世界沟通的桥梁；诚信是人生的命脉，是一切价值的根基。诚信教育是对孩子人生的一种道德投资，也是社会的一种无形资产。

加强诚信教育，一方面，除了开展常规的诚信教育主题班会，高校还应积极拓宽诚信教育途径。例如，美国加州大学圣地亚哥分校推出的学术诚信卓越计划将学术诚信教育打造成菜单式、模块化培训课程。学术诚信培训的核心课程分为四个课程模块，其中三个模块值得借鉴：一是高校组织学术诚信研讨会，为学生提供从经验中学习的机会，让他们了解更多学术诚信的知识，发展道德决策技能，以此夯实学术诚信的根基；二是高校开展诚信合作研讨会，让学生了解如何诚信合作、协作的好处和挑战、协作的策略；三是高校开展防止剽窃的策略和工具研讨会，让学生在研讨会中发挥自己主观能动性，真正强化教育伦理。另一方面，高校不仅要重视师范生理论知识的学习，也要注意加强师范生相应的实践活动，让理论在实践中得到更好的理解和体现。高校可以组织校级或者院级的学生会和社团等开展适当的诚信实践活动。例如，开展以书法、绘画、剪纸、新媒体视频等艺术创作形式为载体，传播诚信文化、弘扬诚

信精神、讲述诚信故事的活动，使师范生通过亲身实践获取直接的经验，将理论知识转化为自身的自觉行为，真正达到知行合一的效果。

（二）融入红色档案，培养爱国情怀

红色档案资源通过纸质、音频、视频等多种方式，客观、原始地记录了中国共产党自诞生到带领中国人民革命、建设和发展的光辉历程，凝聚着党的优良传统和建党精神，是思政育人的"思想库"，舆论斗争的"弹药库"。因此，发挥好红色档案作用，用活红色档案，对师范生教育具有重要意义。

一方面，相关人员有必要深度剖析与挖掘红色档案，对资源进行整合和优化，实现红色档案平台资源共享，多平台传播红色故事。教师在平常教学中，可将红色档案作为一种资源融入教学中。除此之外，教师可启发并鼓励学生为红色档案资源的开发利用贡献智慧，如通过师生合作自主创作与红色档案相关的沉浸式校史剧、推理剧，潜移默化地让学生感受红色文化的价值与魅力。

另一方面，高校应充分发挥党团组织的作用，开展相关活动，如围绕弘扬红色精神，讲好红色故事，策划"校史演讲大赛"等活动，吸引学生深入了解、主动挖掘学校蕴藏的红色资源。在此过程中，教师可引导学生走进档案馆、博物馆、党史书库中，在校内营造寻找红色基因库的积极氛围，培养学生的爱国情怀。

（三）强化榜样示范，确保言行雅正

榜样是看得见的哲理，榜样的事迹是大学生汲取奋进力量的活水之源。榜样教育是落实立德树人的有效途径，对大学生形成良好的道德品质起着不可替代的作用。

一方面，当前部分高校塑造的榜样形象过于"高大上"。这样的榜样形象远离了大学生的现实生活，因此难以使大学生产生内心情感和思想上的共鸣，一定程度上影响了高校榜样教育的效果。高校应丰富大学生榜样宣传形式，以现身说法、主题讲座、辩论赛等形式缩小榜样与学生之间的距离感，提高学生对榜样的认识度、讨论度与认可度。除此之外，高校可有针对性地收集学生的榜样信息，并将榜样的事迹和名语做成展板放在学校显眼的地方，营造一个处处是榜样的氛围，充分发挥其提醒和激励作用。

另一方面，师范生在榜样的选择上应具有针对性。泛泛而谈的假大空不能使大学生获得实在的行动力。朋辈榜样理念为大学生选择榜样实践提供新思路。"朋辈"是指同辈的友人或同龄人。人是在群体中成长和发展起来的，近朱者赤，近墨者黑。朋辈的影响力是潜移默化和超乎想象的。以身边朋辈为学习对象，让榜样"活"起来，更能激发师范生心底的自觉性、主动性。师范生能够近距离感受榜样风采，汲取榜样力量，确保言行雅正。

四、扎实学识

（一）强化微格训练，提高教学素养

微格教学法创始人艾伦说："微格教学是一个有控制的实习系统，它使师范生有可能集中解决某一特定的教学行为，或在有控制的条件下进行学习。"[①]我国学者孟宪恺认为："微格教学的理论利用培根的自然哲学思想，将复杂的宏观层次上的教学活动进行分解。采用'人物分析法'和'活动分析法'技术，可在微观教学活动上建立稳定的教学技能模式，对教师的教学行为进行分类。每项教学技能是由一类在教学技能功能上有某种共性的教学行为构成的，它有理论阐述和对具体教学行为的模式描述，使教学行为成为可观察、可示范、可操作、可反馈评价的训练模式。"[②]

一方面，量变引起质变，院校应适当增加师范生技能训练时间，在课程实训的过程中，采取监督机制。同时，教师应加强对师范生教学资源的支持，完善评价体系，通过对师范生的对比评价，明确指出其优势与不足，促进学生教学反思能力的养成，引导学生取长补短，互相学习。

另一方面，师范生应提升教学技能的自我发展意识，应认识到教学技能的重要性，促进自我对微格教学课程的学习和训练。在训练中，师范生应有意识地培养自我观察能力，可采用录像、录音等方式帮助自我提高，以提升学科素养，吸收更好的教学方法。

---

① 曾建.微格教学在师范类高校中的运用 [J].新疆教育学院学报，2004，20（2）：29-31.
② 孟宪恺.微格教学基础教程 [M].北京：北京师范大学出版社，1992.

（二）增加综合实践，提升管理能力

班级管理能力是师范生应具备的基本职业能力之一，而只靠班级管理等相关课程的开设是远远不够的，毕竟管理能力要从经验中提高，从实践中积累。

一方面，学校应鼓励学生积极参与班级管理、院系管理，尽可能多地设置学生自主管理的岗位，严格实行换届选举，保证尽可能多的学生能够参与管理，在实践中感悟，在锻炼中成长。师范生应重视规划反思，这无疑是另外一种实践。学会反思是师范生的职业能力之一，反思自己在处理相关事件、应对突发状况、开展班级活动等方面的不足之处。师范生可通过反思不断调整学习计划，补齐个人在管理方面的能力短板。

另一方面，师范生的教育实习是他们第一次真正直接面对学生，也是师范生积累班级管理经验、掌握班级管理方法、形成班级管理能力的最好机会。师范生个人应在教育实习中把握班级管理机会，通过实际工作提高班级管理能力。在实习学校实习时，部分班主任应担负起言传身教的责任，给予师范生更多的管理机会，让他们真正参与班级管理。师范生应当克服畏难心理，抓住机会多多参与班级日常管理工作，直至能够进行班级日常管理，并应积极汲取班级管理的实践经验，在探索中积累，逐步提升管理能力。

（三）加强师生研训，启蒙科研能力

师范生参与教学科研，能够为教育科研注入新鲜血液，也有利于他们自身潜在创造力的发挥。而师范生作为科研新人，想参加科研项目就需要经验丰富的前辈、教师的指导和培训。优秀的教师会对学生的发展产生潜移默化的影响，教师的角色至关重要且无可替代。

一方面，加强师生研训应保证研训的次数。师生研训的前提是教师与学生应形成较为固定的学术交流时间，保证研训频率。加强师生研训应适当增加师生研训的次数，还应保证研训的质量。教师针对师范生错误和敷衍的思想，应严肃指出，严格要求，在研训过程中发扬严谨求实的科学作风。学生应在研训前通过大量阅读充分思考，细致整理、分析出自己最核心的疑虑，珍惜培训机会，积极反思。

另一方面，在研训中，教师是主导者。教师应善于发现问题背后的缘由，这样才可能找到解决问题的策略，也才可能落实改进的措施。教师应善于寻找优质资源，要善于向内、向外寻找资源。教师应善于集中大家的智慧，充分发挥团队力量。在研训中，学生在团队中应积极交流，让思想碰撞出智慧的火花，汲取团队力量。教师在培训中应将自己放在与学生平等的位置上，耐心进行启发式研讨，使学生研中有悟，做到研中有训，训中有研，逐渐启蒙学生的科研能力。

五、专业发展

（一）明晰未来方向，强化职业规划

师范生对自己的未来职业是否有所规划，很大程度上取决于两个方面：一方面是学校是否对师范生进行了职业规划课程培训，另一方面是师范生自身对未来是否有目标。在大学期间，师范生对于自己的未来可以做出选择，一个选择是获得更高的学历，继续深造；另外一个选择是直接进入社会就业。师范生要想对未来职业有所了解，做好自己的职业规划，可以从两方面采取措施。

从个人而言，师范生可以使用"霍兰德职业兴趣测试"对自己的个性进行了解，以积极的心态规划自身专业发展，自我批判，找准定位，对自身发展有清晰的认知，客观看待自身发展的强项和弱项，并在此基础上制定个性化专业发展规划。师范生需要根据实际发展情况不断调整发展规划，促成规划目标的有效达成。在规划中，师范生要根据自身个性特征，秉持学无止境的原则，逐渐完善自己的发展规划。

对于学校，为促进师范生对自己职业有所规划，学校应开设职业生涯规划课程，由专业人员进行授课，从多个维度进行讲解，使学生更加了解如今就业的相关形势，或为学生配备就业教师，进行一对一帮扶，针对学生的兴趣爱好对未来进行规划，关注学生在规划方面的问题，及时调整，使学生的发展更加顺利。另外，学校可以由就业部门牵头、学生负责，设计和职业规划有关的比赛，如"简历大赛""职业生涯规划大赛"等，以提升学生的能力，为未来打下基础。

师范生了解目前就业形势，对于未来有所规划，一定程度上可以增强师范生的学习意识，对于未来所面临的困难早做准备，才不至于在毕业后慌乱。

由此可见，师范生明晰未来方向，强化职业规划是十分必要的。

（二）优化评价机制，促进职后发展

教师是学生成长路上的引路人，培养高素质教师对学生至关重要，而教师的成长与学校息息相关。为优化评价机制，培养教师教育情怀，使教师获得更好的发展，提升教师职后幸福感，各学校可以从以下两方面考虑。

一方面，完善考评机制。高校应实施教师差异化评价制度，支持教师个性化发展。每一位教师都是独立的个体。在评价过程中，高校不能以刻板的评价制度评价教师，应注重教师间的差异性，以多元的方式评价教师。发展性评价体系以促进教师未来的发展为目的，强调自我的主控性和生成性，进而引导教师主动开展专业化发展，朝着个性化目标迈进。① 同时，高校可开展家校融合评价、教师自我评价、教师间互相评价等，这不仅仅是评优评先，更能促进教师的职后发展。

另一方面，满足教师对学校的愿景。愿景是指人们在实践活动中有意识地规划构造活动方案，预设希望在未来达到的预期目标，刻画一幅未来情景图。② 教师在学校工作的过程中，除关注自身的福利待遇外，也十分注重个人的发展愿景。学校应开展教师个性化评价，根据教师的个性给予其更多的进修和培训机会，并持续支持教师的专业发展。这样不仅可以提高教师的教育教学水平，还可以增加教师的奋斗动力。教师在意识到学校对于自己的重视后，会被激发向目标奋斗的动力，从而促进自身发展完善。

教师的发展与学校密不可分。学校应更加重视教师的发展，根据教师的实际发展情况不断优化评价机制，促进教师职后发展，实现学校、教师、学生三方共赢。

（三）携手 AI 学伴，加强终身学习

学者林峰认为，人工智能是技术的集成与创新，是仿真与模拟人的思维

---

① 石青群.中学教师个性化专业发展研究：生涯的视角[D].上海：华东师范大学，2016：98.
② 彼得·圣吉.第五项修炼：学习型组织的艺术与实务[M].郭进隆，译.上海：上海三联书店，1998：239.

和行动的新技术。① 如今人工智能技术快速发展，已经渐渐融入人们的生活，为加强终身学习，教师可以为自己寻找一位 AI 学伴。

一方面，AI 可以充分发挥智能的特点。第一，AI 伙伴可以对教师的现有知识水平进行检测，合理推荐适合教师水平的个性化知识，这样不会使教师因为学不懂而选择放弃，并不断层层提高，提升教师的知识水平。第二，数据充斥着人们生活的空间，它成了一种新型资源。AI 可以及时对大数据进行提取分析，为教师提供最新的教育资讯，成为教师的得力助手。第三，对于教学内容，教师借助人工智能技术进行创新发展，可以快速引入先进的理论知识和大纲政策，为学生的高效学习提供条件。

另一方面，AI 可以充分发挥人的特点。AI 作为教师的伙伴，可以时刻陪伴在教师的身边，不仅可以陪伴教师学习，并对教师的学习进行监督，在教师没有完成任务时进行提醒，强化教师的终身学习，还可以成为教师的知己好友，在教师遇到问题时，及时察觉教师的情绪，帮助教师调整心态，使得教师在教育事业的发展上探索更加有效，从而不断提升自身的素养。

本章小结

教育情怀对教师个体的生命发展不仅是本源性的，而且存在于其发展的过程中。为造就党和人民满意的高素质、专业化、创新型教师，培养教育情怀深厚、专业素养卓越、教学基本功扎实的优秀教师势在必行。

研究发现，当前部分师范生在价值层面的从教意愿、爱国守法和职业理想等方面表现良好；在实践层面上，部分师范生在仁爱之心中存在爱生命部分有所忽略、爱学生意识有待提高等问题，在教学素养方面存在教学能力不强、管理能力不足等问题；在动力层面，部分教师存在终身学习意识薄弱、坚守信念有所欠缺等问题。产生上述现象的原因主要是由于内外两种因素造成的。对此，本书分别从融入红色档案、树立名师榜样、创建 AI 智能学伴等方面提出了相应的对策，以期能够为培养师范生的教育情怀提供指导，进而推动教师的高效发展，助力学生的成长。

尽管笔者已经做了大量的工作，但仍存在一定欠缺：在职教师填写问卷

---

① 林峰．人工智能时代思想政治教育的价值定位与发展 [J]．思想理论教育，2020（1）：79-83．

的人数较少，主要根据教育情怀理论质性研究、问卷调查数据中师范生的透视分析，对于在职教师的分析较少，希望将来在对此类问题的研究上更加深入地进行探究，以进一步为小学教师教育情怀的培养提供实证依据和实践参照，提升教师情怀培养效果。今日的师范生未来将成长为人民教师，期待广大师范生厚植教育情怀，不断锤炼本领、增长才干，不忘立德树人初心，牢记教书育人使命，做有温度的教育，做有情怀的教师。

师也者，教之以事而喻诸德者也——《礼记·文王世子》

叙事篇

第三章 教育情怀培育路径的叙事研究

2014年，习近平同志在与北京师范大学师生代表座谈时提出，要做"有理想信念、有道德情操、有扎实学识、有仁爱之心"的"四有"好老师。其中的理想信念、道德情操、仁爱之心都源于厚重的人文情怀。李群老师认为，当前我国中小学教师的主要问题不是学科专业知识的匮乏，也不是教育专业知识的不足，而是人文素养不高。这更加凸显了加强教师人文教育的重要性。教师是一个需要仁心大爱的职业。教师在工作过程中需要发挥整体人格的作用，教师人格越高尚，越富有人文情怀，其教育效应越显著。本章的研究对象分为三部分，第一部分为三位国家级优秀教师：于漪、魏书生、张桂梅；第二部分为三位重庆市优秀教师代表：杨瑞清、陈申福、王红旭；第三部分是十二位师范专业毕业、当前奋斗在教育一线的优秀青年教师。

第一节 新时代教育情怀叙事研究目的

本书旨在运用质性研究的方法，以教师教育、教学过程中的个人经历为出发点，通过对十八位教师进行不同形式的访谈，辅之以教学记录和观察，以叙事的方式描述他们的个人经历，梳理教育情怀对教育实践的影响，进一步了解一线教师教育情怀现状，发现一线教师教育情怀形成过程中存在的问题，从教师自身因素及外部因素等多方面分析相关原因，并就如何形成新时代教师教育情怀提出对策建议。

第二节　新时代教育情怀叙事研究意义

一、理论意义

本书通过叙事的方式对新时代一线教师的教育情怀进行了研究，分析目前一线教师教育情怀存在的问题及影响因素，在此基础上思考一线教师尤其是新时代一线教师"下不去""留不住"的原因，从而改善学校缺乏一线优秀教师的困境，丰富了当前关于一线教师的相关研究。在已有的关于一线教师的研究中，对一线新教师"下不去"/"留不住"、教育质量较低的原因分析较多，但大多是从外在的物质条件分析，或者从单一的内在原因如教育信念入手，而较为全面的教育情怀的研究很少涉及。本书弥补了这方面的不足，拓宽了一线教师的研究视角，也为以后研究教师情怀提供些许参考。

二、实践意义

笔者通过对十八位新时代一线教师的教育情怀进行叙事研究，了解新时代一线教师的教育情怀对教育实践的影响，探索新时代一线教师具有教育情怀的表征及教育情怀形成的影响因素，基于此提出促进新时代一线教师教育情怀的生成策略，为正处在迷茫期的新时代一线教师提供更多的启示，不断更新、拓展自己的教育观念，这有利于进一步建设优秀、稳定、结构良好的一线教师队伍，也有利于一线教育质量的提高，以高质量发展促进一线教育振兴。

第三节　新时代教育情怀叙事研究设计

一、研究思路

本书采用叙事研究的方法，按照"理论研究—资料收集—现状叙事—原因分析—策略建议"的路线进行研究。首先，查找、研究与主题相关的文献，对其进行研读总结，撰写文献综述，明确核心概念。其次，进入研究现场，对研究对象进行实地访谈、直接观察等，将访谈录音转化成文字资料并对其进行编码，收集一手研究材料。再次，梳理访谈记录、观察记录表等，总结新时代一线教师教育情怀对教育实践活动的影响，归纳具有教育情怀的教师的表征。最后，针对观察、访谈过程中发现的新时代一线教师难以形成教育情怀的现状探寻其影响因素，提出改进建议，为进一步生成新时代一线教师教育情怀提供一定的借鉴参考。

二、研究范式

本书主要采用教育叙事的研究范式。所谓教育叙事研究是指在教育背景中包含任何类型叙事素材的分析研究。它借由影片、传记、图片、对话等刺激，触发当事人进行故事叙说，并以当事人的叙说内容为文本数据进行分析，以期反映故事叙说者本身的重要生活经历及生命主题。教育叙事的形式多种多样，如叙事访谈、个人档案、生活故事、口述历史等。个体的教育生活故事与研究者的现场笔记、研究访谈等有机结合，被挖掘整理成为供研究者分析的现场文本。同时，由于本书所研究的教育情怀实质上是教师内心对教育教学的综合情感，其不可简单用实证的方式调查，却适于通过教师的教育故事体现，所以，本书将教育叙事作为主要的研究范式，并在解构和重构教育叙事材料过程中对个体行为和经验建构赋予一定的解释性理解。

三、研究资料整理

（一）文献法

本书的前期工作主要采用文献法。笔者通过查阅与收集有关新时代一线教师教育情怀的期刊、著作等获得大量的文献资料，并对这些文献资料进行梳理与分析，在此基础上界定本书的核心概念，总结新时代一线教师教育情怀的价值，也为本书提供研究思路。

（二）访谈法

本书主要采用半结构性访谈。笔者在阅读文献资料以及与研究对象初步沟通交流的基础上编制访谈提纲，围绕研究主题，与研究对象展开访谈，全面了解新时代一线教师的相关经历与体验。所有访谈在经过允许后进行录音与记录。笔者在每一次访谈结束后及时将录音转化为文字，把访谈内容尽可能详细地转录出来，形成文本，并且对不确定的内容重新进行校对。在转录过程中，笔者力求保证研究对象语言的原始性，以确保访谈记录的真实、准确。

（三）文本分析法

为了获得研究对象在形成教育情怀过程中有关的文本资料，笔者收集了研究对象的事迹报道文案、公开采访文案、媒体谈话文案、部分教案、教学反思、听课笔记、个人作品等材料。这些文本资料与新时代一线教师教育情怀的形成密切相关，能够提供更多的事实细节，丰富叙事材料。

一方面，在质的研究中，目的性抽样是使用较多的非概率抽样方式，根据研究的目的抽取能够为研究提供较大的信息量。应该说，在岗位上兢兢业业的一线教师都是具有一定的教育情怀的，而为了更好地呈现新时代一线教师教育情怀对教育实践活动的影响，本书结合教育情怀的内涵、特点、表现等，选取不同城市、不同年龄段、不同学科等新时代一线教师进行叙事，以期更全面地了解新时代一线教师教育情怀的真实状况及其对教育实践活动的影响。另一方面，我国有很多教育教学名师，有很多教育家，有很多奋斗在教学一线的骨干教师，有很多即将奔赴一线的师范生，把他们的精神尽可能地记录下来，可以启迪教育智慧，激励后辈积极推动教育教学的发展。

第四节　新时代教育情怀的故事叙说

　　教育情怀作为一个本土概念，其内涵和价值意蕴有不同的解读。教育情怀是教师对学生成长的迷恋和与学生相处的智慧，是教师执着追求教育的生命意义和坚守育人职业的内在动力与精神支撑。在新时代，教育情怀是教师的专业要求，它可促成教师的教育气质，能激发其高昂的职业自觉，为专业发展提供源源不断的动力，是实现教育高质量发展的关键性因素。现有关于教育情怀培育的研究主要集中在两个方面：一是重点针对乡村教师、特殊教育、幼儿教育等提出的有针对性的养成策略；二是着重分析教育名家独有的教育素养和深厚情怀，以求从其人生经历中总结出普遍经验。党的二十大提出加快建设高质量教育体系，对新时代的教师培育提出了全新要求。作为教师后备军的师范生，其教育情怀培育应引起足够重视。为此，分析师范生教育情怀培育面临的现实困境，挖掘其产生的主要原因，寻找实现路径，是非常有必要的。

一、于漪老师：理想在岗位上，信仰在行动中

（一）兢兢业业，拾级而上

　　于漪从复旦大学教育系毕业后，23 岁的她毅然决然地步入教育行业正式参加工作。她经历了战争年代、中华人民共和国成立、改革开放等多个重大历史时期，用七十年的教学经历向世人塑造了一位名师楷模。在几十年如一日的教育生涯中，于漪老师始终坚守在教育一线，兢兢业业，恪尽职守，为中国教育事业作出诸多奉献，被称为"人民教育家"。

1.困苦波折的成长期

　　1929 年，于漪在江苏镇江出生，身处中国遭受外国肆意侵略的时代，国家动荡，人民惶恐。于漪曾谈道："兵荒马乱，日寇的飞机常在头顶盘旋，大

人总是板着脸，愁云密布。"① 在这样的社会背景之下，于漪一家为了能够存活下去，逃难到乡下，她也被迫停止上学。后来，于漪终于获得了珍贵的学习机会——在上海的一所学校当插班生。好景不长，中学时期，她的父亲因病去世，学业再次搁置，但在母亲的支持下，她成功考入江苏教育学院师范学校。② 一年后，学校教学调整，于漪再次考入镇江中学，最终以优异的学习成绩考入了复旦大学教育系。

1951 年，于漪毕业后被分配到上海市华东人民革命大学附属工农速成中学；1958 年，于漪被调到上海市第二师范学校，教授中国古代史，在此期间，她更加深入地学到了教学的技巧，边教边学。

虽然有教材，但是上课不能照本宣科，要去补充，要用观点统率教材，进行分析。要分析得有理有据，娓娓动听，使学生信服，课前必须下相当的功夫。教书要见书又见人，而且要把人的因素放在第一位，充分发挥人的作用。

在大学毕业后的七八年中，于漪的工作跟着国家和时代的形势不断变化，但是从这些经历当中，她也逐渐磨炼了意志，找到了目标所在。

2. 快速成长创新的成熟期

于漪坚持在做中学，边教边学，常常为了上好一堂课，花十几个小时甚至更多时间备课，向优秀的、有经验的老师们请教。为了提升自身的语文素养，她常年处于白天上课、晚上学习的状态，潜心学习，直到把教材吃透。

于漪上课要备三次课。第一次备课不看任何参考资料，全凭自己的理解对教材进行一次整体把握；第二次备课广泛收集各种参考资料，看名师、教育专家是如何授课和对教材进行分析的，同时思考三个问题：

（1）哪些问题参考资料上想到了，我也想到了。

（2）哪些问题参考资料上想到了，我没想到。

（3）哪些问题参考资料上没想到，我想到了。

第三次备课是在上完一个班的课以后，总结经验，进行教学反思之后再备一次课。总结来说这种备课方式即"三个关注，两次反思"：三个关注即关注自己、关注理念、关注学生；两次反思即理念反思和行为反思。

① 于漪 . 于漪全集：教育人生卷（ 21 ）[M].上海：上海教育出版社，2018：7.
② 段沿沿 . 人民教育家于漪个体成长史研究 [D].天津：天津师范大学，2021：18.

于漪认为，备课要目中有人，所有的学科都是为了育人，育人是大目标，这是教育的本质。教学要做到"胸中有书"，要认真钻研教材，在"真懂"上下功夫。教学参考书毕竟是别人的劳动，只有自己的劳动所得才是带着生活露水的鲜花，是你自己的心得，学生才容易和你交融。教出自己个性的时候，才是学生收获最大的时候。因为，教育事业是创造性的事业。

只有当教师给学生带来思考，用思考来指挥学生，用思考来使学生折服和钦佩的时候，他才能成为年轻心灵的征服者、教育者和指导者。于漪说："我这辈子有两把尺子，一把尺子量别人的长处，一把尺子量自己的不足。在这种'比'和'量'的过程中，我总能找到自己的不足，总能学到别人的长处。"

除了在教学方面的不断深入研究，随着时代的变化，于漪也在不断地学习，她认识到科技可以为教育事业带来更多的可能性，就利用新技术手段创新教学方式，积极探索电子设备和在线资源辅助教学，并将这些技术应用到实践当中。

于漪通过勤奋学习和不断探索，在教育事业中不断成长和进步。她以积极的态度和创新的方法面对挑战，不断提升自己的教学水平，并为学生的成长和发展贡献自己的力量。她的教师成长经历是值得学习和借鉴的。

（二）爱的教育，丹心一片

爱是学生成长的沃土，是教师幸福的密码，所有的教育最终将落实到学生身上，学生的事就是教师的事。于漪的为师之道就是对待孩子丹心一片，用爱交互，真诚交流，用爱传授知识。

于漪说："学生的天就是你的天下。"于漪一辈子没有骂过任何一个学生，没有挖苦过任何一个学生。她认为，做老师，必须有宽广的胸怀，要包容各种各样的学生，而这个包容不是居高临下，而是走到这个学生的心里头，跟他平起平坐，体会他的情感、想法，这样才有共同语言，对孩子就是要丹心一片。你是全心全意还是半心半意，或者是三心二意，学生都非常清楚。

于漪从教以来，坚持把学生放在教育的首位，一切教育工作从学生出发，发自内心真诚地教育学生，和学生形成心连心的交互式师生关系。她曾在采访中说道："我九十几岁的人了，人家说你不太像。因为教师有一个青春密码，就是学生至上。每一个学生都是你的宝贝，因此要对学生满腔热情满腔爱，这种爱不只是说考试得几分，这种爱是仁爱、大爱，就是要把你所教的每一个学生能够按照我们党的教育方针，培养成德智体美劳全面发展的人，因此我一直主张，今天的教育质量就是明天的国民素质，就是明天的时代新人的素质。"

重教轻学是传统教学的弊端，于漪主张教师应当从教出发转换到从学出发，重视对学法的研究，促使教学为学生的学习服务，因此教师必须"目中有人"[①]，要深入研究当代学生的特点，从实际出发创新教学方式。

另外，于漪主张讲课要有情趣性，这样才能真正地吸引学生，使他们产生强大的学习动机，才能产生实效，因此教学就应当从"得"字下功夫，学生学有所得才能对学习产生兴趣。[②]

于漪曾说，教学相当程度是创作，需精心设计，用心取舍。教师要努力做到每节课都有亮点，都有耐人咀嚼、耐人寻味的东西，经得起听，使不同层次的学生都能受益，都有满足感、上进心，每节课都有教师的信念、情操、学识、仁爱之心在闪光。教课要全身心投入，用生命歌唱，这是一种境界，一种诲人不倦、乐育英才的境界。课要追求"三动"：动听、动情、动心。语言不是蜜，但可以粘东西。要激发学生求知的热情与愉悦，有两点很重要：一是语言的文化含量，二是语言的人文关怀。教师课堂上的讲述不仅是专业知识、文化底蕴、人格素质的表露，而且是语言素养的生动检验。点燃求知之火十分不易，熄灭它一句冷言冷语就足够。

（三）一辈子做教师，一辈子学做教师

于漪自从教以后，工作并不是一路顺风，而是步履维艰，又遭大病突袭，但她一直鼓励自己无论遇到什么样的困难、挫折，都不能张皇失措，更不能精神崩溃，只要有一线希望，就要努力，一步一步往前走，而支撑她这样前进的就是埋藏在心底的"为教育作出奉献，为国家培育人才"的理想信念。

教育是理想的事业，没有理想的教育是不存在的。教育是神圣的追求，

---

① 李澄晶.于漪的教学之真对培养学生语文核心素养的启示[J].作文·高中版，2022（6）：39-40.

② 马凯妮.特级教师于漪的教学智慧及其对教师成长的启示[J].广西教育，2016（26）：69，86.

充满着伟大与圣洁，不容任何玷污与亵渎。教育是崇高的使命，需要全身心投入与完全的奉献。于漪说："当我把生命和国家命运、人民幸福联系在一起的时候，我就觉得我永远是有力量的，我仍然跟年轻人一样，仍然有壮志豪情！"

在七十年的教育生涯中，于漪从未停止学习，到了晚年，甚至研究起了周杰伦和《还珠格格》，因为她发现，学生对这些更感兴趣，而她喜欢的则是一些资深歌手，很难和学生产生共鸣，这也让她深刻意识到自己和学生"差距"有多大，因此提出"教育绝不能高高在上，要目中有人"的教育观点。

走进学生的内心，还要一辈子学做教师。[①] 在从教生涯中，于漪总是想尽办法帮助青年教师成长，她首创了教师与教师的师徒"带教"的方法，组成教师培养三级网络——师父带徒弟、教研组集体培养、组长负责制。在她这种新模式的培养之下，一批批青年教师迅速成长，脱颖而出。

在于漪看来，课要上到学生的心中，"用生命歌唱，以生命来认识生命，以一棵树来撼动另外一棵树"。在教学中，她也遇到各种各样的学生，但她从未打骂、贬低任何一个学生，反而是关注每一个学生的成长和发展，相信每一个学生都是独特的个体，都有自己的优势和潜能，尊重学生的个性差异。

于漪说，教师的第一本领是要看出孩子身上的优点，要把尊重孩子、爱孩子作为自己的信条。"有个孩子特别皮，打架、逃课、欺负同学。他喜欢装半导体，我就买半导体弄到家里来帮他装。对他就像我的孩子一样，跟我一起上班再一起回来。那个时候大家经济都比较紧张，有点好吃的，买荤菜都要给他吃。"

于漪怀揣着教育情怀，致力于每一个学生的成长与发展，将自己视作学生的朋友和引路人，通过互动、启发和引导，引领学生成为自主思考和探索的学习者，教师这个职业寄托了于漪一生的追求与热爱，她曾说愿意成为铺路石，为中国的教育事业作出更大的贡献。

---

① 李开娴.追求高境界的教学生命状态：向于漪老师学做语文老师[J].语文教学通讯·B刊，2017（2）：20-22.

二、魏书生老师：以爱育人，从细节完善人

（一）脚踏实地，虚心钻研

魏书生是一名具有丰富教育经历的教育工作者，他的教育成长经历充满了挑战和收获。他认真学习教育理论和教育心理学等相关课程，为他打下了坚实的教育基础，并培养了他对教育事业的浓厚兴趣。

魏书生通过实习和实践机会锻炼了自己的教育技能和专业素养。他在教育实习时担任助教或支教志愿者，与学生们进行互动。这使他有机会亲身体验教学过程的挑战和机遇，并逐渐提升自己的教育能力。他珍惜教育培训和专业发展的机会，参加各类教育研讨会、学术会议和专业交流活动，与其他教育从业者分享经验和思考。

魏书生在初中语文教学的实践过程中，不断思考和探索，逐步形成了一套教学方法，包括定向、自学、讨论、答疑、自测、自洁六个步骤，即六步教学法。他让学生站在教师的角度把握重点、难点，加深对内容的理解和巩固，这也培养了学生的自学能力、自主能力。

1969 年，魏书生走上三尺讲台，但从 1971 年开始遭受各种波折，一度离开学校，但工作期间他从未放弃成为一名人民教师，不断地向组织表明自己想要成为教师的决心。他多次向组织递交申请，经过不懈努力，终于在 1978 年重新站上讲台，开始了真正的教育生涯。在此之后，魏书生不断潜心钻研，发表各类文章。他在 1983 年中国教育学会中学语文教学研究会举办的年会上发言，被语文教学的行家们称为"爆炸性的经验介绍"，同年他被教育部、全国教育工会授予"五讲四美、为人师表"先进个人称号。

魏书生在教育生涯中一直坚持"以人为本""以生为本"，坚持理论与实践结合，并使其科学化、具体化。

（二）一切立足于学生

1.尊重与平等，关注个体差异

魏书生认为，每个学生都是独立而有价值的个体，应该受到平等对待。

教师应该充分尊重学生的权益、感受和思想，给予他们足够的自主性，并且避免歧视或偏见。不高估成绩好、性格好的学生，也不贬低那些成绩稍差的学生。每个孩子都有不同的天赋、兴趣爱好和优点。魏书生强调要注重发现并关注每一个学生的独特之处，并根据他们的需要提供相应的支持与帮助。

这类成绩稍差的学生其实给教师提供了提高管理能力的机会。这些学生面对屡考屡败的困难局面，仍然咬紧牙关，屡败屡战，这是多强的抗挫折能力。其实他们之中每一位都有自己的优点、长处，如顽强的意志：每天听七节听不懂的课还要笔直地坐在座位上；坚韧的品格和抗挫折能力：学习时屡败屡战，依然阳光开朗；宽阔的胸怀：哪怕天天受老师教训，第二天见到老师依然笑嘻嘻……做老师的就要帮助他们发现这些优点，帮助他们一步步成长。

在《好学生 好学法》一书中，魏书生说他改变后进生的方法之一就是鼓励他们上课时举手发言，回答老师的提问。①薛小伟同学胆子比较小，上课注意力不集中，成绩中等。他很苦恼，问魏书生该怎么集中注意力。魏书生说："听课时，老师提了问题，你就举手回答，这样一举手，责任心增强了，一想怎样回答，注意力就集中了。如果答错了，老师会发现你的漏洞，及时给你补救，当着同学的面答错，印象更加深刻，及时向同学请教，他们会佩服你的诚实，比不懂装懂强多了。"

对于不爱写作业、有拖延症的学生，魏书生则是这样来引导学生的。

魏书生："张军，那天留了作业你应该是立即就想写吧，但是拖拉的思想让你一会儿说回家再写，一会儿说吃了饭再写，一会儿说看完电视再写……"

张军："老师，我真是这样想的，我也想写作业，就是管不住自己，总拖拉，我到底怎么办才好？"

魏书生："要紧的是不给拖拉的大树浇水、施肥。什么是水和肥呢？就是时间。当拖拉刚出现时，你就要及时对它说'你先休息会儿，我先写作业'。心不静，就写简单的学科。写了一会儿，拖拉又来了，你仍然不要给它时间，而是想'我先练练字，再写一点作业，明天再跟老师商量'。这样一来，拖拉就没有时间了，断了水和肥，过段时间，拖拉就枯萎了，勤奋的小苗就会因为一分一秒、一点一滴地做实事，等于浇水施肥，逐渐就长高、长大了。"

并且魏书生不会让张军做和其他同学一样的作业，而是和他商量做适合

---

① 魏书生. 好学生 好学法 [M]. 桂林：漓江出版社，2017：191-192.

他的作业，从实际出发，慢慢来，没过两个月，张军就和其他同学一样，每天写作业、写日记了。

2.激发学习兴趣

魏书生认为，激发学生成长过程中的内在动力非常关键。教师应该通过引导、启发和挑战来激发学生的学习兴趣及求知欲，培养其责任感与自制力。学习兴趣是人们学习情绪的一种表现形式，从心理学上看，兴趣源于需要，人们对于客观事物的需要及需要的强烈程度决定着兴趣的有无及兴趣的强弱程度。就语文课堂激发学生兴趣的方法，魏书生从以下四个方面入手：

（1）精心设计导入环节，激发学生学习兴趣。
（2）挖掘教材的意蕴魅力，激发学生学习兴趣。
（3）用富有情感的语言激发学生学习兴趣。
（4）鼓励学生"说"，激发学生学习兴趣。

3.倡导个别关怀

魏书生认为，教师应该向学生传递温暖、理解与支持。他强调，教师要主动倾听学生的困惑和需求，提供个别化的关怀和指导，进行良好的师生沟通并建立信任感。

4.以身作则

树立榜样是比较直接有效的教育方式之一。魏书生认为，教师自身言传身教、以德服人，是对待学生最具影响力的方法之一。教师正面、积极的示范可以给予学生成熟、健康的行为模式和观念。

5.点燃"盏盏心灯"

魏书生认为，班内黑板的右上角，每天都由学生写一则格言，这些格言警句像一盏盏心灯，会在学生心中点燃，有利于学生选择正确的道路，朝着自己理想的高峰攀登。从一年级到三年级，天天点亮心灯，学生会从不同的角度受到心灯的照耀，长此以往会收到不可预料的效果。

总而言之，魏书生强调在对待学生时要尊重、平等，并注重发现每个孩子的特点及潜能，同时积极激发其内在动力与兴趣，并给予个别化支持与关怀。

（三）人心合一，心无旁骛

魏书生是一个极具教育情怀的人，对教育事业充满热忱和理想。[①]他相信教育的力量可以改变一个人的命运，也可以推动社会的进步。他积极倡导全面发展的教育理念。他认为，真正的教育应该关注学生全面发展，不仅要培养他们在学科上的能力，还要注重道德品质、审美情趣、身体素养等方面的培养。他反对应试教育和单一评价标准，在课程设置和评价方法上提倡多元化。他对于教育事业充满激情与责任感。他相信教育可以改变一个人的命运，可以塑造一个人的未来。因此，无论遇到困难还是挑战，在面对各种问题时他都能保持乐观和坚定，并尽最大努力去帮助学生跨越困境。在应试教育的背景之下，魏书生也用自己的经验和方式进行改革，开拓教育新篇章。[②]

魏书生提出学生要培养8个好习惯：制订个人的学习计划、预习新课、适应新老师、自己留作业、自己出考题、整理错题集、筛选信息和写下自己的20个优点。他曾在一次演讲中说道："我教书不变的一个方法，不管多淘气的小孩，到我班上来就给自己找长处。我接一个新班级，布置一个口头作文——我自己的长处有多少条。教师的责任就是到学生心灵的原野上，找到那些勤奋的、好学的、乐观的、积极的、上进的幼苗，去帮助他们。"

另外，魏书生十分重视师生关系。他尊重学生的个体差异，尊重学生的主观能动性，在与学生交流中注重平等和互动。[③]同时，他也呼吁老师们要有责任心和使命感，把每个学生成长成才作为自己最大的成就。魏书生对教育的热爱和情感投入颇深。他深知教育的重要性，对学生抱有积极的期望，并以此为动力不断努力。他关心每个学生的成长和发展，始终坚信每个孩子都有无限

① 罗静.在那片紫藤花开的地方：做一名有思想、有情怀、有技能的班主任[J].陕西教育（教学），2019（1）：34.

② 王强."名师"魏书生及其对新时代教师的启示[J].黑龙江教师发展学院学报,2022,41(4)：14-16.

③ 吴平文.我们必须具备教育家的情怀：听魏书生报告有感[J].湖南教育（上旬刊），2010（12）：42-43.

潜能，只需要正确的引导和关爱。

魏书生将教育与社会问题紧密联系在一起。他主张把社会实践融入课堂，在课程设置中引入现实问题，并通过课堂讨论和实践活动激发学生思考问题和解决问题的能力。他认为教育应该培养学生的社会责任感和公民意识，让他们成为有贡献、有担当的社会成员。

作为一名优秀教育工作者，魏书生注重将学生培养成为具备综合素质的人才。除了传授知识外，他更注重培养学生良好的品格、道德修养以及社会责任感等。他认为只有全面发展、素质过硬才能在竞争中脱颖而出，并最终成为自己想要成为的人。

总之，魏书生在教育上关注学生的全面发展、师生关系和社会问题等，关心每一个孩子的成长、发展和未来。他致力于培养优秀人才，并坚信每个人都有能力成为更好、更有价值的自己。他致力于构建一个全面发展的教育体系，倡导师生平等互动，将教育与社会紧密结合，以培养有理想、有担当的未来人才。

三、张桂梅老师：华坪大山上永不凋谢的梅花

在《感动中国 2020 年度人物颁奖盛典》上，人们看到张桂梅老师瘦弱的身体和缠满胶布的手，而她那倔强的眼神却让人心生敬畏。在这个网红的时代，她用自己的行动告诉了人们什么是美，用时间践行了什么是意义。在教师同行眼中，她是教育情怀的代表人；在山区孩子的眼中，她是未来希望的指路明灯；在女性眼中，她自立自强、自尊自爱。她是女性榜样，是教育名师，更是一位母亲、一名优秀的共产党员。

（一）让山区女孩走出大山

1.教师并不是初始行业

在教育行业躬耕数十年的张桂梅老师最初并不是在学校当教师，她自愿在边疆服务，先后在林场、党校任团支部书记、政治教员，又到局机关当文书、团支书、妇女主任。

张桂梅说："如果我是一条小溪，就要流向沙漠，去滋润一片绿洲。"

后来她调到子弟学校成为一名中学教师。五年后她又顺利地考上大学，毕业后和丈夫一起任教于一所不错的中学。她本来有着幸福的家庭与工作。

"那是我最幸福的时光，每天只管教书，家里不用我做饭，看中什么衣服他马上就给我买。"回忆起和丈夫在一起的日子，张桂梅至今仍觉得十分甜蜜。

本以为日子就这样平淡喜乐地过下去，但六年后，她的丈夫像多年前她的母亲一样离开了她。她用尽家里的积蓄也没能救回她的爱人。她说："当时我就想找个远远的地方躲起来，了此余生。"

2. 自愿选择山里的执教生活

在经历了沉重打击之后，张桂梅并没有一蹶不振，而是有了更多的思考，自愿调到偏远的华坪县任教。这便开启了她艰苦而漫长的执教生涯，也是她在这片土地上开出最鲜艳的奉献之花的开始。

有个孩子的父亲凌晨两点起床，走十个小时山路到学校给孩子交学费。他拿出一大塑料袋钱，最大的只有五毛，对张桂梅说："老师，我来交学费，就这些钱，不够的话等我有了再送过来。"数了数，一共只有五十块零三毛，剩下的一百块，张桂梅默默地自己补上。

有个老人看着横亘在眼前的大山，忍不住流下眼泪："孙女能上大学，我就是死了也安心。"

她第一次在偏远的山村见到了真正的贫穷。这里的人终年辛苦劳作，这里的孩子饭吃不饱，衣穿不暖，早早辍学，然后开始一生看不到头的庸碌奔忙。

"一座高高的山上坐着一个小女孩，身旁放着一把镰刀和箩筐，望着远方发呆……这画面到现在我都无法忘记。"张桂梅哽咽着说，"我下车询问小女孩怎么了，她哭着告诉我，想读书，可家里穷，要让她嫁人。"[1]

在艰苦的生活中，更艰苦的是不被重视的女娃。创办一所女子高中的念头在她心底发了芽。

张桂梅说："再难，我觉得我办这个女高都是对的，就算把命搭上都是应

---

① 王永刚，和茜 . 张桂梅：用大爱筑起师德丰碑 [J]. 党建，2020（9）：51-52.

该的。"

一个受教育的女性可以改变三代人。只要培养出了一个女毕业生，变化自然而然就会发生。这样，代际传递的贫穷可以被打碎，女孩们也可以靠学识去城市立足。

她逢人就说："我要办一所女子高中，你能不能支持我五块十块？两块也行。"

可是办女高的难度又何止是经济，那些认为女孩读书无用的家庭在这座大山并不少见。张桂梅又开始了和大山抢人的漫漫征程。

骑马、骑牛、坐摩托车，或是在悬崖和峭壁间的狭窄小路上小心前行。

她翻山越岭到一个个女孩的家中，告诉她们的父母："这个孩子我是一定要领走的，一定要让她读书。""没钱了我们一起想办法。"

张桂梅把女孩搂在怀里，宽她的心："你就安安心心读书，我供你。"

3. 不变的奉献精神

2007 年，在张桂梅作为党代表出席党的十七大期间，有位记者问她："你的梦想是什么？"她深情地说："我的梦想是创办一所免费的女子高中，让山里的女孩子都有书读。"当时有人问她："贫困山区那么多女孩子读不上书，你一所高中又能帮助多少人呢？"张桂梅坚定地说："能帮一个是一个！"[①]

她说：

"我不想让我的孩子们只是知道书本上的东西，我想让她们知道世界上还有很多美好的东西。

"我不想让我的孩子们只是为了考试而学习，我想让她们为了生活而学习。

"我不想让我的孩子们只是为了自己而活，我想让她们为了社会而活。"

2008 年，全国第一所全免费的女子高中——华坪女子高级中学开学了。第一年招收了 100 名贫困家庭的女学生。12 年来，先后有 1 700 余名女学生从华坪女子高级中学走进大学校门，连续 10 年高考综合上线率保持 100%，连续 8 年高考升学率居丽江市第一名。[②]

---

① 王永刚，和茜 . 张桂梅：用大爱筑起师德丰碑 [J]. 党建，2020（9）：51-52.
② 王永刚，和茜 . 张桂梅：用大爱筑起师德丰碑 [J]. 党建，2020（9）：51-52.

"我生来就是高山而非溪流，我欲于群峰之巅俯视平庸的沟壑。

我生来就是人杰而非草芥，我站在伟人之肩藐视卑微的懦夫！"

正如以上这所学校的誓词所展示的坚强的、不屈不挠的精神，从办公室到边疆，从区县到偏远地区，张桂梅工作的地方在变，从事的职业在变，奋斗的心却从未变过。

（二）全身心地专注工作

1.最早来，最晚走

调到华坪县中心学校后，张桂梅承担了 4 个毕业班的政治教学工作[①]，毕业班的女生工作，还协助学校搞文艺工作。由于课时有限，她只有找别人休息的时间给学生补课、考试等。每天早晨她第一个走进教室，晚上又是最后一个离开教室。她坚持艰苦的作息经年如一日。在抓好教学工作的同时，她还抓住所有时机或全体或个别给学生补课、谈心。在办成女子高中后，她更是再接再厉。

张桂梅笃信这套管理办法足够磨炼学生的意志。"铁腕"模式就是抓学习，对于这些已远远落后在"起跑线"上的孩子来说，这是她能找到的最好的"加速剂"。她始终是学校里最早起、最晚睡的"擎灯人"。[②]

"快点儿，磨蹭什么？"

"你们迟到一分钟、一秒钟我也不干！"

"她们私下里都叫我老大，有时候还叫我周扒皮、魔鬼，说我半夜鸡叫。"说起学生们给她起的外号，张桂梅哭笑不得。

也难怪学生会给她取这样的外号，从高一开始，她们就要遵循这套把时间压榨到极限的作息表：从 5 点 30 分起床晨读，到晚上 12 点 20 分自习结束睡觉，除了中午有 40 分钟午休时间外，其他时间都要用来上课或自习，连吃饭、洗碗的时间都被严格限定在 15 分钟以内。为了节省时间，张桂梅要求所有学生留齐耳短发，甚至不允许学生在吃饭时聊天，并把洗衣时间严格限定在

① 庞明广，严勇.《"燃灯校长"送 1 600 多名女孩走出大山 [J]. 党员文摘，2020（9）：11-13.
② 张艺.张桂梅：改写大山女孩命运的"擎灯人"[N]. 中国青年报，2021-07-02（6）.

每周六晚饭后，为学生学习留出充足的时间。①

"我们的学生本来基础就差，头几届绝大多数甚至都没有过中考录取线，老师也没有经验。"张桂梅说，"有人批评我搞应试教育，可不拿出这样拼的架势，等到孩子们高考坐进同样的考场，做同一份试卷时，怎么和外面条件、基础好的孩子比？"

张桂梅说："只要我还有一口气，我就要站在讲台上，倾尽全力，奉献所有，九死亦无悔。"

张桂梅老师是追赶时间的人，每分每秒都奉献给这座大山里的女高，倾注在每一个可能支撑起家庭未来的这些女孩身上。

2. 不放弃每一个学生

在女高刚建起的时候，这座大山的人们大部分仍不愿将自己的女儿送去上学。尽管张桂梅再三保证不收学费、负责后面的事等，他们仍然觉得女生是要嫁人的，不必读那么多书。为此，张桂梅挨家挨户走访，在12年里走过约11万公里的家访路，共接收近2 000名农村女孩入学。

她说："我们经常说，要让每一个孩子拥有公平的起跑线，可这些女孩却连站上起跑线的机会都没有。"

在华坪女高任教时，张桂梅遇到了一个极度内向的学生，不管老师和同学们怎么关心她，她都不愿与任何人交流。为了帮助这名学生，张桂梅便和她吃住在一起，白天上食堂打饭，晚上促膝谈心。就是在张桂梅犹如母爱般的温暖和关怀下，三个月后，这名学生感动地抱着张桂梅大哭起来，说自己一定会好好读书，一定不辜负老师和同学们的期望。后来这个孩子考取了二本院校，假期回来，激动地跟张桂梅说，她现在已经是一名预备党员了，她一定要做一个像张老师一样的人，尽其所能，回报社会。

"每个孩子背后都有许多不幸的故事，每个孩子心里都揣着一块冰。"提起儿童福利院孩子们的身世，张桂梅一脸难过。她说："我要加倍呵护这些孩子，让他们感受到温暖与希望。"②

张桂梅老师用自己羸弱的手捧起了一颗又一颗敏感脆弱的心。

---

① 庞明广，严勇."燃灯校长"送1 600多名女孩走出大山[J].党员文摘，2020（9）：11-13.
② 王永刚，和茜.张桂梅：用大爱筑起师德丰碑[J].党建，2020（9）：51-52.

（三）每一个学生都是我的孩子

1. 自己的就是孩子的

1997年8月，民中分设成立。当时正在住院做手术的张桂梅得知民中学生最穷，生源素质最差，经费最紧张时，主动要求调到民中工作。这里的学生基本上来自边远贫困山区，冬天看到学生还穿着单薄的衣服，张桂梅老师就为他们捐出了自己的衣服、鞋子、被子、毛毯，还用自己不高的工资为贫困学生购置避寒衣物。

一天早上，一个男孩迟迟不起来，用破被子把头蒙上。张桂梅找到他耐心地询问，男孩才说他没有钱吃饭了。张桂梅就把自己仅有的二十元钱都拿给了男孩。从此，男孩每个星期都得到张桂梅三十元的救助，直到他完成了初中学业。

张桂梅说：

"我就少消费一点儿，我能让我班里的五十多个孩子不会因为贫困读不起书，不会因为交不起学费而辍学。

"我想让孩子们全部上一本或者是'双一流'，我还想让她们上，最高目标想上清华北大。"

2001年，丽江华坪县"儿童之家"需要一个院长，大家很快就想到了张桂梅，她也就成了54名孤儿的母亲，或许也正是这母亲的身份与教书生活，她真正地将这群学生看作自己的孩子，时时刻刻为他们着想。

2006年，云南省政府奖励的30万元，她全部捐献给了一座山区小学用来改建校舍。2007年，张桂梅成为党的十七大代表，县里知道她一生清寒特意资助她几千元用于购买体面的衣服，她转手就捐给了其他地方。光是那几年，她就无偿捐赠了60余万元。她说："我觉得贫困对于女孩子来说是她们的隐私，我们不提'贫困'这两个字，我们就叫'大山里的女孩'。"

2. 生命的极限不是疾病，而是双腿双脚

1997年4月，张桂梅突然腹腔迅速膨胀，疼痛难忍，到医院检查才发现是子宫肌瘤。这个节骨眼儿又正值学生准备中考。她一面吃止疼药，一面把工作量加到了最大限度，并无过多言语。同事们经常看见她在通往教室的路上一步一步往前挪，也并未想到她正在承受如此大的痛苦。直到 7 月份，她把学生送进中考考场，才向领导说明情况，住进了昆明的一家医院进行手术治疗，最终切除的子宫肌瘤重达 2 公斤。术后，医生叮嘱她至少休养半年，可是手术后不过 24 天，她就回到民中上班了。由于手术失血过多，伤口没有完全愈合，巨大的疼痛折磨着她，可她仍然坚持在讲台上上课。

1997 年 12 月，由于过度劳累，病情复发，领导、同事、学生多次劝她住院治疗，她不肯。

"我的事业是教书，我的希望是学生，不把他们送出学校我是不会先走的。"

她全年无休，每天都伏案工作，休息的时间只有过春节的 3 天。直到 1998 年 3 月，她的病情已恶化得特别厉害，在周围人的劝说下，她终于住进了华坪县中医院，但她仍然一边治疗一边坚持工作，始终心系学生。

经过这么多年的努力，华坪女高上千个学生收到了大学录取通知书，张桂梅老师却收到 20 余张病历单，都是工作中新增的疾病。大大小小的疾病并未阻挡张桂梅老师站上讲台，她依旧每天早上早早地去开灯，吃大把大把的药，与生命赛跑。她说："女孩子胆小，把灯提前打开，她们来晨读会感觉更安全、更踏实。"

四、杨瑞清老师：新型教学方式的开拓者

（一）选择执教的傻瓜

1. 从县委到村小，两度放弃进城机会

1981 年，杨瑞清从南京市晓庄师范学校（现南京晓庄学院）毕业，在那个师范生还是"稀缺人才"的年代，他不顾亲戚朋友的劝告，放弃留在城里的机会，以陶行知为榜样，走陶行知之路，到艰苦、偏僻的乡村教书办学。

很快，他来到了江苏省江浦县（现南京市浦口区）一所村办小学——五里小学。这是一所怎样的学校？当地人曾编过一句顺口溜："黑屋子，土台子，

一排矮房破样子，里面坐着泥孩子。"①在这样的环境下，杨瑞清没有退缩，主动要求从一年级做起。

他意志坚定地准备改变这样的环境，却在开学的第一天发现没有一个女孩来上课。他很快便想到，这么贫苦的环境，女孩应该是在家帮忙做家务吧。当天下午他就上门家访，得到的是一句冰冷的回答："女孩子读不读书无所谓，家里需要她放鹅。"

女孩子不读书，她们的前途在哪儿呢？学校应该有女学生呀！杨瑞清不愿放弃，于是每天放学后都赶到女孩家，一边陪她放鹅，一边教她功课……一个月以后，家长终于被杨瑞清打动了，女孩获得了上学的机会。杨瑞清的事情也很快在村里传遍了。村民们都很感动，自愿集资帮助五里小学异地新建。学校请不起工人，村民们还出工出力。学校很快步入正轨。

正当杨瑞清踌躇满志，想要让五里小学更上一层楼时，一纸调令打乱了他的计划，他被任命为江浦县团委副书记。这降到任何人头上都是天大的好事！到杨瑞清这里却不同。一想到村里的孩子们，杨瑞清做出了一个决定。40天后，杨瑞清重新出现在村小里。

有些人认为他是"傻瓜"，但他坚定自己的选择。他在日记中写下了陶行知的一句话："傻瓜种瓜，种出傻瓜；唯有傻瓜，救得中华，我甘愿做这样的傻瓜，铁心做一辈子乡村教师。"

2. 呵护"花苞"的杨老师

在杨瑞清的努力下，昔日村小变成了远近闻名的行知小学。行知小学因实验而生，最早开发了劳动教育课程，后续又接连进行幼小衔接实验、不留级实验、良师成长实验、村级大教育实验等，学校越办越好，但杨瑞清依旧觉得缺点什么。直到1995年，行知小学开始重点关注师生关系，开启赏识教育实验。

赏识教育指的是赏识孩子的行为过程与结果，欣赏和鼓励孩子，而不是盲目地夸赞孩子。教育是培养人的过程，杨瑞清老师希望孩子们被欣赏着长大，被爱沐浴着长大。每一个儿童都是独一无二的，会有尝试、会有失败，老

① 钱红艳. 扎根乡村41年，行知路上不言"退休"[N].南京日报，2022-09-07（A02）.

师和家长要接纳孩子的不完美，并从心底呵护他们。

教师要从心底爱护儿童，学会欣赏"花苞"、保护"花苞"、等待"花苞"，教师应该培养的是有灵魂而不只是有成绩的孩子，这也成为行知小学最基本的教育理念。在杨瑞清的眼中，每个学生都是可造之才，每个学生都是一颗星，他们彼此紧密地挨着，谁也不排挤谁，每颗星星都散发着自己的光和热。

杨瑞清经常说："决不能只盯着考试，只看到分数。""人类应该端正对生命的态度。"赏识教育既强调开发生命潜能，又强调保护生命资源，形成教育生态意识，从而实现生命的可持续成长。

杨瑞清系统总结南京家长周弘等人的经验，探索赏识教育的育人模式，在行知小学开展了"班级赏识教育""家庭赏识教育""自我赏识教育"三个层面的实验，取得实效，产生了广泛的影响。他荣获南京市政府颁发的"十五"素质教育创新奖，中央电视台做了专题报道。此外，他主持的课题"借鉴陶行知教育思想的赏识教育实践研究"，被审定为全国教育科学"十五"规划教育部重点课题。行知小学也尝试通过荷文化活动课程等静待"花苞"的开放。2014年，《中国教师报》刊发了该课程的内容。

杨老师是真正爱学生的教师。

（二）教学做合一

1. 班级自治，在小乡村办大教育

乡村对于很多人而言意味着条件不好，很多人都想离开乡村进入条件更好的城市生活，很多教师也是如此。在条件落后的地方留下来是一回事，留下来并教好书又是一回事。但这都没有撼动杨瑞清办好乡村教育的初衷。越是在困难时刻，杨瑞清越能体会陶行知先生的理念。他说："虽然没有高端仪器，但我们的资源也很宝贵，稻田很宝贵，荷花很宝贵，方圆百里的大山就在我们脚下。"

怎样办好乡村教育？受陶行知"生活即教育，学校即社会，教学做合一"思想的触动，杨瑞清将教学改革从教室延伸到了室外。乡村学校没有先进的教学设备，却有着美丽的大自然和丰富的农村生活，这些都是杨瑞清取之不尽的教育资源。他带着学生，春天在乡间认识植物，夏天到河边捉鱼抓虾，秋天爬

山，冬天玩雪……原本单一的课堂教学变得生动起来，学校也成为学生最爱去的地方。[①] 令很多人苦恼的乡村环境被他很好地利用并且打造为行知基地。

杨瑞清认为，在学校层面想要非常深入地开展行知教育是有较大难度的，因为班级差别很大，教师也很不一样。相对比较好做的是班级层面的行知教育实验，这叫"我的班级我做主"。班主任老师、学科老师，只要愿意，就可以在自己的班级里、在自己的课堂里比较完整地践行行知教育，还可以同时开展自身成长层面和家庭教育层面的行知教育实验。条件允许时，就不失时机地推动学校层面的行知教育实验。关键是"从我做起"。

2.建行知基地，为孩子成长打开一扇窗

杨瑞清在教学中践行着自己的初心，他牢记陶行知先生的话"生活即教育"，他教孩子们认识自然，珍惜自然，从自然中学习。如此下去，教学如何进步并更新呢？于是，杨瑞清利用乡土资源创建了行知基地。在这里，城市孩子可以来学习农事。采茶叶、刨花生、喂牲口，夜晚的星空和篝火，吸引了许多城市孩子。农民的淳朴和善良、疾苦和希望也都使他们感动，让他们思考。

行知基地的创立和发展也使村小有了新的经费投入，获得新生。

此后，杨瑞清又带领学校教师开发了生命安全实训课程、军训课程和奥林匹克课程等，在营地建设、校外活动、劳动实践、生态教育等方面持续发力，引发社会关注。300亩校园，3000名师生，曾经落后的村小，如今已经发展成为一所集幼儿园、三所小学、一所初中、一个基地于一体的国际化教育集团。[②]

行知基地为行知小学的孩子争取到了现代化、国际化的办学条件。但更大的意义在于，行知基地为乡村孩子的成长打开了一扇窗、一扇门。杨瑞清希望与志同道合者"共办行知教育，共建世界学校，共育地球公民"。

---

① 钱红艳.扎根乡村41年，行知路上不言"退休"[N].南京日报，2022-09-07（A02）.
② 钱红艳.扎根乡村41年，行知路上不言"退休"[N].南京日报，2022-09-07（A02）.

（三）没有退休的教育路

1.42年坚持扎根乡村办教育

人并不是生来就会教书的，虽然这42年的教书生涯并不是一帆风顺的，但杨瑞清一直坚守初心。

他说："我1981年从南京晓庄师范中师毕业，42年来一直在同一所农村学校任教，不知不觉就到了退休年龄。我想，教师职业有退休，教育事业无退休，我还会继续成长，继续为乡村教育高质量发展作贡献。在农村任教，我曾经为留不住骨干教师而苦恼，也曾担心自己在平凡的岗位上变得麻木、封闭、落伍。后来我走出了困境，办法之一就是加快成长。"

杨瑞清用了三个词来概括自己四十多年的努力过程：

"第一个词就是'坚持'。我自己也没什么特殊本事，30多年就坚持在这个学校里面做事情，也可能正是因为这种坚持吧，守住了一些东西，积聚了一些东西，好多的力量、好多的机遇就在坚持中抓住了，所以学校才有所发展。

"第二个词叫'感激'。因为我知道靠我个体的坚持是成不了多大的事情的，我最多能养活自己，完善自己。但是我觉得一所学校的发展、陶行知教育思想的传承之所以取得进展，是因为有太多的人关心我们、帮助我们，为这个学校添砖加瓦，付出过许多。我最要感激的还有我们的同事。这么多年来，很多同事进进出出，他们对我的支持和陪伴也是非常宝贵的，正是有他们全身心的支持和陪伴，行知小学才能取得今天的成绩。还要特别感激这个时代。如果不是改革开放这三十多年，经济社会取得了巨大的发展，你很难想象行知小学会有300亩的校园、6万平方米的建筑，幼儿园、小学、初中、基地四位一体这样一个局面的出现。

"第三个词叫作'成长'。我的逻辑是什么呢？在我的坚持中很多人来帮忙，我要感激，我要怎么感激呢？最好的感激就是成长，用我和行知小学的成长来感激，因为那么多人来关心这所学校，他最喜欢看到的是学校发展，看到杨瑞清还在这里高高兴兴地做事情。这么多年来没有人在意过我有没有回馈他们，因为他们看到了我们的成长。"[1]

---

[1] 庞砚清，刘冉.杨瑞清的真心话[J].华人时刊（校长），2012（10）：15-17.

坚持、感激、成长，这就是杨瑞清一直坚守并执行的事情。

2. 走行知路不会退休

从年轻时的朝气蓬勃到如今沉稳坚定，杨瑞清已经是家喻户晓的名师。他将一个村小带成了省级教育示范基地，自己也获得无数荣誉。他连续 5 次被评为南京市中青年拔尖人才，成为江苏省"333 工程"第二层次培养对象，先后被评为南京市十大杰出青年和江苏省十大杰出青年，被评为江苏省劳动模范、全国教育系统劳动模范、全国十杰中小学中青年教师、全国十佳师德标兵、全国"五一劳动奖章"获得者，2005 年又被评为全国先进工作者，受到党和国家领导人的亲切接见。

"虽然我此前就接到了教育部教师工作司的邀请，作为教师代表到北京参会，但直到今天教育部正式发布以后，我才确定自己获得了'全国教书育人楷模'这一荣誉。"杨瑞清说，"我感到特别荣幸，内心也充满感激。对我来说，这也是新的起点。中国教育要高质量发展，要建设教育强国，要培养担当民族复兴大任的时代新人，我们要做的事情太多了。即便快要退休，我也会继续努力，耕耘教育这片沃土。做教育，学习陶行知，走行知路，是没有退休的。"

五、陈申福老师：39 年坚守乡村教育的守梦人

（一）坚定信念，不改初心

陈申福老师作为仓房村的第一个高中生，毕业后在听说村里的教育困境时毅然决然返回家乡，肩负起教书育人的重任。在教育之路上，他不仅要面对教学的繁重任务，还要面对自己生活的力不从心。在多重挑战下，他仍旧坚定信念，在探索过程中不断进步。

1. 毅然返乡投身山村教育

重庆市城口县龙田乡仓房村地处群山莽莽的大巴山腹地，夹在深山峡谷之间。这里距城口县城不到 7 公里，却交通闭塞，连骡马都难通行。"与世隔绝"是仓房村的代名词。几十年前，一位记者翻山越岭登上仓房，记录下触目惊心的贫困状况：家家户户住的是"千柱冲顶、万柱落脚"埋叉房，茅草一

堆、薄膜一盖就是一间屋。有的一家6口挤在四处透风的茅草棚里，只有一张黑黢黢的床。更让人揪心的是，当地人九成以上是文盲，不少人长期不与他人交流，竟已不大会说话……这名记者后来写了一篇名为《"愚人村"的悲哀》的报道，仓房村被冠上"愚人村"的名字成为大巴山区极度贫困的一个缩影，这也成为陈申福心上的一道伤疤。

仓房村条件艰苦，建设的学校也破败，每一位请来的老师待不到两年就都被"吓跑了"。在外打工的陈申福想起了自己在仓房上学的情景，他也忍不住为村里的孩子们担心。"我在村里读了5年小学，老师换了五六个，要摘掉'愚人村'的帽子，还是得从教育抓起，绝不能让孩子们再因为没文化遭罪……老师留不住？那我来当老师！"陈申福坚定地说。

1984年，陈申福毅然返乡，成为仓房小学唯一的一名老师，从此他走上了教育之路。

2. 在从教过程中磨砺初心

成为村里小学唯一的老师之后，每一科的教学任务都落在了陈申福老师身上。等到上完学校的课，陈申福老师还要走两个小时山路回家。在家里准备好第二天的教学工作后，陈申福老师要干家里的农活，喂猪、上山割生漆、采中药等，只有这样才能勉强贴补家用。

陈申福老师当时真的是饭都吃不起了，晚上愁得瞌睡都睡不着。心里头就有两个人在打架。一个说："你这么坚持把自己搞得这么辛苦是为哪般啰？赶紧走吧，到深圳去、到灵宝去，哪儿不比耗在这里强？"另一个说："不行，不能走！你走了，孩子们怎么办？村里孩子的教育，好不容易才有点起色的，这一走不就一夜回到解放前。"

即便是这样，陈申福老师还是坚持了下来，他没有忘记自己任教的初心，那就是对学生负责。

除了生活的失衡，还存在许多困难。刚任教时，陈申福老师询问学生们的成绩，发现学校里12名学生在百分制的考试中平均成绩竟然只有12.5分。了解到学生基础薄弱，陈申福老师认真备课，细致讲解，对每个学生的学习情况都有针对性地制订教学计划。

陈申福老师说："我刚来到学校时，看到学生娃儿平均成绩那么低啊，当时我心里焦虑又急切。心头压力非常大呀，焦虑的是仓房的未来，急切的是改变当时那种状况。我没什么技巧，我就用时间，一步一步把他们教出来。"

经过一个学期的努力，学生成绩大幅上升，最低成绩都有 68.5 分，最高成绩达到了 90 多分。这让陈申福老师看到了希望，也让仓房村的村民们看到了希望，一时间被送往学校的学生人数已超过 60 人。

（二）"再穷也不能穷教育"

1.不能让一个孩子失学

走进学校的孩子多了，但是仍然有很多孩子没钱上学，甚至辍学。在陈老师任教前几年，经常有学生不来上课，父母把他们带出去打工或者在家里种庄稼，落后的思想仍然根深蒂固。邓光友便是其中之一。由于家庭贫困，父亲连每学期 9 毛 8 分钱的学费都交不起，一家四兄弟没有一人读书。陈申福想方设法为他们垫上学费，让四兄弟入了学，可令他没想到的是，仅仅两个月后，四兄弟就集体辍学了。上门一问，两兄弟跟父亲出门打工去了，另外两兄弟跟着母亲在家里种地。陈申福费尽了口舌，最终也没能让四兄弟回校读书，这件事让他久久不能释怀。从那以后，他开始了定期家访，只要稍有空闲，就到学生家里去、到有适龄儿童的农户家里去给村民们做思想工作，遇到远的地方甚至清晨六点就出发了。在他的鼓励下，越来越多的村民意识到教育的重要性，开始支持孩子上学。

但是另一个难题又摆在了陈老师面前，那就是学生们凑不起学费，还有课本费也是一笔不小的开销。看着家里面预备过年的晾晒好的六七十斤黄豆，陈老师咬咬牙准备卖掉拿来换学费和课本费，面对家人的不理解，陈老师也尽力说服。

陈老师说："当时那些家长就说家里交不起学费，我说那不要紧，只要他来读，我会想办法。当时我想把家里黄豆卖掉，我妻子说家里马上过年，黄豆还要明年留种，屋头娃娃也没得吃的，我心头确实非常难受，但是想到学生，我还是给妻子商量了，她最终还是同意了。在我心头，学生来了，我就得让他们能够好好读书。"

陈老师用家里卖黄豆的钱替孩子们交上了学费，让每个人都拿到了崭新的课本。他胸怀大爱，用自己的全力托举起了学生的未来。

2.照顾学生们生活的方方面面

在学校，陈老师既是"通课老师"，也是"知心保姆"。不仅上所有课程，吃饭、打扫卫生、接送学生等生活上的方方面面他都尽力照顾好。每天早上，陈申福都会站在学校门口，等着孩子。到了点还没看到学生，陈申福便会不时抬头看看眼前的山坡，只有看到孩子的身影穿过林荫之间，才会放下悬着的心。这种担心源于一次突发意外后留下的习惯。1998年新学期开学后不久，陈申福结束家访回家途中，在蹚水过溪时遇上了突发的洪水，一下便被冲开4米远，若不是拉住一棵树，后果不堪设想。死里逃生的他禁不住想："我一个成年人都会这么危险，天知道学生们在过这些沟沟坎坎的时候会是什么情形。"学生到学校后，陈老师上午和下午带领他们上课，中午给他们做饭，放学后送孩子们出校门。由于路途遥远，学校每天到了两点半就下课，好让学生们在天黑前能够到家。

（三）三尺讲台育桃李，粉笔无言述春秋

陈申福老师将一生奉献给讲台，奉献给教育。数十年来，他送一批又一批学生走出大山，但每个学生的笑脸一直深深印在他的脑海里。

仓房村夹于两山之间，大山见证了仓房村的破落贫困，也见证了仓房村教育的复苏。陈申福老师从教39年来，共培育了300多名学生，其中有190名初中生、65名高中生、46名大学生。他骄傲地说："村里的每一个年轻人，都当过我的学生。"他成为"文盲村"的名副其实的摘帽人。[①]得益于爱心企业的捐赠，2017年仓房小学建成，学校两边山上的两个村子——仓房村和四湾村的学生基本就读于仓房小学。作为学校唯一的老师，陈申福老师毫无疑问包揽所有科目的教学，甚至学生既有上幼儿园的，也有上小学的，那么这个时候陈老师就要准备两份教案，以便于在课堂上分开教学。

从教数十载，陈老师教过的学生历经了几代人。2019年，陈申福老师本该退休了，但他还是放不下牵挂的学校和孩子们，他义无反顾继续留下来任

①秦健.中国好人乡村教师陈申福：坚守山村39年　照亮孩子出山路[EB/OL].（2023-06-30）[2023-11-08].https://baijiahao.baidu.com/s?id=17700978967522273109&wfr=spider&for=pc.

教。2022年6月，63岁的陈申福送走仓房村小最后一批适龄学生后，听说附近长茅小学的老师退休了，便主动向教委申请，调到长茅小学任教。他用一生完成了自己的愿望——照亮孩子的出山路。

他说："为什么我退休了还想教，家长和娃娃，特别是娃娃跟我产生了一种情感，所以这就激发了我的信心，我更要去为这些山区娃娃作奉献。只要我身体还行，只要还有一点光，还是要为教育贡献自己的力量！"[①]

六、王红旭老师：燃尽一生温暖他人的好老师

（一）从教十二年，初心弥坚

王红旭老师是一名优秀的教育工作者，从教12年以来，他对教育工作认真负责，关爱学生成长，虽然他的生命停留在了35岁，但是他用短暂的一生诠释了"学为人师、行为世范"的深刻意义。

1986年出生的王红旭，生活在一个教师世家。他的爷爷、奶奶、爸爸、妈妈都是重庆市万州区铁炉学校教师。奶奶范信秀为贴补家用一边教书一边种菜；王红旭的爷爷扎根农村教育42年，在重庆市万州区铁炉学校任校长25年，直到离世前一刻还在上课。[②]"教良心书、教清廉书、教公平书"是祖父立下的家规，更是在小红旭心里播下的爱的种子。沐浴着优良的家风，王红旭从小就是一个有爱心、乐于奉献的人。

王红旭少年时每次看到电视里勇救他人的新闻都很振奋，母亲李永兰曾问他："考虑一下，换成你，敢去不？""不需要考虑，换成是我也要去！能救人，比中500万还高兴！"小红旭回答得斩钉截铁。在此后的生活中，他真正做到了：2007年夏天，21岁的王红旭在游泳池中成功救起一名落水儿童；2008年夏天，22岁的王红旭在嘉陵江边救起一名落水儿童并送回家；2019年夏天，33岁的王红旭将一个摔破头的孩子送到诊所救治成功；2020年夏天，34岁的王红旭和妻子一道将出车祸的3个孩子送入医院救治成功；2021年夏天，35

---

① 杨锟紫，崔力．城口县仓房村小学教师陈申福：坚守39年 摘掉"文盲村"帽子[N].重庆日报，2023-04-03（005）.

② 黄浩，康丽．"时代楷模"王红旭：用生命上好"最后一课"[J].党员文摘，2021（11）：39-41.

岁的王红旭再度成功救起两个坠江的孩子，自己的年龄却永远定格在了 35 岁。

（二）关爱每一位学生

王红旭老师是重庆市大渡口区育才小学的一名体育老师，在任教过程中，他用自己的关怀、鼓励和对教学工作认真负责的态度，赢得了学生、同事、领导的一致好评。许多学生从学校毕业后常常回到母校看望这位亲切的王老师。

1.贴近学生，平等交流

在学校里，王红旭老师给学生们的感觉就是亲切，整天笑呵呵的，能迅速融入学生中间，被他们亲切地称为"旭哥"。为鼓励学生达成训练目标，他自掏腰包购买小奖品；每天中午分餐，他总是叮嘱学生多吃点；作为副班主任，听说有学生家境贫寒，他主动家访，"一对一"帮助。

王红旭老师以爱育爱，以尊重为前提，用心感受孩子们的喜怒哀乐，走进他们的内心。在他看来，教育是一项充满爱的事业，爱是教育的灵魂。

在王红旭老师看来，关心爱护、尊重平等、包容信任是对"师者仁爱"的最好的注解。为了纠正孩子们偏食的习惯，他自编自演了蔬菜营养情景剧；为了孩子们达成训练目标，他既手把手地教、点对点地练，又张弛有道，在训练间隙和孩子玩游戏，就为"陪孩子放松放松"；为了让孩子们可以随时找他倾诉烦恼，他们还约定了说说心里话的"特别时光"。

2.发现每一位学生的闪光点

回忆起老师王红旭，长大后的谢林巧满含热泪地说："王老师不仅是我的启蒙老师，还是我田径道路上的伯乐。"她至今还记得十年前的育才小学运动会上，王老师一眼就看中了她跑步的天赋。就是在王老师的鼓励下谢林巧进入校田径队进行集训，开启了她的逐梦之旅。但是到了三年级，谢林巧的学习成绩有了一定下滑，谢林巧妈妈认为田径训练正是"罪魁祸首"，占用了时间，要求谢林巧停止田径训练。那段时间谢林巧情绪低落，经常放学后不愿意离开，就坐在操场边看王老师带领其他小队员在草地上飞驰。这一切被王红旭老师看在眼里，为保护谢林巧心中对运动的热爱，王老师想了一个办法，那就是请谢林巧来田径队当助教，同时积极与谢林巧妈妈沟通。在他的努力下，谢林巧妈妈终于转变了态度。最终，谢林巧不负众望，在2016年重庆市第五届运动会上夺取女子短跑100米、200米双料冠军。她说："因为王老师，我得以守住体育的梦。我已立志成为一名教师，一名像旭哥那样的教师，爱生如子，让每一个孩子都能发现自己的闪光点，到达崭新的天地。"

不仅是谢林巧，田径队的每个人都受到了王老师无微不至的呵护，在学生们心中，王老师是兄长，是朋友，是可以无所顾忌倾诉内心秘密的人。

每一粒种子都有适宜的土地，每一棵小苗都会开出美丽的花朵。

王老师对每个学生视如己出，在他心中，每个孩子都有自己的闪光点。

（三）用生命托举师魂

王红旭老师从教期间获得了许多荣誉，他是同事们眼中爱岗敬业的模范，是学生们心中值得信赖的兄长，他常说："大多数人都是平凡的，但我们还是要让自己的生命有更多价值。"

他也用生命给学生上了最后一课。

1. 爱岗敬业，默默奉献

王红旭老师任教十余载，先后4次荣获市、区优秀教练员称号，5次被评为区优秀指导教师等。在家庭教育的熏陶下，大学毕业后他积极投身教书育人的光荣事业，扎根基层教育，默默付出。从2015年开始，王红旭便兼任学校的人事干部，为同事们热心服务，深受好评。为给80岁的退休老教师更新社保信息，他一趟又一趟地跑社保局；为帮助摔伤而行动不便的同事办理工伤报销，他一次又一次地上门服务；为照顾因疫情滞留出租屋的新同事，他贴心地送去生活物资……校领导看到他频繁加班，主动提出给他特批一些补助，却被他婉言谢绝："这是我分内的事，不用搞特例。"王红旭老师身边的人至今还能清晰地记得来自他无微不至帮助的点点滴滴。

2. 胸怀大爱，舍己救人

2021年6月1日傍晚，重庆市大渡口区万发码头长江段附近有两名孩童在江边玩耍时溺水，被冲入距离岸边数十米的江水中。在紧急关头，附近的王红旭和同伴听到呼救立马从百米开外冲刺跳入江中，在数十名群众联手接力下，将两名落水小孩成功救起。但是，王红旭却因体力不支不幸被江水冲走，生命永远定格在了 35 岁。用生命托举大爱，用行动秉承初心，他用生命诠释的大爱精神成为一种榜样力量永世传承。作为教师，无数人传递"红旭"精神，在育人岗位上奋力耕耘。王红旭的初中班主任、万州中学教师蒋继鋆备感痛心又十分骄傲，他说："作为一名老教师，我将站好最后一班岗，教书育人发挥余热，把王红旭见义勇为的事迹和崇高精神讲给学生们听，教育他们学习时代楷模，胸怀祖国人民，践行社会主义核心价值观，争做强国新一代。同时，我还要讲给年轻教师们听，勉励他们做有理想信念、有道德情操、有扎实学识、有仁爱之心的新时代'四有'好老师！"[①]

七、刘胜茂老师：优秀援藏教师

刘胜茂老师于 2013 年 7 月毕业于贵州师范大学并进入重庆市黔江民族中学校任教，2016 年 8 月参加重庆市"组团式"教育人才援藏工作，入藏后定向到西藏昌都市第一高级中学任教。在援藏期间，他先后获得市级"优秀教育工作者""优秀共产党员""优秀援藏教师""优秀班主任"等荣誉称号。

（一）爱在西藏昌都：42 份礼物[②]

昌都是我国西藏一座美丽的城市。然而，由于多种原因，这里的教育发展相对比较落后。交通不便、路途遥远、师资匮乏成了学生接受优质教育的巨大障碍。刘胜茂老师来的地方，就是这里。

刚送走一届高三后，刘胜茂又担任 2021 届 2 班的班主任兼化学老师。该班是一个藏族班，最远的学生来自西藏林芝市波密县，来学校需要两天时间。

该班一共有 42 名学生。教室门口，学生们的照片整齐地贴在张贴栏里，上面还有十六字班训：自强不息、厚德载物、含弘光大、继往开来。

刘胜茂知道和孩子们相处只有短短的 1 年时间，作为老师，更应该教导他们积极进取、奋发有为，让他们的内在驱动力爆发出来。

① 郭晓静，张莎，彭瑜，等.在平凡岗位上担当使命建功立业 [N]. 重庆日报，2021-09-17（003）.
② 韩政，邹非.离别之际，援藏老师给他的 42 名学生准备了这份特殊的礼物 [EB/OL].（2019-06-25）[2023-11-08].https://www.cqcb.com/hot/2019-06-25/1704903.html.

学生们知道刘老师即将返回重庆，但刘老师从未对学生开口说自己将要离去，学生们也从未主动提过老师将要离开，他们彼此知道，都心照不宣地保守了这个秘密，只是越发珍惜在一起的每一分、每一秒，把握住在一起的短暂而又美好的时光。

期末考试后，刘老师从办公室拿来了 42 个笔记本，这是他送给班级学生的礼物，独一份的，每个人都有。

42 个笔记本，看似一样，每一个却都是独一无二的，每一个本子都是刘老师对学生们美好的祝福。本子的扉页上，是刘胜茂老师用钢笔写下的两句诗，一笔一画，一字一句，铿锵有力、意气风发的字体都可以看出刘胜茂老师在书写这些诗句时的真诚和不舍。

刘老师的援藏教育时光是短暂的，给学生带来的影响却是长久的。西藏偏远，上学艰难，路途遥远，刘老师会亲自帮学生看车票、买车票，确保学生们能够安全到家，将学生的安全放在首位。刘老师也会和学生围坐在操场上谈笑风生。书生意气，挥斥方遒，夏日的蝉鸣声成了最美妙、最动听的乐曲。

（二）默默耕耘，不计回报

刘胜茂老师援藏的故事在媒体报道中被多次宣传。看过报道的人无一不为刘老师和西藏学生们的师生情所感动，无一不为刘老师对教育事业的认真、负责而钦佩。其中不乏他返回重庆市黔江区民族中学后的学生。面对学生们的追问和好奇，刘老师只是笑着摇头，很少回应三年来在西藏支教的时光。或许，他想将它封存在心底，不想外界的夸赞触及那份纯粹的美好，只想保持着那一份单纯，无关个人其他。

在学生的眼里，刘老师是严厉的，在学习上一刻也不会放松；同时他也是慈爱的，对待学生如自己的孩子。有学生问起刘胜茂老师援藏的经历，刘老师只是笑谈："陈年旧事，不值一提！"

作为一名优秀的人民教师，刘胜茂老师从未将自己得过的荣誉奖章挂在嘴边，只把教书育人放在心上。

"春蚕到死丝方尽，蜡炬成灰泪始干。"刘胜茂老师用自己的行动深刻地践行着"四有"好老师的要求。第一，有理想信念。刘老师对于教育事业无私奉献，对于教育岗位执着坚守。尽管平凡普通，但是在平凡普通中他也要散发自己的光和热。第二，有道德情操。他一生只做教育这一件事，一生做好教育这一件事。第三，有扎实学识。他不断学习，在自己的学科领域——化学中不断探索，如他曾在期刊《中学教学参考》上发表《〈盐类的水解〉教学设计及反思》等多篇论文。第四，有仁爱之心。俗语说："一日为师，终身为父。"刘老师真正做到了爱生如爱子，将满腔热情投入教学之中。

曾做过刘胜茂老师半年学生的王桥说："虽然和刘老师只有一学期的师生缘，但是刘老师每一节课都认真负责，是一个好老师。"刘老师不计回报，认真对待教育中的每一件事，落小、落细，脚踏实地，用心耕耘，桃李满天下。

八、李欣怡老师：让世界看到视障孩子们的精彩人生

李欣怡老师现任重庆市特殊教育中心体卫艺主任，2021 年、2022 年先后被评为南岸区优秀教师、南岸区优秀教育工作者，2022 年 9 月，被评为 2022 年重庆市"最美教师"。

她热爱特殊教育事业，关心爱护残疾孩子，用真心、爱心、耐心和恒心，照亮他们成长的路。

到目前为止，她带领学校啦啦操队赴美国奥兰多参加啦啦操世界锦标赛获得亚军；指导扬帆合唱团在全国残疾人文艺汇演中获得一等奖；率扬帆管乐团与中国国家交响乐团等国内顶尖专业艺术团体合作，先后登上北京音乐厅、国家大剧院的舞台参加公益音乐会，在重庆大剧院等地举办专场音乐会，并参加北京 2022 年冬残奥会开幕式演出，向全世界展示了中国残疾人自强不息、乐观进取的风采。

（一）弃"司仪"为"春雨"，无悔于教育人生①

李欣怡老师刚开始并不是一名特殊教育的老师，而是一名省级卫视主持人。后来她放弃这份别人眼中的"金饭碗"，来到重庆市特殊教育中心，成为一名老师，至今已经十余载。

"当时你做这个决定，家里人和朋友他们理解吗？"记者田园问道。

"他们不知道，因为你考老师，是要经过南岸区的公招考试的，我那个时

---

① 田园.2022 年重庆市"最美教师"李欣怡：以前是担心　现在是放心 [EB/OL].（2022-09-16）[2023-11-08].https://weibo.com/2816167560/M62rbrKVX.

候在电视台实习,我就上班的点出门,下班的点回家,家里边就没有发现我干什么去了。"李欣怡这样回答。

她笑谈自己是一个"行动派",决心要考取教师资格证后,就查看了报考需要哪些条件。当了解到需要通过教育心理学和教育学这两门课程考试才有资格报考后,李欣怡便没有再去电视台实习,而是到重庆教育学院选修了这两门课程,通过努力学习最终考取了教师资格证。

初到学校,她既有历经千辛万苦而"柳暗花明又一村"的喜悦、期盼,也有被现实情况弄得不知所措的沮丧。

"我觉得离孩子很近的时候,有一种感觉又好像很远。因为当一个老师去面对学生,学生心里没有把你当成朋友的时候,其实他的内心是抗拒的。不然的话,看似我们牵着手,但是大家内心其实会有一张纸隔着。"李欣怡对记者坦言道。

这种感觉开始改变是在一节体育课后,她第一次真正意义上和学生拉近了距离,感觉是真正的朋友。

体育课后,一个叫周涛的学生走进教室。李欣怡发现他的脚流了血。了解到周涛是在上体育课不小心摔倒擦破皮后,李欣怡首先拿出酒精,对周涛擦破皮的地方进行消毒。酒精的刺激使得周涛发出"嘶"的一声。李欣怡领会到这很痛,她就一边喷药,一边向伤口吹气。擦完药后,李欣怡抬头,闯进眼帘的是周涛纯真的笑脸,他笑得很甜:"李老师,你对我真好!"这让李欣怡保护好这个孩子的想法愈加强烈。面对着孩子们乐观的心态、甜美的笑容,李欣怡决心留下来陪伴这群孩子的想法更加坚定。

2011年学校成立扬帆管乐团的时候,李欣怡刚刚入职。她见证了扬帆管乐团从最初成立到拥有现在这般成就的全过程。

从开始的质疑,到后面的相信,再到坚定,这样的心态变化离不开这群善良、可爱、纯真的孩子。

李欣怡说:"那个时候,我们本校的老师就想着跟孩子们一块学吧。他们看不见乐谱,我们来看;他们看不见专业老师上课的手法,我们就手把手来教,真的是亦师亦友。"通过这样的教学,学生专业水平突飞猛进。

不仅在音乐上,在体育上,面对着平衡感不好的孩子们,老师也是手把手带着练习。看见孩子们的进步和快乐,李欣怡十分欣慰:"这些东西无形当中会给他们带来更多自信。"

李欣怡认为，教授孩子们体育、文艺课程的过程中，也给孩子们带来了莫大的精神鼓励，如自信心，不仅是在学习方面，还有人际交流方面；再如包容，不仅包容自己，还有包容别人。

（二）冬残奥会一首曲子，看见更多陪伴与坚守 ①

1.时间紧，任务重，依旧相信

2022年3月4日，重庆市特殊教育中心扬帆管乐团参演团队在北京冬残奥会开幕式上演奏。光明网这样评价："他们看不见世界，但他们的努力，世界看见了！"

然而，这份高度的评价背后，是无数的泪水与坚持。

从拿到曲子到上台演出，时间不过一个月。站在世界舞台上演奏，对于正常人来说，都是巨大的挑战，更何况一群有视力缺陷的孩子，压力更是大得让人喘不过气来。

孩子们视力缺陷，要排练新曲子的难度非常大，只能通过反复听旋律，几个节拍几个节拍地练习，一首曲子往往需要磨合大半年。而且，在这群44名视力障碍的孩子中，最小的年仅10岁。

曲谱一传来，李欣怡便带领孩子们开始了紧张的封闭集训。在训练过程中，有的孩子手被琴弦划破，有的孩子嘴角被磨破，李欣怡看着十分心疼，而孩子们却依然安慰她："欣怡姐姐，你放心，我们不会给中国丢脸！"

这让李欣怡心中顿时感动不已。这样的乐团成员构成，注定了他们的排练不会一帆风顺。再乐观的心态，面对一次又一次的打击、失败也会沮丧。而李欣怡一直陪在他们身边，鼓励他们："老师永远在，我是你们最大的底气！"

---

① 钱薇薇，张凌漪.重庆发布：这10人，重庆"最美教师"！[EB/OL].（2022-09-10）[2023-11-08].https://mp.weixin.qq.com/s?__biz=MzA4MzA0MTA4NA==&mid=2658578445&idx=1&sn=0734d3f3f4fc426aa25adf75f60f72ad&chksm=847e9e5eb30917489a5b504fdc01e0b34d24cd19569e1461149e0fc299d4b43daa5d0294b0c4&scene=27.

2.一份完美答卷,是陪伴与坚守

终于,2022年3月4日晚,重庆市特殊教育中心扬帆管乐团参演团队在北京冬残奥会开幕式上演奏,他们用庄严磅礴的旋律,向世界传递出自强不息的中国力量。他们成功了。

一曲《未来赞美诗》荡气回肠,尽显中国开放、包容的气度和格局。观众们纷纷发出赞叹:"他们虽然看不见,却那么积极乐观,真令人感动!""他们是盲人,组建起一支管乐团不知要付出多大的努力,经历多大的艰辛,为他们点赞!""音乐没有国界,他们的演奏那么投入,旋律那样动听,希望更多的人尊重、关爱、帮助残疾人。"

台上一分钟,台下十年功。这令世人惊叹的表演背后,却是无数的辛酸与泪水。

"要是我们也会演奏就好了!"2010年12月的一个夜晚,在听完了一场新年音乐会后,有一个孩子脱口而出。很快,2011年2月,扬帆管乐团成立了。

然而,理想很丰满,现实很骨感。由于视力的缺陷,他们看不见乐谱,很多请来的专业老师也无能为力。面对孩子的希冀和渴望的眼神,还是特殊教育中心的老师们自己先学会乐谱,再传授给他们。

这次也是一样的,李欣怡一直坚守在她的孩子们身边。"孩子们在练习时会受挫,也会不够自信,我就陪在他们身边,告诉他们,老师永远都在,我要成为他们最大的底气。"

(三)坚信他们可以点亮未来[①]

"虽然孩子们看不到世界,但是通过我们的努力,可以让世界看到视障孩子们的精彩人生。"李欣怡这样说道。

在冬残奥会完美演出后,李欣怡流下了泪水。她说:"我的孩子们将来一定是被社会需要的人,只要给予他们爱和关怀,就可以点亮他们的未来。"

李欣怡始终相信,就算这群孩子视力有缺陷,但是他们也会成为对社会有用的人,能够为社会作贡献。

---

① 张凌漪.李欣怡:让世界看到视障孩子们的精彩人生[EB/OL].(2022-09-10)[2023-11-08]. https://app.cqrb.cn/economic/2022-09-10/1275995_pc.html.

从教 12 年，李欣怡已经带出了许多学生。现在，他们有的在大学继续深造，有的已经顺利走上了工作岗位。尽管未来的路不一样，但是每个人都在自己的领域发光发热，并没有因为自己是视障人士，就选择放弃，而是书写着自己绚烂的人生。

《重庆专访》对李欣怡这样评价道："当善良遇到纯真，有人改变了自己的职业规划，进入陌生的世界，她和孩子们一起寻找光亮，在惊叹中创造奇迹，一次又一次挑战不可能，发挥文体活动在特殊教育中的作用。"是的，善良的她放弃了电视台主持人的工作，遇见了这群纯真的孩子，这注定会产生美丽的化学反应。李欣怡坚信他们会点亮自己的未来，同时，这群孩子也照亮了她前方的路。

九、毛清静老师：静等每朵花绽放的坚守人

2015 级小学教育（全科教师）专业毕业的毛清静老师，定向重庆彭水县，已正式毕业 4 年了，教授科目是语文。她是一名中共党员，现任教于重庆市彭水县郁山镇中心校。作为 2019 届 "马云乡村师范生计划" 入选者，她扎根基层的事迹被《重庆日报》专题报道："重庆第二师范学院毕业的这位 '全科教师' 将新鲜的教学方法带到山里。"毛清静老师获重庆市新时代好辅导员、重庆市就业创业优秀人物遴选 "基层就业优秀个人" 称号，其典型事迹也被推荐为全国 "闪亮之星人物" 予以宣传报道。

（一）转变作为一名全科教师的观念

1. 父母安排走上全科教师道路

毛清静老师谈及当时填报高考志愿的经历时，提到走上全科教师这条道路有阴差阳错的成分，18 岁时对全科教师的定位认知不太准确：

"填报高考志愿时，父母觉得教师有寒暑假，是一个对女生来说还不错的职业，并且全科教师回乡有编制，更觉得是非常不错的。对于我自己来说，刚开始并不想当老师，想到要回乡村我心里挺抵触的，觉得我最好的青春都要在乡村度过。但是因为高考失利，全科教师当时收分也不高，虽然想复读，但在家长劝说之下还是选择了这个专业。想到既然我不能改变那考差的几十分，我

就要通过大学的努力弥补回来。"

2.全科教师是从全面的视角判断儿童的成长

毛清静进入大学后学习到小学教育专业知识，了解了全科教师相关政策等，慢慢地对全科教师有了比较粗浅的认知，也为她今后成为一名富有教育情怀的全科教师打下了坚实的理论基础。她说：

"刚进入大学看到学长、学姐非常优秀，那种新鲜感和充实的感觉让我意识到不能浪费大学时光。于是我参加很多活动，看到他们多才多艺以及大学和高中截然不同的生活，就开始慢慢改变。他们说我高中时内向，其实我并不内向，只是那时学习课程比较多，在大学就像是换了一种性格。"

"刚进来不懂全科，在学习中慢慢把教师和全科教师联系在一起。刚开始只是将其和乡村联系起来，慢慢觉得它和其他教师不一样。全科教师是从全面的视角判断儿童的成长，而不仅是学科的叠加。全科学得很多，规划很多，我要把所有考试过级都过了。作为一个理科生，想弥补自己的短板，我还选了文科、钢琴。我根据木桶短板定理（一个木桶可以装的水取决于最短的那块木板）做出这个决定。我要努力弥补自己的短板，希望自己能够比较全面，所以我会在规划中注意这些强、弱项，各方面都会有所涉及。"

3.总结大学生涯对于全科教师的认知转变

毛清静老师运用简单朴实的例子，向我们讲解了她对于全科教师定义的转变，即懵懂、认识、领悟、展示四个阶段：

"这四个阶段就像做菜一样。第一个阶段懵懵懂懂的，后来慢慢地了解全科的概念，觉得自己什么都要学，这是一个磨刀的过程。第二个阶段是大二认识到全科的概念，在课程和见习中有意识地挖掘，这个阶段是浇水继续磨刀。第三个阶段明白了以后可能面临的问题以及全科的意义是什么，这是切菜。大四就是第四个阶段磨刀亮剑的时候，毕业出来是像上菜一样的，如果做得不好，就重新做。"

（二）静等每一朵花开

毛清静老师遵循"每个孩子都是种子，只是花期不同，有的开花，一开始就灿烂开放，有的需要漫长的等待"的教育理念，对学生循循善诱，并辅助以家访的方式深入了解学生的情况。

在人生的路上，毛清静老师有足够的耐心，耐心地等待每一朵花儿开放的时刻。家访能让她把对学生的了解变得更有层次，认识一个个真正丰富的孩子，从而能给予孩子更多的信任和期许。家访能让她知道，老师在学校再怎么狠抓学习，孩子的家庭教育和学习习惯得不到改善，都会事倍功半。要走进学生心里，得先走进学生家里，找出行为背后的根源并对症下药。毛清静老师说："家访让我更多地了解了孩子，令我感动之余，我更深入地了解了他，明白每一个情绪的背后都有一个未被满足的需求，也有了足够的耐心对他温柔以待。"

"小霖是一名一年级的学生，开学两周了，他从来不写作业，他的家长也不在家长群，我拨通了原班主任的电话，他只知道小霖跟着八十多岁的曾祖母相依为命。那一天，我决定去这个孩子家看看。

"我一路打电话寻去，我说想去家访，结果小霖爸爸百般找借口拒绝。最终，几经周折，我还是来到小霖家，开门的是他八十多岁的曾祖母。在和他曾祖母交谈中，我了解到小霖爸爸的前妻去世了，后来找了小霖妈妈，可是生了小霖，小霖妈妈就跑了，离异近5年了，她没有回家看过小霖。小霖爸爸常打游戏，从来不管孩子，爷爷、奶奶也已去世。疫情防控期间，小霖爸爸给小霖买了个手机，小霖也是天天玩游戏，从来不在线学习也不交作业……

"接下来，在家访的基础上，我和他父亲保持了联系，再次沟通。慢慢地，他爸爸的态度不再那么冷漠，他让我拉他进了家长群。小霖的字依旧歪歪斜斜，但每天的作业基本可以完成。小伙子邋遢的形象也得到改善，剃了头发，平头显得更有精气神了！我安排内向孤僻的他和学习习惯好的小欣坐在一起，形成了帮扶关系。

"还有一个叫小彪的孩子，做完家访后，我才知道他的自主学习能力非常强。妈妈年龄大了，原先在农村没读过太多书，他每天晚上回家写作业，全靠自己，有时为了能完成听写作业，就在学校里让同学帮忙听写。他才一年级，就能找到办法独立完成作业，真是太棒了！从此他在我眼里的形象也变得饱满了，已不是某个单纯坐在教室角落里的身影。当他犯些小错误的时候，我还真不舍得对他太严厉，他是如此努力的一个孩子，同样值得老师温柔以待。"

（三）提升自我，照亮孩子们前进的路

在访谈中，毛清静老师提到她不管是在大学期间还是走上工作岗位之后，始终专注于提升自我。她说："要想给学生一杯水，自己得先有一桶水。"她始终遵循这句座右铭，在教育的路上摸索、探寻着……

1.大学期间参与活动增长才干

毛清静老师在谈到大学生活时说到自己参与了诸多活动，如志愿活动、兼职授课、创新创业竞赛、科研项目、书籍编撰等，这些丰富的经历充分锻炼了她很多方面的能力，也为毕业后解决工作中遇到的难题提供了借鉴。她说：

"我参加过支教、志愿活动，像马拉松志愿者。学校能够提供这些平台很好，让我们增长了见识，看到不一样的世界。遇到不同学院的同学也可以互相学习。

"我做过兼职（讲课）。我认为这很有必要。学校里面学到的东西，到了社会会很不一样。做兼职增长了我的见识，让我认识到挣钱其实是很不容易的。另一方面，这也是对能力的磨炼。出去讲课能锻炼沟通交流的能力，实习、见习也让我可以跟真正的学生接触。"

2.大学期间印象深刻的"第一次"

人生当中有很多"第一次"，对于毛清静老师来说，大学期间印象深刻的"第一次"便是代表学院参加学校的新生演讲比赛，还有便是"第一次"没有评上国家奖学金。

她说："万事开头难。这是上大学后我参加的第一次活动，站在那么多人面前，心里很紧张。当时我演讲忘词了，只得了三等奖。但是让我印象最深刻的不是因为我忘词了，而是因为这是我第一次站在台上，站在这么多人面前，我已经很勇敢了。但是这让我迈出了第一步，这是第一次，以后不会比这一次更糟糕，就是迈出了第一步，第二次就会很轻松。老师给我讲了很多，他的关心也让我印象很深刻。当时评国家奖学金时大二没评上，他说没关系。后来评上了，他说，如果当时我得到了，我就不会有这样的成就，晚一点得是件好事。我很感激他说的话，从那以后我就更加努力，每天很早起床，晚上很晚回

寝室，每一天都很充实。"

3.走上岗位后争分夺秒提升专业技能

从最初走上工作岗位的适应阶段到慢慢找到自我提升的方向，毛清静老师参加了许多活动，如"马云乡村师范生计划""为中国而教"，骨干教师的培训、教研活动等。她感觉真实的职业生涯和自己想象的有很多不一样，目前需要的就是做好本职工作。

4.职后专业技能提升的三阶段

毛清静老师将自身走上工作岗位后的专业技能提升分成三个阶段，这是很多新手教师都会经过的三个阶段："刚开始积极、有激情，精力很好，但遇到很多冲突慢慢就进入了适应期（矛盾期）。这个时候只想教好书，但自己又要做很多事。需要做好时间的协调，要学习、要工作又要比赛。第三个阶段就是做好本职工作，在此基础上再做好其他事情，努力提升个人的管理能力。"

十、辜米雪老师：做有温度的教育人

2017级小学教育（全科教师）专业定向重庆巫溪的辜米雪老师，目前任教学科是小学四年级数学。在校期间，她曾任班级纪律委员、班长、学院学风建设部部长等职务，曾获两次一等综合奖学金，荣获"优秀学生干部""优秀毕业生"等荣誉称号，她直言最值得骄傲的是成为一名光荣的共产党员。踏上工作岗位后，她荣获巫溪县2021年度教科论文一等奖、集体舞比赛一等奖、科学说课及心理健康教育视频课比赛三等奖。

（一）坚守初心，追逐梦想

辜米雪老师深受自己的小学老师和高中班主任的影响，立志成为一名教师。高考之后，她如愿考取重庆第二师范学院，毕业后成为一名全科教师，开启了自己的全科教师梦。在走上工作岗位之后，她体会到作为一名教师的"甜"，想要为乡村教育贡献自己的一份力量。

1. 初心的种子

这个世界上有一种职业非常神圣，可以说是灵魂的工程师，也可以说它是带有一种使命感来到这个世界上的，这份职业就是教师。辜米雪老师在成长的过程中就遇到了良师，他们带给她思想，带给她智慧，帮助她成长。在潜移默化中，辜米雪老师种下了想成为教师的种子。

辜米雪老师说："我对于教师这一职业的印象就是自己以前的老师，给我印象深刻的是我的小学老师和我高中的班主任老师。首先就是我的小学老师。小学时自己的家庭比较困难，这位老师在学业和生活上对我有很大的帮助和关心，当时就觉得教师这个职业挺好的，自己也很喜欢。其次就是高中的班主任老师。她是一个严厉、负责的老师，我们班同学都会觉得她很严厉、很凶，我在高中的时候也是经常被她批评的，我有一段时间想辍学，也是她来鼓励我，在生活中帮助我，让我感觉教师这个职业虽然谈不上多高尚，但是对人的帮助很大。"

2. 别样的收获

辜米雪老师走上工作岗位后，在迎来属于她的第一个教师节时，她的学生们悄悄咪咪地为她送上别样的礼物，让她体会到了教师的幸福感。

她说："2022年9月9日早晨，我起床刚一打开灯就听见外面操场上、教学楼那边我们班几个大嗓门的孩子在喊'辜老师起床了，快准备好'。一嗓子把我瞌睡虫都赶跑了，想想这些'小机灵鬼'以为他们的计划天衣无缝，我就忍不住笑出声来。然后，一大早迎接我的就是我从宿舍出门到走到教学楼都被几个孩子紧密'监视'着，并且在'密谋'着什么，我好不容易抑制住自己想要上扬的嘴角。最后在隆重的欢迎仪式下，伴随着孩子们整齐又大声的祝福，我看见了讲台上有独特造型的小零食、画着漂亮简笔画的黑板，以及黑板边上粘着的一根根瘪的长气球（问了原因，是因为吹不起来），一时间感到既感动又好笑。小孩子的感情很纯粹，只要我们用心去关注他们，就会收获几十份满满当当的情感；小孩子的心思也真的很好猜，稍微用点心就能猜到他们在想什么，想干什么，只要我们做老师的用心去关注，就会有别样的收获。"

（二）把握大学，增长才干

辜米雪老师回忆起自己的大学生活时，告诫师范生们要勇于利用大学的平台，多多学习专业知识，为今后走上工作岗位打下坚实的基础。她提到阅读习惯、志愿活动、干部经历、竞赛活动等都为自己的职业发展打下了坚实的基础。她还把自己的大学生涯用三个词语、三个阶段进行了总结。

1.兴趣爱好的养成

辜米雪老师说："在大学的话，我除了上课的时间以外，就是打羽毛球占的时间比较多，这个运动我比较喜欢，而且它是一个与别人一起参与的运动，它不仅可以交友、和自己志同道合的朋友一起玩，还可以锻炼身体。我在阅读书籍方面对国外的小说比较感兴趣。"

养成良好的兴趣爱好能够为自己学习专业技能添砖加瓦，如羽毛球运动能够让辜米雪老师在生活的压力之下得到极大的放松，而阅读习惯的培养让她在走上工作岗位之后，仍然能够静心读书。

2.特殊志愿活动的收获

多参与丰富的志愿活动能够在其中收获颇多。辜米雪老师提到她大学生涯中一场特殊的志愿活动，即看望孤独症儿童，使她提前学会一些应对复杂情况的应对措施，建立起她对教师职业的坚守之志，并且培养了她对学生的仁爱之心。

她说："志愿活动给我印象最深刻的是到歌乐山开展关爱孤独症儿童的志愿活动。当时我们是和同学一起去的，那里的孩子们在学校里面还是有一定的学习能力的。我们带领孩子去超市学习如何买东西，有些孩子不听话会直接撕开就吃，因此带小朋友其实很累，如我们要拉住他们的手过马路，偶尔可能会有小朋友在公路上跑来跑去非常吓人。我上班之后也遇到了这样的学生，就感觉参加了这样的志愿活动就能对孤独症儿童提前有所了解，再遇到类似情况时会有经验，不会完全不知道怎么处理，要比在书本上学习这些知识好很多。"

3.在干部经历中磨炼责任心

辜米雪老师的干部经历主要是在校级部门和学院的学生会，如她在学院担任学风建设部部长，大三、大四在班上担任班长。收获是在责任心这方面有很大的长进，特别是在疫情防控期间，要对自己负责、对同学负责，一些琐碎的事情是非常麻烦的，她就是在这个过程当中不断磨炼自己的。

人的成长总要经历一些事情，但总能在其中感悟和收获人生的大道理。辜米雪老师在担任班长的经历中锻炼自己的耐心、责任心，在参加工作后教导学生时更有责任感。

4.三个词语总结大学生涯

辜米雪老师的大学生涯对她来说是非常宝贵的，能够自由支配自己的时间，做自己想做的事情，学习自己想学的知识，大学给予她更多的可能性。这样的生活是充实、快乐的，但她也会时常感慨大学生活应该再多学点真本事。

辜米雪老师用以下三个词语总结她的大学生涯：①好玩。大学不像高中，其实整体氛围较为轻松，让学生拥有更多自己可以支配的时间。②充实。辜米雪老师在学校和学院以及班上都担任了职务，这给了她很多锻炼的机会，大学过得很充实。③遗憾。在学业上花的时间不够，特别是上班之后更加发现自己专业知识的不足。

5.大学经历的三阶段

对于大学经历，不同的人会有不同的感受，从而划分出不同的阶段。辜米雪老师从自己的亲身感受出发，将她的大学经历划分为三个阶段。①刚进大学：感觉还没成熟，每天除学业和部门的事情以外就想着怎么玩；②大二下学期：比较迷茫，感觉其他同学所就读的学校、专业很容易挂科，学习的东西也很多，学习氛围很好，自己与过往的其他同学比较起来，没有学到什么东西；③大三开学之后：疫情防控开始封校管理时，开始每天五点晨跑，思想发生转变，觉得教师这个职业挺好的，觉得有这样一份稳定的工作就心满意足了。

（三）职后实践，摸索门道

辜米雪老师在走上全科教师岗位后，先调整好自己的心态，对于专业发展秉承着实践出真知的原则，积极参与培训、教研、赛课等活动，逐渐摸索出门道，更快地进入教师角色，成为一名优秀的人民教师。

1. 职后心态的调整

刚进入学校时，辜米雪老师认为，这里与之前自己在渝中区实习不一样，不管是师资还是办学条件跟城区学校相比差距很大，目前农村的教育可能还停留在十多年前城区小学的教育水平上。并且一部分小学全科教师分到的学校条件可能会不太好，有些一个班才四五个孩子。在这样的条件下教师可能会觉得自己不那么像一个老师，没有很强烈的成就感，会感觉教书是一件很随意的事情。但是，这样一个状态是不对的，农村广阔的天地是可以利用的，老教师经验丰富，自己应该虚心请教，以此促进自身发展。

2. 与时俱进的培训活动

对辜米雪老师来说，作为新入职的教师，工作之后不管是学校组织的培训活动，还是县教委组织的培训活动，都体现出与时俱进。这让她收获颇多，成长了许多。

她说："培训专家们精彩的讲演，都使我很有收获。他们结合自己丰富的实践经验，将相关的理论知识深入浅出地阐述讲解，使我学到了很多新的理念和研究问题的方法，受益匪浅。我自始至终都在努力学习，在教授们的讲座中、在老师们的讨论中充实自己的理论，反思过去工作的得与失。现在还有信息技术 2.0 的培训，这个培训很有用，专家讲得也很好，我们都能够在实际的教学过程中运用。"

3. 收获颇丰的公开课

辜米雪老师认为让新教师成长最快的便是实践，而公开课能够让自己在反思中成长，更能在老教师们评课中发现自己课堂中忽视的问题。她说：

"我们学校的教研活动比较有意思，不上自己本班的公开课。之前是自己班上自己班的，这学期是抽签的方式，有可能你抽到的都不是自己年级的，你会去上其他年级的公开课。这样的上课方式学生会比较有新鲜感，也会更加地配合你，更加考验教师的基本素养，你不能只关注那一节公开课的内容，而是要总体布局。我第一次上的公开课是"长方形和正方形的认识"，当时觉得自己准备得挺好的，教案、PPT等感觉都准备得很充分，结果上出来的效果不是很好。

"主要是平时上课 1 至 3 年级的学生还比较小，如果要小组合作的话是很有难度的，一般要老师带着去做的。当时上公开课是想让学生小组讨论然后再展示，学生自己去讲。讨论的过程中，小组中成绩好的学生去做，旁边的学生就看着，没有说清楚，也没有进行分工。我自己也没做好，我以为他们会。

"我这学期参加了一个说课比赛，最大的收获是让我认识到了自己所在学校与当地城区学校的差距，还认识到自己与别人的差距有多大。"

4. 正视不足，展望未来

作为新教师，辜米雪老师谦虚地说道，自己过去的教学工作还存在许多的不足，正在积极地进行反思，更对自己未来的工作提出希望。

她说："上学期教学进度比较慢一些，因为我们学校一个年级只有一个班，没有参考，自己进度上慢了一点。教学工作方面，自我感觉没有把备课的工作做到十全十美，有些时候都只是随便看一两眼就上课了。而且因为自己的工作，如出差等，留给学生查漏补缺的时间少了一点。对成绩比较好的学生关注度不够，而且学生大多是留守儿童，造成这部分学生成绩有些下滑。对于未来的期望的话，最主要的就是想要在六年之间，我们这边会进行区县各个学校成绩排名，就希望自己的教学成果每一年、每学期能够进前 40%。"

十一、陶倩老师：敬自己的岗位，品自己的人生

2016 级小学教育（全科教师）专业定向重庆黔江的陶倩老师，在重庆市黔江区石家镇工作两年后，参加城区教师遴选，考入重庆市黔江区青杠小学校，现负责学校办公室工作和四年级一个班的数学、科学的教学。两年来，她所有任教科目业绩均过全区二分之一。两年的中层干部经历让她逐渐从青涩、迷茫向成熟转变。工作之余，陶倩老师也注重个人能力的培养，并曾代表学校

参加微型党课宣讲、师德师风主题演讲比赛、中华魂演讲比赛、小学英语优质课大赛、民族团结优质课比赛、撰写特殊教育教学案例等 14 项活动，均获得区级前三的好名次。

（一）心中有梦，梦想启航

"理想信念"实际上是"理想"和"信念"合在一起而形成的一个综合概念，这个概念是在改革开放新时期进行理想信念教育过程中适应现实需要而逐步形成的。① 陶倩老师深受小学语文教师的影响，从小就在心里种下了梦的种子。她希望今后自己能成为一名合格的人民教师。

1.种下梦的种子

好的老师能够成就学生。陶倩老师遇到了属于她的良师——小学语文老师，正是这位老师在她的心里种下一粒小小的种子。

陶倩老师说："我对于小学教师这一职业的最初印象来自我的小学语文老师。她的语文课让我至今印象深刻，她独特的教学风格和个人特质让我对教师这个职业心生向往。"

2.培育梦的种子

进入大学之后，陶倩为她心中的种子浇水灌溉——读书。读书使人明智，在阅读的过程中她更加坚定了自己的目标。

她说："我比较喜欢看书，特别是与教育相关的书，大学期间看过《理想国》《给教师的一百条建议》这些教育名著，工作期间看的就是与自己教学更加贴切的书，如《班主任如何与学生相处》《怎样成为一名优秀的数学教师》。我觉得阅读教育名著是非常有意义的，从第一遍看得不太理解到多次阅读之后的深入体会，这个过程是会给自己很多的触动和启发的。"

3.收获梦的种子

走上教师岗位后，陶倩老师收获了梦想的种子，在与学生的交往中，感

---

① 傅琴.把"乡村教育情怀"立起来 [J].人民教育，2021（12）：75-76.

受到学生们的可爱，体会到了作为教师的幸福感。

她说："学生是很可爱的。在师生关系方面，我自己践行的一种模式就是上课时认真上课，需要保持教师该有的一些态度，但是在课下与其他空余时间，我与学生们相处得非常融洽，氛围很好，就如朋友一般，是敬畏与喜欢并存。在下课期间我会发现学生们很可爱的一些行为，有时候的一些调皮我也可以理解他们。而且学生们日常的一些举动很暖心。例如，教师节我收到了学生从家里摘的一朵花，这是我第一次收到自己家种的花；橘子成熟的季节，孩子们会给我带橘子，即使橘子的味道不是很好，但是孩子们的心意让我很感动。另外，学生的成长让我有幸福感。我经常带孩子参加比赛，看着他们在我的引导下努力尝试，不断突破自己，我觉得他们很可爱。"

4.坚守梦的种子

陶倩老师在体会到甘甜后，越发坚定从教的理想信念，表示自己将会一直坚守在教育工作的岗位上，奉献自己的青春与热血。

她说："我会一直从事教育工作，我的职业规划目前有两条路径，但是我自己还没有确定。第一条是搞好教学工作，成为一名教学能手，在区县数学教学方面取得一些成绩，成为一名比较优秀的小学数学老师。第二条是经过时间的洗礼和沉淀，从行政方面进行突破，希望可以担任分管学校教学的副校长，把学校的教育教学做得更好。"

（二）静等朵朵花儿绽放

陶倩老师信奉静等朵朵花儿绽放的教育理念，在大学活动中积累经验，得到成长，走上工作岗位后才有措施应对棘手的情况。

1.活动里得到成长

陶倩老师在大学参加过许多志愿活动，但一场特别的志愿活动——到歌乐山融合幼儿园当志愿者，为她的职业生涯打下了坚实的基础，在实践活动中她收获颇多。她说：

"我做过半程马拉松志愿者、歌乐山融合幼儿园志愿者、黔江区大学生志愿者服务队志愿者，我觉得志愿活动给我最大的体会就是个人的沟通表达能力与团队合作能力得到了锻炼，也开阔了自己的眼界。

"我也做过大帝学校杨家坪校区的助教，主要是辅导孩子们的作业。我觉得在这个过程中个人的表达能力得到了提升，对于一些教育理念有了实际的体会，在课堂中所学的一些理论知识得到运用。"

2. 实践中静等花开

教育是以人为直接对象，以促进人的生命成长与发展为目的，提升个体发展水平的一种独特的实践活动。作为培养人的活动，教育能把人类已有的、共同创造的文化、经验、智慧转化为个体的道德、智慧与能力，激发个体潜在的能力与创造力，使其有可能投入社会的更新性再生产之中。为社会提供新的"创造能量"，是教育这个工具最有价值和最宝贵之处。陶倩老师在工作中遇到这样一个群体——残疾儿童。这些孩子大多性格比较孤僻，通常不愿意与人交流，找不到存在感，对学习失去兴趣甚至产生厌烦的心理。但是如果这些孩子能够得到比较好的引导，就会绽放属于自己的精彩。她把这些孩子叫做"小花蕾"，他们不是不会散发花香，而是需要一个时机。在她曾经任教的重庆市黔江区石家镇小学校便有着这样一朵"小花蕾"。陶倩老师介绍：

"小诚，10岁，就读于我校五年级，右手缺少两根手指。他的母亲患有精神疾病，父亲在外务工，家中共有7姊妹，其中有5个孩子在我校就读。因离家较远，小诚不得不选择住校就读。小诚喜欢独来独往，在班里没有朋友，总是躲在角落里，不爱完成作业，学习习惯差。

"孩子需要存在感，小诚更是需要这一份存在感。因为我所任教的科目是英语，对于农村孩子来说，这门学科既陌生又好奇。在教单词时，我会刻意地站在小诚旁边，仔细听他的发音，观察他是否能够准确地读出。接着，我展开'火车接龙'的游戏，我已经提前算好小诚会读到他会读的那个单词。当他读完之后，我当即表扬了小诚：'小诚的发音真标准，声音也洪亮，老师希望你继续加油。'与此同时，我让全班同学送上雷鸣般的掌声。小诚坐下之后，我发现他偷偷地笑了。此刻的这一个微笑给他，也给我莫大的鼓励，此刻角落的小诚是西南方向上最耀眼的星光。

"小诚这朵'小花蕾'正在慢慢开放并散发着芳香，他的重拾信心之路还在继续，我的教育还在继续，残疾儿童事业的发展也在继续……"

（三）扎实学识，持续赋能

陶倩老师不管是在大学还是走上工作岗位，都秉持着积极的学习态度，不断提升自己的专业技能，为自己的教师生涯持续赋能。

1.积极的态度，出彩的大学

陶倩老师进入大学之后没有丝毫的松懈，善于抓住一切机会锻炼自己，尽管可能刚踏出这一步时有万分的艰难，但只有跨出这一小步，才能够取得进步，大学生活就能在记忆里出彩。她说：

"我觉得做得好的地方在于自己的学习态度非常认真。我坚持坐前排，认真听讲，积极回答问题，认真完成作业。比较遗憾的地方是大一个人性格的原因，自信心不足，错过了很多机会，很多比赛和活动都没有参加，直到现在都觉得比较遗憾。

"我对自己的要求一直是认真学习专业知识，注重专业技能；抓住一切可以成长的机会，勇敢尝试，不要胆怯，即使自己做得不好也要不断尝试；以一名准老师的标准要求自己，不仅应以学生的定位来要求自己，还应该以准教师的标准来规范自身，以提前适应教师岗位。在这样的要求之下，在大学期间我一共获得了 1 次一等综合奖学金、5 次二等综合奖学金；获得过全国大学生英语竞赛 C 类三等奖、'第二届职场模拟大赛'一等奖、'与经典同行'微课大赛二等奖；大一加入了礼仪部直至后面成为副部长，大三时担任班级纪律委员。"

2.坚持学习，持续赋能

教师只有持续不断地学习，才能够为学生带来生动的课堂；课堂只有与时俱进，才能更好地激发学生的学习兴趣。陶倩老师更是深知其道理，她在走上工作岗位之后仍然利用闲暇时间学习，强化自己的专业技能。

她说："我的任教科目目前是数学，关于学习途径，第一，向课本和教参学习；第二，寻找网络上的教学资源，观看优质的教学视频；第三，向同事和有经验的老教师学习；第四，经常性地阅读论文；第五，积极参与与教学有关的培训活动，抓住机会提升自己。我会积极参与教研活动，而且我在学校也负责了教研活动这一块的工作，在学校组织的教研活动中可以学习不同老师的教学流程、教学设计，可以构建一个完整的结构性认识，将教研所得应用于实际课堂中，得到其他老师的反馈与建议，再不断进行完善，整个过程对于我的教学能力的提升有很大的帮助。我会积极参与竞赛活动，在工作的这两年我参与了20多个比赛和活动。例如，演讲比赛、党课比赛、与教学相关的比赛。我感觉自信心得到了提升，对待事情的态度发生了转变，个人的表达能力、组织协调能力也得到了提升。"

3.善于总结，开拓创新

反思和总结能够促使人的成长。陶倩老师将走上工作岗位后的经历进行总结，找到问题所在，及时进行调整。这都是陶倩老师以扎实的学识为支撑持续赋能的原因。

她说："我觉得可以划分为两个阶段。第一个阶段是第一年工作期间的前6个月。因为我当时接手了4个班的英语，可是与我同时来到这个学校的其他老师只需要担任一个班的课程，我觉得自己的工作压力特别大。后来我逐步调整自己的心态，协调好自己的教学工作与其他工作。在春季学期考核的时候，我所带的4个班，有两个班的英语成绩进了全区前三分之一的名次，有一个班进了全区前二分之一的名次。第二个阶段是第一年工作期间的后6个月和第二年，我称之为自己的逆袭期。学校给我布置了很多工作，我都能比较出色地完成，能够以积极的态度面对。"

十二、罗冰菊老师：心灵教育助推学生成长

（一）执灯前行，力求进步

"教育的本质是一棵树摇动另一棵树，一朵云推动另一朵云，一个灵魂唤醒另一个灵魂。"这是德国哲学家雅斯贝尔斯在《什么是教育》里关于教育的本质的论述，也是罗冰菊老师从教以来的教育理念。罗冰菊2021年毕业于重庆第二师范学院教师教育学院小学教育（全科教师）专业，现就职于重庆市酉阳土家族苗族自治县麻旺镇中心小学校，教授数学学科。尽管罗冰菊老师是一名刚工作不久的老师，但她已经在勤学苦练与认真钻研中锻炼出了十足的教学

能力。

在大学生涯中，罗冰菊在大一结束时便对小学教师这一职业有了较为清晰的认识，并随着认识的深入制订了相应的规划。她说："经历了大一这一年的学习之后，我对于小学全科教师这个职业有了更加深入的认识。第一点就是一名小学教师所要承受的压力并非我之前想象中的那样小，这个职业对于专业素养也有较高的要求。第二点就是小学属于启蒙阶段，是一个重要的阶段。我也给自己做了一些规划。首先在学业上要较好地完成专业知识的学习，要提高自己的教学能力；其次是加入有关工作室提高自身的科研创新能力，学习一些之前没有接触过的东西，如围棋、国际象棋。"

罗冰菊老师始终坚守着自己的初心，为成为一名优秀的小学教师而增进学识、提高能力：在学习层面，她一共获得了3次一等综合奖学金、2次二等综合奖学金、1次卓越奖学金、1次"抢睿"奖学金、1次国家奖学金；在科研层面，她作为负责人主持了一项科研立项，同时作为成员参与了3项科研立项、1项大学生创新创业计划、3项"互联网+"创新创业比赛市级奖项、1项国家级奖项。进入职场后，罗老师坚持知行合一，不断进步，曾任少先队大队辅导员，现任教科室副主任。同时，她参与全科全员赛课语文学科赛课活动获得镇级二等奖，数学学科赛课活动获得县级一等奖，撰写论文获得县级一等奖。

（二）观察沟通并举，用心教育孩子

罗冰菊老师的教学风格是在日常生活中观察学生的学习特点，增加与学生的交流次数，逐渐走入学生内心，把握时机引导学生产生学习的兴趣，锻炼学生独立思考的能力，帮助学生找到合适的学习方法。这样独特的教学方法源自罗冰菊老师在其大学中的不断实践。

罗老师说："我在大三时参与了'三下乡'活动，接触了石柱县桥头村的一些孩子，给我印象特别深刻的是一个女孩子，叫作瑶瑶。当时我们几位志愿者老师正在与她聊天，谈及她的妈妈，瑶瑶立刻指着我们的一位志愿者老师说：'别跟我提妈妈，我没有妈妈！'当时心里觉得瑶瑶这么做特别没有礼貌，但是在后续过程中我了解到瑶瑶家庭的一些特殊情况，理解了瑶瑶当时的一些表现。给我的感触就是在之后的教学工作中要做好家校沟通，要了解孩子的具

体情况之后再寻找一些解决方法。"

罗冰菊老师潜心教学，精心育人，用实际行动诠释了"新时代教师"的内涵，从她的自身成长与教学风格上，人们可以感受到其深厚的教育情怀。

（三）以爱诠释教育真谛，以责演绎教育情怀

1.选择成为一名小学全科教师

罗冰菊老师选择成为一名小学全科教师并为之努力，是结合多方面因素仔细考虑的结果。在正式进入大学前，她对于小学教师这个职业的直观印象是节假日较多，相对来说工作性质较稳定。在成为一名小学全科定向师范生后，罗冰菊自觉把自己带入教师的身份，体会教师奉献的情感，坚定了成为一名小学全科教师的决心；入职后，罗冰菊老师有智慧、有担当，用心教育，希望学生能从谆谆教诲中收获满满的知识，感受情真意切，对小学教师这个职业也有了更深的认识。她说：

"我选择做小学全科教师主要有以下几个方面的原因。首先就是源于父母的建议，他们希望我有一份稳定的工作，在填报志愿时高中老师也给我提出了一些建议，认为我的自身条件比较适合小学教师这一职业，所以我最终成为全科定向师范生。

"在真正成为一名小学教师后，我有了很深的体会，其中最深刻的一个是需要平衡好自己的时间。我兼任了学校的少先队辅导员，其工作内容非常琐碎，我需要平衡自己的教学工作与行政工作。在工作中我也寻求了同事的一些建议，她们给我提出最关键的一点是需要分清重点，在不同时间做好相应安排。"

2.做有仁爱之心的好老师

爱是教育的灵魂，没有爱就没有教育，教育应是一门"仁而爱人"的事业，而好老师应该是仁师，没有爱心的人不能成为好老师。作为一名教师，罗冰菊老师尊重、信任学生，了解学生，关心、爱护学生，同时公平地对待学生。

她说："在我印象特别深刻的一次志愿者活动中，我们接触了有多动症或

者其他问题的一些孩子。我自己深入了解了一个孩子，发现那个孩子思维能力与表达能力远超同龄人。因而我更加认识到在教学过程中应该认真发掘每一个孩子的优势，不要仅仅因为孩子的一些不好的表现就全盘否定一个孩子，要拉近同学生的距离，滋润学生的心田，尊重、理解和包容学生，实现爱的教育。"

罗冰菊老师爱着她的学生们，这份爱是一种对国家、对民族的爱的体现，是一种无私的爱、不求回报的爱，在学生最纯真、最美好的年纪，她用仁爱之心唤起学生的求知欲望，帮助他们健康成长。

3.以德立身，以身立教

思想品德教育于学生而言是极其重要的，但社会上存在着父母忽视学生思想品德修养、把学生的成绩放在第一位的现象。孔子说："其身正，不令而行；其身不正，虽令不从。"罗冰菊老师有着高尚的个人品格，不仅肩负着教授学业的职责，也是学生心灵的塑造者、社会规范和价值的传递者。凡是要求学生做到的，罗冰菊老师会率先垂范，从一言一行中教育学生要爱国守法，要诚实守信，要沉着冷静。

4.树立终身学习的理念

在大学时，罗冰菊老师便认真学习专业课程，并定期入校进行教育教学实践，有着良好的学习习惯。入职后，她保持着这样的学习习惯，有适合自己的学习学科专业知识与提升自己的学习能力。

她说："我的任教科目目前是数学，关于学习途径，第一种就是参与学校组织的相关培训活动。第二种是进行流程式备课，熟悉教材和教参的内容，寻找相关的视频资源，学习其他老师对于新知的引入、对于某个知识点的讲解方式、对于学生的评价等方面。第三种是寻求同事的支持。我们年级有很优秀的数学老师，我会在课下与她探讨某个知识点的讲解方法，去她所教的班级进行听课。第四种就是多方面参与不同学科的赛课活动、听课活动，包括英语、数学、语文、信息技术、道德与法治等，因为我觉得课程的教学很多是触类旁通的，一个学期以来我听课的数量达到20～30节。第五种就是自己申请一些培训机会，如我近期参与的'为中国而教'，就系统地学习了如何进行教学设计。"

此外，罗冰菊老师还在新的赛道上持续赋能，将理论知识与经验积累合理利用，开启了她的"赛课与学习之旅"。

罗冰菊老师说："2021 年 10 月，学校关于数学生态课堂片区集团赛的通知冲击了我初入职场还未平静的心。初生牛犊不怕虎，我抱着试一试的心态，想要努力成长。可当我真正接受赛课任务后，心里不由得担心起来，担心自己经验不足，担心对手的强大和自己的弱小……无数的问号一次次地撞击着我的心房，让我犹豫徘徊，最后还是内心的声音战胜了恐惧。我想只要相信自己，只要尽力而为，只要站上赛场，就是最大的胜利！"

但毕竟是初次赛课，罗冰菊老师意识到自己还需要学习很多，不仅是知识点上的学习，更多的是教学方法上的提升，好在麻小的教师们始终和罗冰菊老师站在一起，在一次次的合作研讨中锻炼和提升教学能力，完善课程内容。

罗冰菊老师说："第一次试讲结束后，老师们建议我再次研读教材，细化目标，宏观性的建议让我一头雾水，又开始了新一轮的埋头苦改、大改特改。我在第二次试讲上，老师的评价越来越有针对性，对比两节课的教学环节，甚至产生了分歧。一次次打击之下，我焦虑地哭了起来，佳华校长忙着给我找纸巾，安慰我：'别着急，我们一起来商量。'田海主任甚至想要拍照记录这一刻。老师们说这是磨课的必经之路，经历这一次必定会有成长，而我却陷入了自己的循环，无法走出来，持续崩溃了好几天。"

最终，在教师团队的帮助下，罗冰菊老师的赛课取得了不错的成绩，她在不断的学习中取得进步，在多次的赛课中收获温暖，也坚定了终身学习的理念。

她说："随后的日子，我的每一天都是在改教案、改课件和试讲中度过的。2022 年 9 月我又一次从崩溃自责的心态中脱离出来，拉着我的指导老师们陪着我加班，我体会到了无条件支持的温暖。教学设计详案的十页纸一句一句地梳理，课堂短暂的四十分钟，老师们却在我这个'差生'身上花了五个小时之久。从教案的设计与推翻再修改、教具的制作、素材的收集，再到后来的每一次试讲，都让我感受到了麻小的温暖，我想这就是一群人会走得很远的力量。"

5.保持持续发展的动力

罗冰菊老师在岗位上尽职尽责，她以言感染，以身作则，用爱教育，用心教育，指引学生朝着正确的方向前行。与此同时，罗冰菊老师也深刻认识到，成为一名优秀的小学教师，要有着与时俱进的观念和不断发展的动力。于是，她时常总结教育经验，反思教学过程，坚持学习，制定发展目标。从错误中吸取经验，从学习中提升能力，始终坚守着小学全科教师这一职业。

她说："在实习期间，我认为只要用心与耐心，愿意花时间和精力在孩子身上就一定可以看到孩子的成长。但是在真正开始教学工作后，我发现有一些孩子由于家庭原因或者自身其他原因，对于学习始终是一种非常抗拒的状态。对于一些特殊的孩子，我投入了很多的心力，但是发现收效甚微，可能需要长期坚持下去才可以看到他们的成长。对于教学，之前我认为教学工作是单纯的教育好学生，做好教育工作，但是现在发现还需要面对更多的难题，要面对同事以及领导交给自己的一些工作，因而需要更多的知识与规划，要平衡工作与教学。"

罗冰菊老师是一位严肃和高要求的人，她不断反思自己入职后的不足之处，力争进步。她将自己入职的这一年划分为三个阶段。

她说："我觉得可以把入职后的一年划分为三个阶段。第一个阶段是上学期最开始接手了五年级的语文，五、六年级的英语以及学校的德育工作。不管是教学工作还是行政工作都是初次涉猎，这使我得到很大成长。第二个阶段是调动到了另外一所学校，我担任班主任和语文老师。新接手的班级班额比较大，班级管理上也存在很大挑战。第三个阶段是这一个学期。我明显地感觉到了自己能力的提高，我学会抓住重点，不断提升自己。"

当谈及未来的职业规划时，罗冰菊老师表示她会一直从事这份职业，同时她也深刻认识到成为一名教师需要与时俱进、不断创新。她对自己的教师之路有着清晰的规划："今后我会坚守这份职业，当然我也有着相应的职业规划。第一年要求自己成为一名学习型的老师，学习身边的老师以及网络上的教学资源，形成自己的教学风格。第二年至第三年希望自己成为一名研究型的老师，不断参加一些教研活动，形成自己的研究方法，发表一些研究型的文章。第四年至第五年完成自己的进一步提升，准备考研。"

十三、吴鹏杰老师：你若盛开，清风自来

（一）多试多做，全面发展

吴鹏杰老师，中共党员，现任秀山县清溪场街道三合小学语文教师，小学二级教师，秀山县刘鑫名班主任工作室学员，秀山县黄光辉名师工作室成员。入职前，毕业时获得"重庆市优秀毕业生"荣誉称号。入职后，在"重庆市爱眼护眼公益宣传歌曲"创作大赛中获市级三等奖；在片区演讲比赛中获二等奖；在校级班主任基本功大赛中获一等奖；在校级说课大赛中获一等奖；在校级黑板报和班级文化建设评比中获一等奖；在校级展示课活动中所上的课多次被评为优秀课例。

在大学时，吴鹏杰老师学习优异，喜爱读书。他连续 6 次获得一等奖学金；积极参加各项活动，在演讲、表演方面的技能竞赛中都拿过奖项；乐于奉献，大一时担任班级团支书，大二时担任班级班长，大三时担任学院学生副书记。当回忆起大学生活时，他觉得收获满满："我的大学生活丰富多彩，我受益颇多。因为从入校以来我就开始积极地参与各种活动，包括舞蹈比赛，虽然我是个男生。大学四年我都是以昂扬的激情投入校园生活的，对于自己经手的工作我也是以认真负责的态度对待的。这些机会让我拥有了丰富的经验，它们也使我在后来的实际工作中游刃有余。"

入职后，吴鹏杰老师在教育教学工作中，坚持以立德树人为根本任务，用爱心、真心、信心开展教书育人，用诚心、细心、恒心管理班级工作，坚持用"四有"好老师标准严格要求自己，向上向善，追求卓越，取得了可喜成绩，赢得了家长和师生的高度评价。

（二）敞开胸怀去拥抱每一位孩子

虽然吴鹏杰老师是一名男老师，但他有着十足的细心。在大学期间，他便在日常活动中观察学生，了解不同学生的特点和需求，察觉学生细微的情感变化，尊重每一个学生，与他们"做朋友"。

他说："在大学期间，我参加过綦江的'三下乡'活动。在那期间，我发现不同地区的孩子有不同的特点和需求。我们教授的手工课深受他们欢迎，所

以在学校里学习的专业知识还是非常有用的。"

在入职之后，吴老师将这份细心更是很好地运用到了教育教学中，孩子如同一群活跃的精灵。大人们爱着他们，带他们领悟世界的真谛，他们回报大人特别的温暖。但与此同时，人们却常常不理解孩子，习惯从成人的视角看待孩子的问题，这不免有些欠妥。最好的教育应该是敞开心扉去拥抱、去关爱每一个孩子，从孩子的视角引导他们，吴鹏杰老师就很好地做到了这一点。

俗话说，你若盛开，清风自来。工作中，教师时常因为孩子们的不懂事、变化无常的情绪而觉得他们很遥远，其实是因为自己未敞开胸怀去拥抱每一个孩子，未让他们感受到自己的平易近人。教师如若能够努力给予孩子们被在乎、被关爱的感觉，保持那份初心，主动用真心、真情感动学生、拥抱学生、关爱学生，那么，清风定能自来。

（三）开展有温度的教育

1.儿时的梦想

吴鹏杰老师说，在进入大学以前，他认为小学教师这一职业就是单纯地给孩子上课，是一份传递知识、极其有意义的工作。当谈及为什么会选择小学全科教师这一职业时，他自豪地说出了自己儿时的梦想。

他说："因为我从小就有一个当老师的梦想。小时候我看老师在讲台上写写画画，回家之后会偷偷模仿他们，从此就种下了这颗种子。"

随着学习的深入，吴鹏杰老师早已认识到小学教师不仅仅是教授知识这一个任务，更要教会学生成为一名合格的公民，指导学生发挥自己的潜能，这一过程需要有温度的教育。吴鹏杰老师也表示他一直以走近学生、温暖学生、谆谆教导的原则开展教育。

2.右手牵左手，清风徐徐来

教师在学校倘若小心翼翼，害怕出事，往往会事与愿违。吴鹏杰老师在入职之后便发生了他一直不希望发生的事情。他说：

"一天中午，正在开会的我突然被告知我们班孩子受伤了，面部裂开了一个大口子。看到孩子的一刹那，我顿时觉得整个世界都静止了，被血浸湿的上衣、满是血泪的脸庞、眼角处约三厘米长的血口，血肉外翻，触目惊心。在送往医院的路上，我和孩子右手牵左手。我观察并安慰着他，能感受他的害怕与疼痛，因为他的左手捏得紧紧的。那时，自责充斥着我的内心，泪水一股一股地从眼角涌出。

"手术后，他点点头告诉我好一点儿了，我也能感受到他好了一点儿，因为他的左手没有像之前捏得那么紧了。在回去的路上，我们右手牵左手，临近告别，他微笑着对我说：'谢谢老师，老师明天见。'那只肉嘟嘟的小手在空中足足停留了3秒钟。看着孩子离开后，想起他那迷人的笑脸，我心里抑制不住地喜悦。自那以后，原本对我并无好感的孩子，每次见到我都是笑嘻嘻的，并且主动向我问好，偶尔也将自己的趣事、平日里的小创作与我分享，其他小朋友看到了也都纷纷靠拢，我们有说有笑，相互分享，其乐无穷。"

通过这件事，吴鹏杰老师对教育的价值有了更深的认识，同时加深了与学生之间的情感。他关爱学生，在教育的路上越发坚定。

3. 为党育人、为国育才

坚持"为党育人、为国育才"是对"为谁培养人""怎样培养人"和"培养什么人"的凝练总结和核心概括，是我们党的教育方针一以贯之的使命，集中展现了中国共产党对教育事业发展规律的深刻把握以及教育是国之大计、党之大计的战略认识。成为一名中共党员，是吴鹏杰老师大学四年里做过的最满意、最骄傲的事情。

他说："我在大学四年里最骄傲的事情就是入党了。因为上大学之前，家里面的人就告诉我一定要入党。于是，一入学我就提交了入党申请书，每个阶段的筛选都非常顺利，大三的时候成了正式党员。我感到非常光荣。"

作为一名中共党员，吴鹏杰老师深入学习贯彻党的二十大精神，把习近平同志关于立德树人的重要论述领会到位，落实到位，为全面提高人才培养质量作贡献，在日常的教育教学中把"立德树人"作为中心点，提高学生思想水平、道德品质和文化素养。

4. 学习新知，守正创新

在大学期间，吴鹏杰老师便认真学习专业知识，最大限度地利用学校的教学资源、图书资源，有了很多收获，同时在学习的过程中也不忘思考，对知识并不是单纯接受，还考虑到了课程的实际使用价值。他说：

"我觉得我们学校专业课程的最大优势就是有实习的基地校。在入职之前，我们会接受一对一的帮扶教学，那些经验丰富的老师在带我们的时候，就是在给我们传授关于教育教学的实践经验，能够让我们更直观地了解小学阶段孩子们的心理特征和需求。同时，我也时常看一些教育类书籍，这些书籍基本上都是一线教师结合自己的教学实践归纳出的教学方法和感悟，相当于给我们这些刚入行的新老师提供了讲好课的捷径。

"另外，我在学校专业课程学习中的收获还是蛮大的。比如说教育心理学，我们当时是程老师教的，班上所有同学都非常喜欢这个课程，还有儿童戏剧，是丁老师教的。在这些优秀教师的熏陶下，我们对于教学方法、教学模式的理解就很深刻，这些收获也全都应用于每年的实习和现在的工作上。

"但是，我觉得专业课老师的实践经验需要丰富一下。可能是高校教师脱离小学教育实践太久的缘故吧，课堂上老师们讲授的如何写教学目标放在实际教学中就有些过时了，这个也是之前我去实习的时候，基地校的老师向我反馈的情况。"

5. 始终在进步的路上

参加工作后，吴鹏杰老师始终坚持学科知识的学习和教学能力的培养，坚持在教学中发现问题和解决问题，他对教师这个职业有了新的认识，在教学上也有了调整。他说：

"在学生时期，为了学习学科知识，我首先会找一个师父。在学科教学上，在师父的指导下，我们得多去听课、多去钻研，抓住教学时的重点难点，学习把控课堂进度。除了有师父带我之外，我还会看一些关于教学技能的书籍，从书中学习到之后，再化用到课堂中来，然后观察哪些方法最有效，最后这就会成为我自己的经验。

"此外，我喜欢总结教学问题和钻研解决教学问题方法，比如说之前我们年级组研究过如何在课堂上提高学生回答问题的频率，实验过后我们发现，有时候不是学生不想回答，而是他们没有明白问题的意思。入职以来，我最大的感受就是自己的知识储备还不够。因为我们在大学里掌握的那些知识对于一个学科而言其实就是皮毛而已，在具体的教学实践和班级管理中，我们要不断地挖掘、反思，或者请教经验丰富的前辈。再加上我们面对的不是死板的课本，而是一群性格迥异的孩子，他们每个人都有不同的需求，教师就需要学会变通，需要始终走在进步的路上。"

十四、万春晖老师：理想与实践互补的躬行者

和万春晖老师的相识是在去年盛夏，笔者怀揣着能近距离采访优秀学长的激动心情，期待通过与学长的交流能收获来自榜样的力量。从一开始的严肃、拘谨，到后来的畅所欲言、推心置腹，万春晖老师的形象也越来越立体。在校期间，万春晖老师已发表论文两篇、发明软件著作系统两个，并于2019年入党，曾获得过国家卓越奖学金，4次一等综合奖学金和3次三等综合奖学金。他曾任教师教育学院2017级年级长、可汗工作室负责人、万彩工作室负责人，也曾在学校广播台、合唱团、宣传部履职，毕业时荣获"优秀毕业生"称号。入职以后，万春晖老师从事数学学科教学，工作以来多次代表学校参加全区活动，曾获市级奖3项。越深入采访，越会发现每一个见解和细节的行为都是有迹可循的，都有强烈的教学情怀支撑。

（一）从"刺儿头"学生，到"刺儿头"老师

选择全科教师这个专业虽然是父母的安排，但坚持在教师岗位上却是教师情怀使然。万春晖老师当初进入全科教师专业主要是父母安排，因为个人并不反感当老师，所以就踏进了师范生的行列。大学期间万春晖老师很有想法，也很有规划，在专业学习上、社团活动上和日常生活中都有自己的兴趣和特长。

1.找到自己的定位：是职业，还是信仰

初为乡村教师，万春晖老师发现很多现实情况和自己的想象是有出入的。

他说："我们现在这边的学校是四年级以上就住校，住校的话你要管住校生，早上7点起床他要做操了，然后晚上8：30才下班自习，你要看他睡觉，这一天还是比较充实的。"

面对充实的职业生活，万春晖老师是这样看待的：如果把老师看成一个

职业的话，就要做好家校工作和学生工作。如果把它看成一个人生信仰来做，格局又不一样。毫无疑问，万春晖老师把教师职业当作一种人生信仰。

他说："刚开始都有点不思进取的心态，但是接触学生后我觉得还是要做个对学生负责的老师，你放弃自我了，学生怎么办？而且乡里的学生比城里的学生要单纯，你不忍心。不过只要心里有目标，消极的想法会走开的。所以继续努力吧。"

接过时代的接力棒，万春晖老师坚守在基层教育岗位上，为学生们带去最新的教育理念和教学方法。面对乡村教学的困难，万春晖老师不说苦、不说累。

2. 特殊条件需要特殊对待

万春晖老师说："我是一名新教师，刚刚踏上三尺讲台，来到乡村任教，了解到几名特殊学生需要'送教上门'。我当时很纳闷，为什么要到学生家里去教书，并且山路崎岖，每送教一次岂不都要花费大半天的时间，这样的投入是值得的吗？直到我了解到孩子的真实情况。原来学生智力残疾，有严重的癫痫症状，手脚功能也不健全，不能像正常学生一样随班就读，我很震惊，但同时内心的震动给我种下了名为决心的种子，身为党员的我义不容辞接下了这个光荣而艰巨的任务。我和另外几名同事按照要求需要每周到孩子家里对他进行特殊教育，下课了就马上驱车出发，我一刻也不想耽误，害怕耽搁就会浪费掉让学生学习的时间。"

"特殊条件，特殊对待，为了让这个特殊的孩子能够学有所获，我尽我所能，量身定做教案、教具，也根据每次的实际教学情况调整我的教学，相对于教知识，这个孩子更需要得到关怀，在爱的教育下慢慢习得一些生活技能，最好能够达到自己独立生活的状态。努力终是有回报的，通过不断地沟通和教育，现在这个孩子已经能在精神状态较好的情况下独立掌握一些简单的生活技能。同时，他也渐渐跟我们几位老师熟络起来，学会在门口迎接和送别，我会继续坚持下去，尽最大努力伴他成长。"

万春晖老师一刻也不想耽误，不想耽搁学生学习的时间，更不想让小小的心灵失望。年轻教师的热情是最可贵的，万春晖老师化热情为动力认真思考孩子的每一个需要，尽他所能做到最好，给孩子最大的帮助。

（二）有舍才有得

如果说在大学课本上学习的是专业知识、理论基础，那么在现实教学中的实践就是教师职业素养的综合体现，是教师把所学内容"因地制宜"地实践探索。作为一名新老师，万春晖老师深谙实现理想中的教育之复杂、之艰难，在自己的教学实践中有很多突破和坚守，当然也包括教育学生和与学生的交往。

1.不占音体美，追求全面发展

万春晖老师说："我给我的教学工作打 9 分。在接这个班时全区 166 个班，这个班倒数第三，算是没人要的差班，现在已经到全区前百了，所以我个人是比较有成就感的。那一分扣在后进生上。你们应该体验过音体美被占吧，我是属于一节课都不要，而且不仅我不要，我也不允许其他老师要（我是班主任），所以我是对学生全方面发展比较注重的，心理问题也经常在沟通。之所以这个班能够进步得这么快，是因为我给了他们想要的，他们才能反馈上来。"

万春晖老师注重学生的全面发展，也关心学生的学习状态，经常与孩子沟通心理问题，也希望自己的一点点努力能够在乡村小学的孩子们心里种下爱的种子。

2.保证大部分学生正常学习何尝不是一种选择

后进生是万春晖老师最关注的群体。他希望能够通过观察，深入探寻学生成为后进生的原因，再运用合适的方式给予他们帮助和引导。但是实际情况还是有很大的出入，入职以来的教学实践确实改变了万春晖老师很多的教学观念。

"你说他为什么是后进生？一方面是他自己的问题，另一方面则是学生的家庭问题，很多情况不是你努力了就能改变的，人家一个家庭几十年甚至上百年的发展、氛围，岂是你几次家访、几个电话就能解决的吗？这个时候你改变不了学生，更改变不了家庭。你只好选择保证其他同学不被影响。"万老师说。

这确实给了新老师一定的打击，当万春晖老师意识到自己确实不得不放弃这个孩子时，他感触很深，怎么和在学校学的不一样，不是要关心每一个学生，不是要帮助吗？但这个事情也有积极影响，它激发教育者积极思考对这些孩子应该用什么样的方法，同时带动了班上一些正能量的孩子和教育者一起研究怎么解决这个问题，也让教育者发现更多孩子不一样的一面。

（三）终身学习是一种态度

时代的脚步已经跨入了 21 世纪，教育观念的转变不容忽视。因此，在全面实施素质教育的今天，一定要与时俱进。通过不断地思考和学习，端正教育思想，转变教育观念，以孩子为中心，以每个孩子为本，从实际出发，因材施教。万春晖老师在自己的岗位上也从未停止学习的步伐，大大小小的教研活动参加了不少，自己也喜欢阅读各类书籍，不断更新、提高的专业知识和专业能力是深厚教育情怀的外在体现。

万春晖老师喜欢通过学校的集体备课丰富自己的教学资源，买资料来研究题型以及通过网上教学网站学习教学所需的课件，丰富自己的教学案例。学习多样的教案，研究各种优秀老师的优质名师课堂也对教学能力的提高有很大帮助，其中万春晖老师觉得最有效的就是集体备课。他说："集体备课完全打破了原始、狭隘的备课格局，使参与备课的每一名教师站在一个群体的大背景下进行备课。俗话说'尺有所短，寸有所长'，即使一名非常优秀的教师也不可能对教材的每一项内容都理解得深、透、精，即使一名能力平平的教师也可能会对教材的某一内容有独到的解读。因此，集体备课对教师也能够提供学习、借鉴和提高的机会。打一个比方，个体备课好比一股股细流，集体备课好比把这一股股细流汇聚成大江大河，汇成大江大河的细流才能更有底蕴、更有力量。"

万春晖老师常常通过参与各类教研活动来提升自己的教学能力和知识储备。他认为："教研活动就像是和教师们面对面交流，你会发现老教师有和你相同的关注点，但相比之下他们的观察面更广，也更深入。一次次的教研活动能帮助教师不断更新知识和教学观念。教研活动是老师之间相互交流的过程，在这个过程中教师可以互相启发，相互借鉴，共同解决教学中遇到的问题，促进提高教师之间的合作精神和团队意识，推动共同发展。像赛课一样，十几个人上一节课会发现很多有趣、精彩的地方，会有很强的对比。就这一个知识点，每个人都有不同的讲法，能够体验到教学的乐趣。"

教研活动给教师提供了一个检验自身教学水平和能力的机会，对教师来说是一种自我成长的过程，在教研活动中能够看到别人的特长以弥补自己的不足，只有不断提升自己的教学能力和内在修养，教师才能更好地为学生的发展和成长提供支持和指导。

采访的结尾，万春晖老师谈到未来职业规划，他说他要先把这些孩子带到毕业，以后的事情以后再说，尽自己所能做到最好就是对教育情怀最好的诠释。

十五、李姚老师：教书与育人并举的引路人

与李姚老师的相识是很愉悦舒适的，在访谈过程中李姚老师的人格魅力不断吸引着笔者继续深入探讨她的教育经验。她任教学科是七年级语文、八年级道德与法治，同时任七年级班主任、校德育处副主任。大学期间的专业学习和课外社会实践让她深深感受到教育的艰难以及教育情怀的重要性，最大的收获就是宽容对待学生。在城市兼职的经历和入职后的真实处境让她也意识到乡村家庭教育在一定程度上是被忽略的，这也是她工作的主要内容之一。整个采访是很轻松与愉悦的，也带来很多思考，教育情怀很难用文字体现，但李姚老师的德育工作一直在路上。

（一）教育就是一个人影响另一个人

李姚老师选择全科教师专业是父母的想法，也是自己的选择，更是老师对她的影响。"教育的本质是一棵树摇动另一棵树，一朵云推动另一朵云，一个灵魂唤醒另一个灵魂。"李姚老师因为教育走上教师这条路，在岗位上也一直践行着这一句话。

1. 以爱冲破桎梏与枷锁

班主任教育是李姚老师入职的第一课，在各项工作中她对德育有很多自己的见解：

"张露是我刚接手班级的一个内向又腼腆的女孩儿，她从小体弱，患有先天性心脏病，在小学时还因病休学整整一年，所以对集体生活非常畏惧。每天

我都询问张露的身体恢复情况，直到有一天张露妈妈突然说张露想退学，不想读书了！当天下午放学后，我就前往张露家里了解情况。我看见张露的脸色苍白无力，目光呆滞，非常让人心疼。

"通过沟通交流，张露最终愿意回学校来继续学习。此后我格外关注她的状态，上课经常让她回答问题，当着全班同学的面表扬她，下课之后也常找机会跟她谈心。慢慢地，张露从开始时回答问题声音紧张颤抖，到现在淡定从容；从开始时课堂上不敢举手，到现在积极主动争取；从开始时与同学淡漠疏远，到现在与同学打成一片，终于从内向的圈子里向外走出了一大步。

"德育让张露同学放下了心灵的枷锁，重拾了学习的信心。我也克服了班主任琐事多的烦恼，因为每一次琐事经历都在告诉我：每一个孩子都需要我们细心呵护，当他们的心灵陷入桎梏与枷锁时，老师就是解开桎梏与枷锁的那把钥匙！"

李姚老师的德育实践把老师定义为冲破桎梏与枷锁的钥匙，实际的德育工作是很复杂的，教师要时刻把握孩子的内心，用恰当的方式和孩子家长沟通，充分发挥自己所学的专业知识，找到孩子内心的柔软处，给予他们最真挚的关爱。

2. 从热情懵懂的师范生到冷静学习的教师

李姚老师刚开始进入学校时带着满腔热情与昂扬的斗志，认为自己大学期间已经学习了许多专业知识，掌握了一定的专业技能，但是在真正开始教学工作后发现自己并不能将大学所学的知识完全应用于实际，遇到了很多问题与挑战。同时，她发现教师这个职业并非自己之前想象中的那么轻松，假期也并非可以全部用来休息，假期中的很多时间都需要用来准备教学的相关内容以及完成学校分配的一些工作。

教学是一份磨砺与不断自我摸索相结合的创造性工作。它可以很枯燥也可以很有趣味。教师应摆正心态，运用教育理论，用心热爱这份育人工作，热爱学生，热爱讲台；要提高自我专业和教育教学理论修养，广泛阅读教育名作，吸取好的教育思想，形成自己独特的教育观点，在教学中做到教学理论与实践更紧密地结合。现实的学校教育需要老师花费更多的时间在教学准备和教学任务上，难免产生心理压力和不平衡，李姚老师有自己的解决办法："面对这些问题和挑战，我采取的做法主要有以下几个方面。首先就是自我调节。当遭遇挫折或者情绪低落时，我会以适合自己的方式暂时停下来调整心情。不断学习也是一个很好的方式，阅读教学的相关书籍，并在阅读过程中结合班级孩子的情况进行实际理解。其次是寻求老教师的帮助和建议，采用老教师给出的一些解决问题的方法。最后就是互学互鉴，学习'马云乡村师范生'计划中一些老师针对某种情况提出的建议和解决措施。"

教师的多重身份常常需要进行自然的角色转换，这对教师是一个严峻的挑战。把握不同角色的要求，使之达到和谐一致，对于教师来说这是另一种内在的压力。自我调节、寻求帮助、相互借鉴是李姚老师保持良好心态的三大妙招，它们丰富了她的教学经历，也使她成为一位优秀的教师。

（二）绝知此事要躬行

1.大量阅读永远不会错

李姚老师说："我教的是语文，我主张进行大量的阅读，阅读的种类不局限于某一个方面。在语文课文中出现的一些片段我会去查找对应的原文内容，正常情况会阅读全文内容。提高自己的教学能力最重要的也是进行大量的相关阅读，对重点内容进行摘录，写读后感；我还关注一些博主，看相关的分享；最后一个就是我喜欢用 QQ 音乐 APP 在早晨洗漱等碎片时间播放有声读本，如 360 读书等相关内容。"

有人说，唯有读书，既让你及时审视内心，又让你抬头看到诗与远方。读书的人明白精神富足比物质富足更重要，他们会言传身教地告诉孩子："和书籍生活在一起，永远不会叹息。"大量阅读不仅是李姚老师对自己学科教学的基础要求，她也用时间、行动不断影响着班上的学生。在信息技术高速发展的现代，李姚老师也很擅长运用网络工具为自己的教育教学服务，信息网络极大地提高了她的学习和工作效率。

2.教师间的合作与竞争是其乐无穷的

李姚老师说："我会积极参与教研活动，教研活动是非常重要的。我印象深刻的是在实习期间参与了当时所在小学的一次教研活动，二年级的十几位语文老师针对《寒号鸟》这一篇课文进行了激烈的讨论，尤其是在指导学生朗读这一环节老师们各抒己见，最后得出了结论。在赛课中，不同的老师在不同方面给我提出建议，这不仅能够使我对这一堂课的教学有深入的理解，当我在面对其他类似的内容时也具有指导意义。"

教师的那种"一朝学习终身受用"的观点已不复存在，教师也必须不断学习，不断更新自己的知识结构，才能更好地指导学生。在学习型社会中，作为学习者的教师必须学会与他人合作，具有合作意识则成为包括教师在内的每一个学习型社会成员的必备素质。教师的成长就在教研活动中，与老师们一起打磨赛课的内容也有助于发现适合更多学生的教学方法。

李姚老师说："学校组织的活动非常多，如赛课、演讲比赛、书法比赛、知识竞赛、征文比赛等，语文老师的活动非常多，我自己也会经常参加。这个学期我主要是指导学生参加演讲比赛，在指导的过程中对于因材施教这一点有了更加深入的体会。有的学生属于天赋型选手，只要稍加指导就可以表现得非常出色，而有些学生即使经过多次重复指导依然没有太大的提升。"

教师是学生学习中的精心组织者、全面发动者、参与观察者、引导合作者、评价赏识者、成功分享者、点拨梳理者、贴心服务者。学生各有特点，参加竞赛和教研活动的最终目的就是为教学服务，在教研活动和竞赛中老师会得到更大的进步。

3. 因材施教不再是纸上谈兵

李姚老师说："在入职后的这一年里我觉得感触最深的就是因材施教，因材施教可以解决大部分的问题。我们认真观察班上的孩子，发现他们的特质后，就可以找到对应的一些解决措施。"

因材施教是教学中一项重要的教学方法和教学原则，在教学中根据不同学生的认知水平、学习能力以及自身素质，教师可选择适合每个学生特点的学习方法有针对性地教学，发挥学生的长处，弥补学生的不足，激发学生学习的兴趣，树立学生学习的信心，从而促进学生全面发展。李姚老师在工作中认识到因材施教所代表的实践意义，从而发现了每个孩子的闪光点和不同的解决办法。

她说："工作的这一段时间，整体来看我觉得是比较满意的。但是得分没有大学时期得分高，我会给自己打 6.5 分。我觉得自己做得好的地方是，教育的初心一直在，对于教育的信念不曾改变，对于学生和教育事业一直是热爱的状态。我觉得做得不够好的地方是，作为一名新教师，我初入职场时遭遇了很多挫折，有时候处理问题的方式不够得当，语言表述上也出现过错误，在与学生交流的过程中有时候没有注意自己的表达方式；在教学方面，开始时认为学生只需要接受基础的内容就可以，并未进行延伸教学，后来才发现必须进行补充阅读。"

教师肩负着教书育人的重任，唯有牢固树立终身学习的理念，才不会落后于时代。一位优秀的教师应该同时具备双重身份：既是教师，又是学生。教师的学习不是一般的学习，而是基于一个教育者的学习，教师最终的追求是"育人"，为"育人"而学习是教师的天职。对于工作，李姚老师有自己的目标和所得，不变的教育初心是她一直微笑在岗位上的秘诀，实践与阅读的互补也不断鞭策着她进步。

（三）一路都是风景

李姚老师说："如果把工作的这一年进行阶段划分，我觉得可以划分为两个阶段，分别对应上学期和下学期。上学期最开始入职时没有太大的变化，在第二次参与培训活动，即赛课时，我意识到自己应该进一步提升教学能力，应该不断学习。这个学期我参加了一个演讲比赛，主题是'我眼中最喜欢的教育的样子'，在活动中我发现自己遇到的一些问题，其他老师同样也遇到了。因而自己的心态发生了改变，问题是普遍存在的，当问题发生时认真解决问题就可以。"

同人生一样，职业生涯中每个阶段也有不同韵味，教师要调整好心态，掌握好节奏，不可操之过急，要用心欣赏沿途不同的风景；要合理规划职业生涯，设立成长目标，并根据实际情况及时调整。随着对工作熟悉程度的加深，李姚老师的心态也逐渐放平，认识到一些问题其实是普遍存在的，所以也没有焦虑的必要，认真解决就好。

李姚老师的职业规划目前是这样的：第一年要求自己能够适应这个工作岗位，能够站稳讲台（第一年的目标基本达成）。第二至四年担任班主任或者接手教科以及德育方面的工作内容，同时不断提升自己的教学能力，对教材内容形成自己的框架体系。第五年考虑评职称的有关事项，学习其他老师的一些成长方法。

教师在正式任教之前就应该树立正确的价值观念，爱学生，可以包容学生的一切，可以为学生奉献自己的一切；能因材施教，经常给他们讲道理，分析问题的原因，教他们用道德来衡量事情的对错，教给他们判断是非的能力，培养独立自主的能力；采用新的教学方式，与学生做朋友；在生活上密切关注，拉近师生关系，促进在教学课堂上实现师生互动，使学生更好地掌握技能和理论知识；形成和谐的师生关系；形成"向学生学习，师生共同进步"的德育互动的模式。

可见，李姚老师的职业规划还是很全面、系统的，也符合教师专业发展的实际，相信她在未来的教学中会越来越得心应手。

十六、简欢老师：坚定的教育信仰者

在"您好！""你好！"的一声声询问、一句句回答的奇妙旅程中，简欢老师的形象跃然眼前。简欢老师担任着六年级的英语教学工作，她最大的爱好是阅读，也时常去看外面的世界，进而不断丰富自己。她以张桂梅和黄文秀为自己的榜样，始终坚持着身体和灵魂总要有一个在路上。但最为令人动容、印象最深刻的是简欢老师话语中不由自主散发出的对学生的喜爱和对教育事业的投入，教育情怀本是看不见、摸不着的精神内核，却能在简欢老师点点滴滴的教学工作中实实在在地感受到。

（一）我可爱的孩子们

1. 梦开始的地方

"你为什么要填报这个志愿呢？""你好不容易读出来，以后又要回到农村去。""农村条件那么艰苦，去大城市不好吗？"……面对种种质疑与反对的声音，简欢老师仍义无反顾地选择了成为一名师范生，原因无他，"我觉得他们更需要我"。

简欢老师说："姐姐是高中老师，叔叔也是教师，现在80多岁，当时是上山下乡回来当老师的。我从小跟着他，受他的影响很大。此外，留在大城市工作当然很好，但是我还是想回来，因为看着这些农村小孩子很不容易，有很多留守儿童，我觉得他们更需要我，所以我就填报了这个专业。"

简欢老师不仅响应了国家对青年人的号召——让青春之花绽放在祖国最需要的地方，也得以让姐姐与叔叔两位老师的教育完成闭环——长大后成了教师。简欢老师接过了振兴乡村教育事业的信仰火炬，投身于给予乡村孩子们更多温暖与可能的伟大事业。

2.我的一句话，孩子的一生

简欢老师说："我现在教六年级，学生中间有早恋的现象，我就会进行合理的引导。学生也会有反馈，'简老师，真的很感谢您，要不是您说那么多话，我还会觉得那个男生特别好，现在就觉得他好一般，我觉得我还是要去一个更好的学校，遇到一个更好的人'，听到这样的话，我会觉得原来无意间的一句话会对孩子造成那么大的影响啊！"

小学阶段的孩子质朴、纯真、可爱，又调皮捣蛋。他们对这个世界充满了好奇与向往，还没有明辨是非对错的能力，却有了反抗父母的精神。而老师则是神一般的存在，孩子们对老师充满了敬佩与爱戴，教师适当的批评可以让他们回到正轨，真诚的赞扬会让他们不断向阳光处生长，这是教师职业获得感、幸福感的重要来源。

（二）学习的步伐从未停止

随着时代的发展，社会与家长对教师职业的期望越来越高，原本社会大众脑海中所设定的只要拿本书在讲台上念就是老师的判断标准不符合时代发展方向。一名想给予学生一碗水的教师仅有一桶水、一缸水都是远远不够的，这些都是死水，终有用尽的一天，因此需要不停地学习，成为一条潺潺流动的小溪、一条奔腾不息的大河。

1.成为一名老师没有那么简单

或许大多数人都认为成为一名老师是很简单的一件事，但只有身处其中时，人们才会发现这一工作学问有多大。"上了大学就轻松了。"这是万千学子都听过的一句话，那么这是真的吗？显然不是，简欢老师向人们分享了她作为一名优秀的乡村孩子在进入大学后感到的渺小与马不停蹄的忙碌。例如，普通话至少二乙、语文老师二甲对从小接受"乡音"教学的简欢老师而言，是一个不小的挑战。平舌音、翘舌音的区分，前、后鼻音如何发音，以及 n、l 究竟有哪些不同，这些曾经让简欢头痛不已。同时，这不仅让当时身为学生的简欢迅速意识到成为一名合格人民教师的不易与艰辛，而且使得她立下了"坚持刻苦学习、为乡村孩子带去更优质教育"的信念。简欢老师像一块大大的海绵，尽情吸收着一切关于如何成为一名合格的、优秀的老师的知识。现在，简欢老师的普通话相当标准，语调亦是自然大方，计算机、钢琴、"三字一话"等基本技能也已掌握。

简欢老师说："在上大学前，大学好轻松、课程少之类的话语屡有耳闻；但实际上我们的课程非常多，我迅速意识到了自己的不足，特别是在学习普通话和计算机时，还要面对考级的压力。因为来自农村地区，普通话不可避免带有一些方言，计算机也没有怎么接触过。于是我意识到了当代教师与我们理解的教师是存在差距的。以前农村的教师很少用普通话上课，也没有用过计算机，大一还学了钢琴，意识到现在对教师的要求越来越高。以前觉得自己还不错，但在接触到这些以后，感觉自己是一个非常非常渺小的人。我的知识很匮乏，需要迅速从这些专业课中吸取知识来丰富自己，这样我才能做好一名老师。在大一结束后，我更渴望大二的学习、未来的学习，并没有以后要回村、这个专业怎么怎么样的思虑。让自己成为一名更好的教师，进入农村学校之后，我才能把自己学的专业知识和音体美方面的知识传授给自己的学生。"

2.传道、授业、解惑的尽头是终身学习

赵括熟读兵书，但缺乏实战经验，只知道纸上谈兵，使赵国损失惨重。"纸上谈兵"的故事在历史长河中不断警示着后代。然而，事实上，许多人仍不可避免地面临着如何将理论运用于实践这一大难题。英语专业出身的简欢老师在初入职场时，乡镇教师资源匮乏，学校现代教学设备不完善，学生大多是留守儿童……这一个个现实问题像汹涌的海浪一下又一下击打着简欢老师这个第一次出海打鱼的人，三年知识怎么才能迅速且有效地传授给马上要升学的孩子们，在无法利用有趣图画、游戏、视频的情况下如何激发学生的学习兴趣，费尽心思在班群里强调的开学事宜在家里老人不会使用手机、看不清或不识字

面前显得不堪一击。最最重要的是，曾经以为是少数的特殊儿童切切实实地在自己班上，怎样才能让他们感受到被爱与温暖，怎样才能帮助他们卸下限制未来发展的枷锁。大学接受的"特殊儿童教育"在复杂严峻的现实面前实在难以轻松地完成闭环，简欢老师只能在一次又一次的亲切关爱与家访中摸索前进。

她说："我们英语专业会学很多很多东西，但是你会发现这些东西到了实际教学中并没有特别大的作用。大学所学的诸多专业课程都在教我们如何成为一名好的班主任，当时善于沟通交流，以为自己能够成为一名很好的班主任，然而并未意识到班主任工作的复杂性。令我印象比较深刻的是，开学之初便在班群里面强调了诸多事宜，本以为已经想得很周到了，直到早上五点有学生家长给我打电话，我才知道现实比想象残酷；由于是偏远乡村小学，学生父母多在外打工，学生多是老人在带，而老人不会使用手机，不在班群，许多消息都要花上很长的时间打电话一一通知。大学期间我还学过一门'特殊儿童教育'，当时不以为然，认为普通学校里面没有特殊儿童，直到自己成为一名班主任，才意识到开展特殊儿童教育有多么困难，需要进行数次家访，跟家长进行数次沟通，取得的成效也只是一丁点。"

简欢老师深刻地明白，尽管身份已由"学生"转为"老师"，依然需要不断地学习，汲取更多关于如何上好每一堂课，如何成为一名优秀班主任，如何培养有理想、有本领、有担当的学生等相关理论与实践运用的知识。

（三）我不要只尽绵薄之力，我要竭尽全力

1. 教育的意义

辍学，早早外出打工，这是农村普遍存在的生存模式，因为普遍，所以习以为常。农村的孩子们一开始就被他们的命运规定了走向，写好了他们一生的结局，刻印出了一个又一个相似的模子。

简欢老师说："我有一个学生，家里姊妹九个，我没想到现在这个时代，一个家庭怎么会有这么多孩子。让我印象最深刻的是我六年级的一位女同学，成绩虽然不太好，但她特别有运动天赋。当时她上课不太认真，我也不是很了解情况，就会管她，我是每个同学都会管，不管她什么样，不想把她落下。那天她班主任找到我，跟我说如果管不动就不要管，我说为什么。他说她的父母

告诉她初中毕业就去打工。我当时听到这句话整个人都崩溃了，她才多大啊，她才十一二岁！她的家长就给她安排好了一辈子的人生。我觉得很悲哀，我就想如果我是那个女生，我会觉得也太悲哀了吧，我这一辈子一眼就可以望到头了。"

面对难以改变的现实，一些人不可避免地会生出"放下助人情结，尊重他人命运"的念头，就像人们对鲁迅"黑屋子"命题的争论，不愿面对现实、深感无力改变的人总会说，不要叫醒还在沉睡的人，这只会让他们痛苦。但简欢老师明白，这样的放弃与退缩只会让越来越多的孩子困在"黑屋子"创造的假梦境中，她要大声说"不"，她要她的孩子们摆脱这样的命运。教育是她、是他们对抗命运的利刃。划破黑幕，看见更多的可能，给予更多的可能，这才是教育的意义。

她说："现在我们回来了，一群'90后'教师回来了，我们会带给孩子们什么？我每天给他们讲得最多的事情就是，如果你不想学习了，你就去看一下你们的家长，看一下他们过的生活，你想不想要那样的生活，你想不想要你以后的孩子也跟你们一样过现在的生活。我每天给他们讲，希望他们不要那么愚昧，要有去外面看看世界的想法。我会说大学的生活多么多么美好，你们一定要考上大学，去外面看一下。然后你就会发现，他们会给你写信说，他们一定要考上大学，去外面看一下，不想过现在的生活，也不想以后像爸爸妈妈一样在家里干农活、生那么多孩子，我觉得这就是教育的意义！"

2.择一事，终一生

简欢老师说："我的同学不想进村小，但我还是很想进村小的，因为村小有很多很多孩子，就只有几个老教师在带。我就想如果我能进村小，应该能够带给他们一些不一样的东西。"

"择一事，终一生"，从最初坚定的专业选择到最后一直从事教师职业的坚定信仰，简欢老师从未有过动摇。即使是大部分人竭尽全力远离的村小，简欢老师也渴望进入，她希望给那里的孩子们带去不一样的东西。

简欢老师说："张桂梅和黄文秀都是我非常好的榜样，张桂梅校长'用教育来阻隔贫困代际传递'真的特别令我感动，我就是要做这样一个人，希望用尽全身力量让教育来真正阻断贫困的代际传递。我不想尽自己的绵薄力量，我想尽我的全部力量让他们真正地看世界。特别是女孩子，我希望她们成为特别自由、有眼光、大胆的女性。"

简欢老师将"尽吾之所能用教育来阻断贫困的代际传递"作为座右铭，竭尽全力帮助孩子们，她的教育情怀不只是情怀，更落实在每一次教学中、每一个行动里。

十七、张庆老师：把信送给加西亚的教育使者

张庆老师兴趣爱好很广泛，演讲、做手工、画画、书法、计算机都是兴趣所在，它们是张庆老师发光发热的法宝，亦是张庆老师自我疗愈的魔法棒，但支撑张庆老师一直走在教育道路上的是心中的坚定信念。安德鲁·罗文，一位年轻中尉，他以绝对的忠诚、责任感和创造奇迹的主动性走过危机四伏的丛林，将决定战争胜负的信交给了加西亚将军。知识、思维、能力是张庆老师要送出去的"信"，学生便是收信的"加西亚将军"，张庆老师正是怀着一定要把"信"送给"加西亚"的坚定信念与深厚的教育情怀，一步步克服着教育路上的千难万险。

（一）向上力的牵引

1. 我想成为那束光

还记得你的小学老师吗？也许是在一个阳光明媚的午后，科学老师发给你们一个放大镜，鼓励着你们去点燃手中的那团纸，借助阳光，可能最后你们没能全部成功，但那时认真严肃的你们，就像一个个小科学家，心中萌发着科学的种子。张庆老师心中也有一幅永恒的画面，那是她教师梦萌芽的时刻。她说："小学六年级时，我们班的语文老师给我们示范朗读一篇课文，在她读的时候，一束阳光突然照在了老师的身上，我就觉得教师是一份自带光芒并且散发光芒的职业。"

2. 热爱成就我

张庆老师说："我本来是一个很谨慎淡然的人，但是有一次，领导发现我的演讲还行之后，就不断推荐我。我从学校、片区、县上到重庆市的平台参

加演讲，也让更多的人知道了我，也让我在平时的教育教学生活中有了更多的机会。"

热爱是最好的老师，亦是人生道路上最得力的助手。原来的张庆老师也是一位不善言辞、以为自己有语言障碍、有着自己小小烦恼的学生，但张庆老师在教师仪态与表达课上遇见了启迪自己爱上表达、爱上演讲的余老师，像母亲一样严厉要求却又恳切建议的余老师为张庆老师后来在就职学校的发光发热奠定了坚实的基础。

张庆老师说："当我在工作过程中遇到压力或解决不了的事情之后，我就默默自己做做手工、写写书法、画点小画，让自己静下来，达到自我疗愈的效果，这是一个非常释放压力的过程。"

张庆老师在热爱中发现自我、治愈自我、提升自我。张庆老师在大学遇见的一位位老师培养了闪闪发光的她，她又将自己所学倾力教给学生，这是一粒粒教育石子丢到清澈湖水中泛起的一圈圈涟漪，不断扩大、再扩大，更是一代代教育使者们不断接过教育火炬照亮孩子们的前路，给予温暖与指引。

她说："在工作室遇到困难，杨老师就会马上教我们运用计算机解决这些事情，现在我所在的这个学校，老龄化偏严重一点，对计算机技能掌握得不是很健全，我就成了一个万能的计算机手，可以帮他们做硬件和软件方面的各种维修，这让我的特长得到了展示。虽然这些能力不是很强，但我能做的事情很多，这在乡村小学是非常吃香的，我虽然不精，但是我会，这也是一个很好的优势。"

"一定要爱着点什么，恰似草木对光阴的钟情。"在广泛的热爱中，张庆老师认识了更宽广的世界，这不仅让她被看见、被重用，更让她拥抱了更完整、更真实、更美好的自己，因为有这些热爱而不再孤单害怕。

她说："因为我们都会进入农村地区，一旦自己没有激情、没有热情、没有自己所喜爱的事情，你在那里像一只青蛙一样等着温水来慢慢煮的话，是非常可怕的。所以一定要有自己所热爱的事情，让你去农村时可以更好地调节自己的身心，得到很好的发展。"

3. 感谢不放弃的自己

罗文中尉面临着恶劣的丛林环境、敌人时刻的追杀，张庆老师也面临着乡村优质教育资源稀缺、向上发展的空间有限等问题。假设中间有一块石头阻碍了前行，你会怎么做呢？当然是一脚踢开或将石头捣碎铺成脚下的路，张庆老师选择了更有智慧的后者。

她说："第二年的时候我就觉醒了，当其他老师在忙其他事情的时候，我就在那里做相应的笔记，回去后写相应的反思，形成电子档、自己的公众号，自己存留，有时候也会发给领导看，因为在乡村工作是需要被看见的，我的能力被看见以后，我自己的能力和机会也会更多一些，我的实际能力就会提高。

"后来我在'为中国而教'的项目群里发起了一个线上教研的活动，把一些有教研意向但缺乏教研氛围的朋友聚集起来，在线上开展教研营，每一周会有练字、阅读、朗读、做题的打卡，每个月会有一个教研，请一些优秀的老师来一起做教研活动。在这个过程当中，我觉得自己的教研技能得到了很大的提升，在第一期教研营时只有十来个人，到现在已经有四十来人了，聚集到了很多很多有力量的老师，我们共同成长！"

张庆老师始终不忘初心，追着小学老师的那束光，以心中想要成为一名优秀教师、全国名师的向上力牵引着自己不断学习、不断进步，尽一切努力给予孩子们更好的教育。

（二）关爱学生

1.爱是真正解药

"我感到了教育的可爱和孩子们的可爱，让我更爱这份职业。"爱是打开"加西亚"心门的钥匙，张庆老师在给予学生关爱的同时，也感受到了爱，彼此都在爱中不断成长。在日常课堂教学中，有一位小李同学由于父母感情破裂并且忙于生计，对他的关心非常少。没有感受到爱的小李同学将心中的怨气转化为了对同学的不友善、对老师的顶撞，企图以这样张扬、冷漠的方式保护幼小的自己。教师们当然明白这是不对、不合适的，但孩子们是懵懂的，对于这样的孩子，张庆老师没有选择一味地、简单地批评与暴力制止，而是主动了解小李同学的情况，并精挑细选了一本绘本——《喷火龙来了》从侧面引导这个孩子敞开心扉，从心底改变他的想法，最后外化为良好的性格与学习习惯。

她说："我做了示范后，同学们都积极响应，小李同学也慢慢举起了他的手。小李忸忸怩怩地站起来，双手握在一起，不断地抠着大拇指的指甲盖，过了几秒，长叹一口气说：'我的缺点是目中无人、爱发脾气，不懂尊重老师。上次没有控制脾气，当着很多同学的面顶撞您，还狠狠地走开了。我以为您会向我的爸爸告状，让他来揍我，您才能解恨呢。您本来是为我好，让我多学点知识，我不领情，但是您并没有因此放弃我，还依然关心和帮助我的学习。'说完，小李不好意思地低下了头。但我深知，迈出这一步有多么艰难，但小李突破了自我。从此以后，小李就像变了个人，乐于帮助同学，在课间操中认真训练，学习上也取得了很大进步。"

在乡村学校中，留守儿童群体占了很大比例，缺少关爱与正确引导的他们常常会有一些不尊重老师的举动。但老师应该理解、关心、爱护他们。爱护他们，因为有爱才能建立信任，有信任学生才能快速成长。就如张庆老师所说："只有我们每个教师懂得关爱学生，学生才会认可老师，我们的教育才是真正的教育！"

2.性教育势在必行

即使是大人也常常对性教育难以启齿，这让许多孩子陷入了缺失性教育的恶性循环之中。幸运的是，越来越多的人清楚地认识到这一点并决定行动起来，张庆老师也是其中一员，她有力地发挥着小学老师启蒙性教育的作用。

她说："有一次小谢同学告诉我，他看到小杨同学与小王同学有互相触碰隐私部位的行为。在小孩看来只是好玩，并没有意识到事情的严重性。出现该类事情之后，我通过在我们班改编绘本《你愿意做我的朋友吗》和《你真好》教育孩子们要有性的观念，正确看待日常交友。无论是谁触碰到自己的身体，都要经过自己的允许。如果自己不愿意，一定要及时拒绝和制止，无论他是家人、朋友还是师长，都要勇敢地对不喜欢的触碰说'不'。"

（三）奔赴热爱

1.一个灵魂唤醒另一个灵魂

回溯到刚进入大学时，在张庆老师眼里，教师和其他职业没有什么不同，都只是一份人们赚钱的工作而已。但当她进入了杨元超老师的工作室，感受到杨老师对每一位学生的关心与爱护，毫无保留地指导与教学，张庆老师明白教师应成为自己为之奋斗一生的事业，"虽九死其犹未悔"。

杨老师在日常的教学工作中特别认真负责，对自己周围的学生都非常好。从和杨老师的相处中受到他的影响，张庆老师就想把教师这个职业变成一生的事业。

2. 教育 ≠ 教书

教师不能只做传授书本知识的教书匠，而要成为塑造学生品格、品行、品位的"大先生"，更好担起学生健康成长指导者和引路人的责任。张庆老师努力向有情有义的"大先生"靠拢，她希望自己的学生成为有思想、有感情、有才能、有担当的人。

教育不等于教书，因为教育是一个既教书也育人的过程，不仅仅是对学生学业水平的提高，更重要的是对他们思想道德、理想信念、个人价值的培养。

3. 融进我的生命

从师范生一路走到新任教师的岗位上，张庆老师专注于提升自己的教学技能与授课水平，初任的忐忑、学生身份与心态尚未完全转变使得张庆老师忘了去亲近孩子们。"老师给予学生的关注太少了，老师的眼中没有学生"，挑灯夜战、精心准备的试讲被指出了最大的问题，张庆老师的心情一下子跌入了谷底，曾经优秀的过往成了一戳即破的漂亮泡泡。无力、焦虑、不自信等一个个负面情绪笼罩了张老师。

静下心来，目光又落到那本熟悉的书上。面对敌人的武力胁迫，主人公罗文斩钉截铁地说："我必须成功，我必须找到加西亚，把信送给他。"即使遭遇了无数的艰难险阻，他也从不言苦；即使陷入了绝望的境地，他也从不曾放弃。张庆老师想："我，一名有理想、有抱负、有信仰的青年党员教师又有什么理由知难而退？"

"天将降大任于斯人也，必先苦其心志，劳其筋骨，饿其体肤……"面对眼前的难关，张庆老师选择迎难而上、勇往直前，最终迎来了柳暗花明。在攻克难关的过程中，张庆老师真正和自己的学生融合在了一起，就像一家人，一起开怀大笑，一起感动落泪，一起拼搏成长。

张庆老师说："于是，我试着走进学生中间。课上，我俯下身来听他们所说；课下，我积极参与课间活动，想他们所想。无论教学工作多么繁重，每周五下午最后一节课，我总会和孩子们享受特别时光。我们做一人一故事活动，开展心智素养活动，涉猎性教育……我们会为素质拓展活动的成功而开怀大笑，也会为某个同学的分享而感动落泪，我们在教室倾心交谈，在田径场上尽情奔跑。慢慢地，越来越多的孩子喜欢围在我的身边。那一刻我所钟爱的教育、我所热爱的学生，是那样生动地融入了我的生命，一刻也不能分离。"

"为了他们，我愿意迎难而上，我愿意披荆斩棘，我愿意终其一生把信送给加西亚。"张庆老师铿锵有力地在心中立下誓言。

十八、何旺老师：教育的种花人

何旺老师是一位喜欢演讲、朗诵、写作的语文老师。她看似娇小的身体里住着不羁的灵魂，永远一往无前地迎接着生活的各种挑战。从在校学习期间到工作以后，何旺老师始终将思想的打磨放在第一位，有宽阔的眼界、自己的思想是何旺老师的追求所在。何旺老师不仅是思想的巨人，也是行动的巨人，她认定了教师职业，便展开了一系列的行动提升自己。她对自己严要求，却对孩子们充满了耐心，允许孩子们慢慢来、健康成长，就像一位种花人，每天不辞辛劳地给祖国的花朵松土、施肥、浇水，消灭害虫，但并不催促他们早早开花，因为何旺老师知道，他们都是独一无二的花，有着自己的花期。

（一）思维在发芽

1.教育情怀逐渐萌发

无心插柳柳成荫，何旺老师也曾在填报志愿时迷茫徘徊，无意进入了师范生行列，却在这里找到了自己的价值所在。江净帆院长夸赞她是适合讲台的好苗子，让何旺老师进一步对教师职业充满了信心与向往。何旺老师说："江院长的夸赞对我起了蛮大的作用，我就想我还挺适合这个专业，于是就想还是把相关的知识、技能都充分学到，以后做一名优秀的教师。"

2. 辗转不同场地，提升思想境界

何旺老师在大学有着非常充实、有意义的满分生活，这大大拓展了她看待事物与社会的角度，自己也有着更加清晰的认识与定位，思想境界得到不断提升。何旺老师在马拉松的赛道上体悟参赛者们昂扬向上、永不放弃的精神，在培训机构和不同的小朋友打交道提升自己的教学技能，在各种各样的比赛中感受不同系统里人们的梦想与信念，在大四的实习学校里努力适应着社会的运行方式，在被教委借调期间训练自己的大局思维、全局思维……从校内到校外，从大学到乡村小学，从教书一线到教委基地，何旺老师不断走出舒适圈，去尝试更多的可能，积累人生经验，提高思维水平，这些宝贵的点滴也组成了更加自信、包容、坚定的何旺老师。

她说："我喜欢感受那种比赛的氛围，如有一些中外的参赛者，他们不同的状态，传递出来的一种精神、一种文化，我其实能够比较深层次地看待这些问题，并不仅仅将自己当作一名志愿者……其实所谓的资历，就是你不断地积累，经验加上自己的思维总结得到的东西，所以提早接触这些东西，我个人觉得是很不错的……尽管我不是最后的赢家，但可以看到不同的系统，他们都做了一些什么事，他们的梦想、信念，会感受他们不同的人生……你到一所学校，学校的老师不会把你当作一个学生，而会把你当作一个社会人，会让你不断向社会看齐，从而对社会的认知更加清晰……我们会思考如何让每个学校都能参与进来、对他们有益处，这样一个全局思维、大局思维。"

3. 职后思维的转变

在正式进入教师岗位工作的第一年，何旺老师深感自己仍是学生的思维，只想和学生建立良好的师生关系，将完成学校布置的任务视为完成作业，对自己的定位是模糊的，没有思考自己真正想要的是什么，只是随波逐流以求不出错。在逐渐适应以后，何旺老师才真正意识到，教师不仅要有亲和力，也要严厉，并且两者都需要一个合适的度，在完成教学任务时应该积极地将其视为可以提升自己的东西，而不仅仅麻木地完成。

（二）静待孩子花期

班级里的孩子们都各有长处，也有着自己的短处，如做不来数学、弄不懂英语、背不了课文等。何旺老师班里就有这样一位背不了课文的"小花骨朵儿"。那是一个脸蛋圆嘟嘟、惹人怜爱的刚上二年级的小女孩儿，是班上年龄最小的孩子。她遇到的困难是一篇名为《黄山奇石》的课文背诵。没有完成家庭的背诵作业，即使是照着书本朗读也磕磕绊绊，无奈、纠结、无助等情绪一时不由得涌上何旺老师的心头。她只好在心里一遍又一遍地告诉自己要耐心，学生是有能力读好这篇课文的。就这样，何旺老师给"小花骨朵儿"做着一个个句子的疏通，声情并茂地示范着每一个句子。慢慢地，女孩儿读得越发顺畅、带有感情，甚至还能背下来了，这对原本计划让她读一遍就允许她回家的何旺老师来说实在是意外之喜。

她说："我看着她眼里有光、有神的样子，越发来了精神。我一边给她分析画面，一边构建框架逐步引导……没错，她也模仿着我的表情、模仿着我的抑扬顿挫、模仿着我的动作完完整整地、流利地背诵下来了！第一自然段、第二自然段……第五自然段，全篇，她都会背了。"

何旺老师的不轻易放弃使得学生充满了信心与自我认同感，最终收获了可以代替太阳的明亮笑颜。瞧，"不再胆怯的小白菊，慢慢地抬起它们的头，试试寒，试试暖，然后一瓣瓣地绽透"。

她说："我爱她，是她毫不嫌弃地让我参与并见证她的成长，是她让我这样一位口口声声吵着已经职业倦怠的教师，从心底里喜欢教师这个行业，从心底里体会到了做一名教师的幸福感。"

何旺老师身体力行地践行着自己的教育理念——"每一个孩子都是一朵花，只不过花期不同，绽放时间也不同"，她悉心照顾他们，并耐心地等待着独属每一个孩子的盛放。

是的，每一个孩子都是一朵花，只不过，有的孩子在春天里开花，有的孩子在夏天里开花，但是只要教师能够用耐心，给他们足够的雨露和阳光，总能开出鲜艳的花朵！

（三）千磨万击还坚劲

1.不只是工作，更是事业

教师职业幸福感、获得感不仅在于每月的工资，更来源于教育是份伟大的事业，孩子们的成长、进步会给教师带来巨大的愉悦感。就如同一位种花人在每天辛劳的浇水施肥后，最后收获的是一朵朵绚丽夺目的鲜花。

何旺老师说："无论是教学还是行政，它们的核心都是教育，我觉得不能仅仅把教师当作一份工作，还要把它当作一份事业去做。只有这样才会有一种成就感，才会把教师的各种琐碎、繁杂的事情转变为一种幸福感、快乐感。

2.向学习进发

何旺老师义无反顾地决定一直学习下去，只是为了自己不悔和不负孩子们。乡村教育资源十分匮乏，更遑论可以培养优秀教师的资源，何旺老师主要是靠自己摸索、学习。她以课标和教参为指引进行目标教学，抓住闲暇细碎的时间观摩学习线上的优质课程，认真准备每一堂课，仔细聆听各位同事对教学课堂的点评分析……何旺老师像一块大海绵，尽可能地吸收一切对自己有益的东西，在学习路上高歌猛进地前进着！

3.我们可以去改变

在何旺老师心里，教育是非常伟大的事业，它会对学生的一生产生不可磨灭的影响。在偏远落后的乡村教育环境里如何因地制宜地充分利用乡村资源做好教育，在缺乏教育引路人指引的情况下如何把握教学进度以及提升自己的教育水平，如何正确地给予孩子们有效的学业指导和温暖的心灵关怀，是何旺老师难以翻过的三座大山，但何旺老师决定迎难而上，做早期"吃螃蟹"的那群人之一。

她说："现在乡村教师的工作条件是比较艰苦的。但如果说你想从这个逆境中去找到你的幸福感、存在感、价值感，那么就要找准自己的定位，要有理想、有信念，我们应该有自己的思想。我有时会给我的小伙伴说，其实教育的现状是这样，但我们要有信念，只要我们用心，我们年轻一代也可以改变现状，让它有所改善，让整个学校甚至教育系统发展得比较好一点。"

教育改革是一个大命题，路上的风风雨雨不会少，但"千磨万击还坚劲，任尔东西南北风"，何旺老师依然决定迎着风雨助力祖国的花朵们健康、全面地成长。

第五节　新时代教育情怀的发展路径

一、加强社会政策引导，深埋教育情怀之根

社会价值取向影响教育理想。师范生的教育情怀既受个人因素的影响，也与社会的氛围息息相关。提供更好的社会保障，不断满足人民对师范教育的新要求、新期待，让教师专注于课堂教学和专业成长，提高教师幸福感，做到为教师减负，能增强师范生的理想信念。通过网络报道、社交媒体宣扬优秀教师事迹，提高教师的社会地位，宣传积极正面的价值取向，进一步凸显教师在教育高质量发展和强国建设中的重要作用，营造尊师重教的社会氛围，能激发师范生的职业认同感，坚定职业自信，提高他们的从教主动性。管理部门应通过多方面的价值引导，以多种方式展现教师真实生活中的正能量，激发师范生对教师职业的热爱和美好向往，淡化经济利益至上的错误观念，帮助师范生了解教师的职业现状与未来的发展方向，全面、客观地了解教师的心路历程，进而尊重自己内心的选择，愿意通过劳动推动教育教学高质量发展。

二、涵养教师仁爱之心，厚植教育情怀之土

爱是教育的灵魂，没有爱就没有教育。有"仁爱之心"的好老师具体表现为付出、关爱、理解、宽容和尊重，这五个方面紧密相连，共同构筑了仁爱之心的内部机制。

人们将教师比作蜡烛、辛勤的园丁等，这是因为教师为教育事业无私地付出了心血。教师的付出首先体现在学校和学生需要时挺身而出、勇挑重担。换言之，教师愿意帮助学生解决问题，愿意做"问题学生"的朋友，并通过自己的努力转化他们，用高尚师德影响他们。所以，教育学生最好的手段不是说

教，而是以身作则。教师无私的付出，学生会看在眼里、记在心里、体现在行动中。其次是在教书育人的过程中勇于付出。教师的职业是教书育人，因此要从教书育人的过程和结果看待教师的付出程度。也就是说，教学过程中教师对学生的关爱是否充足、是否有技巧，学生最终的发展状态和水平如何，都体现了教师付出的程度。

在教学场域中，教师是关爱者，要有关心他人的胸怀，用心关爱每个学生，让学生体会到来自社会的善意，让他们在关爱中学会关怀自己和他人，促进和睦友爱的师生关系的形成。教师对学生的关爱，并非关爱少数学生，而是关爱每一个学生，尤其要关心、呵护、帮扶那些家庭贫困、学业落后或身患疾病的学生。教师对学生的关心，与其自身的道德品格和教学智慧一脉相连，是对每个学生的基本意识、能力、情绪、情感以及整体性格的关心，是对生命质量的关怀。

理解是站在他人的角度，为他人着想。教师只有理解学生，才能针对每个学生的需求进行动态调整。在教育场域中，只有老师和学生各自有目的的活动相衔接和对应，才能真正达到教育目的。可以说，教学的成功是教与学共同协作、彼此成就的结果。教师只有理解学生的内心世界和兴趣爱好，才能更好地进行沟通。理解是对他人处世态度和行为的一种认可。教师的人生经验比较丰富，遇到挫折和困难时能够用自身的经验解决问题；学生们由于生活经验不足，遇到困难往往依靠本能解决问题。因此，教师要能够从学生的视角观察问题，用自身的智慧指导他们。理解就是一种教育对话，对话就是教师和学生双方理解的过程。

宽容是指一个人拥有宽和的道德态度和人文态度，是以理解宽谅的态度和友善和平的方式来尊敬、包容与自己的看法或公认的看法不一致的观点。对教师而言。宽容是一种良好的品质和高尚的个人修养。教师的宽容是一种无私的仁爱，也是一种海纳百川的个人度量。高校教师要善于以自己的宽容走近学生，使自己成为学生心目中可亲可近、可以推心置腹的人，从而达到教育学生的目的。教师要真诚地倾听学生的心声，真正实现心与心的沟通。当学生遇到挫折或犯了错误时，教师应以宽广的胸怀给予理解和包容，为他们指出解决问题、改正错误的途径；同时善于用宽容化解不快，用激励的话语和鼓励的眼神帮助学生建立自信，使他们从失败与困难中站起来。

尊重是教师在与学生交往中应付出的最大诚意。教育活动要去除"教师中心"，树立"以学生为主体"的现代教育理念。教师要让每个学生都能感受到他人对自己的尊重以及内心的平和，获得人际关系的积极实践，从而逐步实现自主个性和建立健全的人格。师生关系是教育场域中最基本、最重要的人际关系，双方的人格尊严和权利理应都是平等的。

三、培育教师道德情操，灌注教育情怀之水

教师的道德情操主要体现在教师的家国情怀、爱岗敬业、热爱学生、修己安人等方面。家国情怀首先是对国家的爱，主要落实在教师具体的日常工作中，反映在其工作目的上。有道德情操的好老师对国家的热爱体现在他们时刻将自身工作与服务社会联系在一起。教师的爱岗敬业具体表现为对日常教育、教学和科研等工作的热爱。他们在工作中表现出坚定的意志，对工作保持敬畏之心。譬如，他们持之以恒地辛勤工作，几十年如一日地坚守在教学一线。正是这种对一线工作的敬畏之情，使他们认真对待教学工作，在教学科研中保持钻研、开拓精神。教师对学生的爱侧重于对育人的关注，如"对学生全心全意""用心对待学生""通过言传身教引导学生"等。对学生的爱是一种"教育爱"，旨在促进学生的发展。例如，注重学生能力的培养，重视自学过程，尤其重视课后问题的思考，使学生不仅可以拓宽和加深对问题的理解，还能受到启发形成创新思维；本着以人为本的原则，秉持有教无类的信念，对学生采取少惩罚多肯定、少质问多鼓励、少批评多感动、少命令多引导的策略，使每一个学生学有所获、学有所成。老师的修己安人是其道德情操的总体表现，不仅反映了教师自身的道德情感，也反映了教师对学生、集体、国家以及教育事业的道德情感。好老师会不断修炼个人品德。师德是深厚的知识修养和高雅的文化品位的体现，反映出教师的内在涵养。教师对高尚品德的追求是对教育者自身的热爱。这种爱使教师在不断追求卓越灵魂的过程中，成为一个更好的教育者。

四、夯实教师学识基础，奠定教育情怀之本

教育高质量发展包括教师培养的高质量发展。这需要师范院校精准定位师范生培育要求，从国家政策出发，贴合培养目标，合理设置课程教学。针

对不同学段特点设置专业课，如小学教育专业课程要注意学科的综合性和全面性，增加通识课程等。师范院校还要优化课程比例，改善课程结构，针对不同年级的发展需求合理安排课程，增加教育情怀课程，结合现实探讨"培养什么样的教师、如何培养教师以及为谁培养教师"这个根本问题，坚持把教育情怀培育工作贯穿到学校教育教学全过程，用习近平新时代中国特色社会主义思想铸魂育人；加强对师范生的职业规划，探索多样化的教学方式，避免一味地灌输和强行说教，提升其从教意愿和信心；丰富师范生课余活动，举办主题演讲、情景剧比赛等，让师范生们代入情感，体悟教育情怀；重视隐性课程的作用，增加教育名家长廊、名师故事宣传栏的布设，将教育情怀融入校园生活，潜移默化地熏陶师范生；课程内容方面，增强内容的实用性，与真实的教育情境密切链接，增加真实事件模拟等训练，尝试把课堂交给"准教师"。

师范院校应完善培养体系，加强教育实践活动。在现有的活动体系中，师范院校要构建教育情怀培养体系，将其贯穿师范生整个学习生涯，按照习近平同志提出的"四有"好老师要求，将教育情怀培养目标细化，形成分阶段目标，加强师德师风建设；不断健全相关制度机制，为建设政治素质过硬、业务能力精湛、育人水平高超的高素质教师队伍提供坚强的制度保障，完善学科体系、教学体系等教育子体系，推动形成更高水平的教师培养体系；完善与对接学校的情怀培养机制，加强与实习学校的配合，深度推进共同培养机制，谨慎选择实习学校作为合作伙伴，选择教师素养高、教学理念先进的实习学校，加强带教教师的筛选，搭建教育情怀程度高的教师与师范生沟通的桥梁。师范院校要建立教育实践教学基地，按培养计划组织师范生走进一线课堂，体会真实的教学工作，在各课程、各年级段之间定期顶岗实习，完成不同的课程教学任务。师范院校要引导师范生全身心投入教育实践，多次反思、总结，与带教老师不断交流，将成果通过书面材料等形式可视化。

五、发展教师职业能力，栽培教育情怀之树

教师应树立终身学习的意识。终身学习的意识与自主发展的意识一脉相承，既有联系，又有区别。若新生代教师能树立终身学习的意识，那么对增强教师的自主发展意识亦大有裨益。教师应将学习与教学工作相结合，不断对自身的教学及知识与经验进行研究与重构，确定专业发展的目标与行动方案。专

业发展目标是教师的指路明灯，代表着教师的理想与追求，因此教师应合理、科学地对自己的专业发展进行规划并适时调整。

教育情怀的养成是一个持续的过程，在教育高质量发展背景下，教育情怀培育更应关注现实，联系具体的场景精准施力，精准定位培养目标，完善理论课程，加强教育实践，让每一个教育环节和要素协调一致，协同发力，帮助师范生习得和内化教师职业理念，进而改变教育情怀培育现状，培养出能够担当民族复兴大任的高质量教师队伍，助力教育高质量发展。

本章小结

古今中外，名师无不具有深厚的教育情怀。吕型伟老师创办工读学校，倡导大力发展职业教育和社区教育，第一个在全国提出中小学课程改革，推动中国教育的发展。他说："教育是事业，其意义在于奉献；教育是科学，其价值在于求真；教育是艺术，其生命在于创新。"顾泠沅老师二十年驻扎青浦开展教学改革。他的座右铭是"虚心强骨，道冲不盈；和而不同，为而不争；勤而习之，宠辱不惊"。于永正老师的"五重教学法"的第一重便是重情趣。他说，教育要尊重人、理解人、关心人，要把学生培养成"人"，对学生有情、对教学有情、对上课有情。马芯兰说："选择了一种职业，就是选择了一种生活。教育工作就是要靠一种执着精神，去一板一眼地做到底，来不得半点虚伪和骄傲。"吴正宪说："教师工作是我生命的重要经历，我在年复一年、日复一日地付出，我也在年复一年、日复一日地收获。"在永不满足的教与学中，张思明说："我不期盼每个学生都成为数学家，但如果通过我的教学，能使我的学生有一种在生活和学习中应用数学去思维的观念和习惯，那他们将终身受益。"魏书生说："我想，这世界上如果由于自己的存在而多了一颗真诚、善良、美好的心灵，那我便获得了生存的幸福。教师显然是最有利于培养真诚、善良、美好心灵的职业，于是我便迷上了教书。"窦桂梅说："教师成长固然有赖于好的环境，但更重要的是取决于自己的心态和作为。只要你务实肯干，积极进取，开拓创新，就会在现实生活的土壤中找到自己的生长点，并以自己的成长影响周围，从这个意义上说，谁来给教师良好的成长环境？是教师自己。"

《新时代教师赋》中说："国将兴，必贵师而重傅。重教尊师，乃今之要务，国之根本。环顾世界，科技进步，大势汹涌浩荡。看我神州，华夏既往，万象澎湃承新。……我辈唯莫负时代，为国出力，砥砺前行，方不愧师之教诲矣。"

礼者，所以正身也；师者，所以正礼也。——《荀子·修身》

附　录

一、师范生教育情怀现状调查问卷

亲爱的同学：

您好！非常感谢您能在学习之余抽出时间完成这份问卷，本问卷旨在调研师范生教育情怀现状，以更好地促进师范生教育情怀发展。问卷采用匿名形式，答案无对错之分，问卷结果仅作为科学研究所用，请您根据自身实际放心认真填写（其中，有标记的为必答题）。您的意见非常宝贵，谢谢您的支持！

1. 您的性别：［单选题］*

○男　　　　　　　　　○女

2. 您的家庭所在地：［单选题］

○农村　　　　　　　　○城市

3. 您的学历：［单选题］*

○专科及以下　　　　　○本科
○硕士　　　　　　　　○博士

4. 您的年级：［单选题］*

○ 2016 级　　○ 2017 级　　○ 2018 级　　○ 2019 级
○ 2020 级　　○ 2021 级　　○ 2022 级　　○ 2023 级

5. 您属于哪种师范生？［单选题］*

○公费师范生　　　　　○普通师范生
○优师计划　　　　　　○非师范但以后想当老师

6. 您的专业：［单选题］*

○小学教育（全科教师）

○小学教育（陶行知创新实验班）

○小学教育（卓越教师创新实验班）

○英语师范

○汉语言文学（师范）

○数学与应用数学

○戏剧教育

○教育技术学

○其他＿＿＿＿＿＿＿＿＿ *

7. 当初报考师范生的原因：［单选题］*

○教师是一个光荣的职业，我为成为老师而感到自豪

○我希望能够教书育人，为社会作出一份贡献

○自身喜欢教师职业

○社会对教师职业的认可

○听从父母的建议或安排

○提前批录取，能多一次录取机会

○教师的福利待遇好，工作稳定

○其他＿＿＿＿＿＿＿＿＿ *

8. 请您根据实际为下列情况打分：［矩阵量表题］*

	非常不符合	不太符合	一 般	比较符合	非常符合
我有明确的乡村教育理想并矢志不渝奋斗终身	○	○	○	○	○
从事教师职业能够实现我的人生价值	○	○	○	○	○
我为成为一名人民教师而感到光荣	○	○	○	○	○

续 表

	非常不符合	不太符合	一 般	比较符合	非常符合
我坚信自己能够成为一名优秀的老师	○	○	○	○	○
我会积极培养德智体美劳全面发展的社会主义建设者和接班人	○	○	○	○	○
我遇到棘手的问题时，依然能够调整情绪，保持对教育事业的热爱	○	○	○	○	○
我立志成为一名教育家型教师，为教育强国贡献自己的力量	○	○	○	○	○
我没有大的职业目标，只想在乡村稳定地做一名教师	○	○	○	○	○

9. 请您根据实际为下列情况打分：［矩阵量表题］*

	非常不符合	不太符合	一 般	比较符合	非常符合
我能够关心爱护全体学生，平等对待学生，不虐待、不侮辱、不体罚学生	○	○	○	○	○
在学生提出疑问的时候，我会尊重他，耐心地同他探讨	○	○	○	○	○
在面对学习困难的学生时，我会因心生疲惫而放任该生	○	○	○	○	○
教师可以带着自己的情绪上课	○	○	○	○	○

	非常不符合	不太符合	一　般	比较符合	非常符合
我不会更加偏爱上课积极互动的学生，在我看来每一个孩子都有自己的优点	○	○	○	○	○
我遵循教育规律和学生成长规律，因材施教，教学相长	○	○	○	○	○
我能在课堂上正确引导学生的生命观	○	○	○	○	○
我会组织实践活动来增加学生对生命的认识，让他们珍爱生命	○	○	○	○	○
我会注重培养学生的社会主义核心价值观和共同体意识	○	○	○	○	○

10. 请您根据实际为下列情况打分：[矩阵量表题] *

	非常不符合	不太符合	一　般	比较符合	非常符合
我始终贯彻党的教育方针，在教学活动中自觉维护党的权威	○	○	○	○	○
我自觉遵守法律法规，依法履行教师职责	○	○	○	○	○
我将带头践行社会主义核心价值观，弘扬真善美，传递正能量	○	○	○	○	○
我会在生活和工作中以高标准要求自己，为学生树立榜样	○	○	○	○	○

续 表

	非常不符合	不太符合	一　　般	比较符合	非常符合
在大学期间，我会时刻以教师身份规范自己的仪容仪表	○	○	○	○	○
为了更好地服务教育事业，我有责任努力提升并完善自身的素养	○	○	○	○	○
面对艰苦的乡村教学环境，我依旧能够保持良好的心态	○	○	○	○	○
我想从事教育，去回报国家与学校的培育和付出	○	○	○	○	○
对于版权属于别人的课件、资料、教案等，在紧急需要的时候，我会直接借用	○	○	○	○	○

11. 请您根据实际为下列情况打分：[矩阵量表题] *

	非常不符合	不太符合	一　　般	比较符合	非常符合
我会不断学习现代教育手段和现代教育教学理念，用前沿的教学方法进行教学	○	○	○	○	○
我有较为完备的学科知识基础和教育教学理论知识	○	○	○	○	○

	非常不符合	不太符合	一 般	比较符合	非常符合
我每周会抽出固定时间练习教师基本功（如"三字一话"、信息技术等）	○	○	○	○	○
我会关注并积极学习教育领域的重要政策文件	○	○	○	○	○
我了解项目式学习、混合式教学等模式，并能够在教学实践中运用	○	○	○	○	○
我会按照一定的管理原则，采用适当的方法进行班级管理，增加班级凝聚力，形成好的班风	○	○	○	○	○
课堂上，我能及时调动学生学习热情	○	○	○	○	○
在课堂教学中，如果学生对某个问题的观点超出了我的预设，且我当下没有正确的思路去解答，我会感到不悦	○	○	○	○	○
我会对现成的教学课件（或内容模板）不加修改与提炼就直接去上课	○	○	○	○	○

续 表

	非常不符合	不太符合	一 般	比较符合	非常符合
我会为了让学生有更好的教学体验自觉培养自己的科研能力，积极参加科研活动	○	○	○	○	○
我知道调查研究法，能够围绕教育教学中的实际问题开展研究	○	○	○	○	○
我能够在观摩完其他教师的优质课堂以后及时反思和改进自己的教学	○	○	○	○	○
我能够运用大数据技术开展学生学情调研和学业评价	○	○	○	○	○
我乐于与教研室教师形成共同体，开展协同教研	○	○	○	○	○

12. 请您根据实际为下列情况打分：[矩阵量表题]*

	非常不符合	不太符合	一 般	比较符合	非常符合
走上岗位后，我会努力提升自身学历，争取考取硕士、博士，为教育事业作更大贡献	○	○	○	○	○
我有自己的未来职业规划，对未来有清晰的目标	○	○	○	○	○

	非常不符合	不太符合	一　般	比较符合	非常符合
我能自觉借助网络课程学习，帮助我更好地提升自己的教学能力	○	○	○	○	○
如果在乡村服务期满后，有一个从工资、工作环境、师资等各方面都比所服务的学校更好的城市学校的岗位，我会选择城市学校	○	○	○	○	○
我会持续不断地加强自身学习，终身为教育事业奋斗	○	○	○	○	○

13. 您认为教师的职业获得感来自哪些方面？［多选题］*

○薪资、福利待遇、工作环境

○教师的社会地位

○对教师职业的热爱

○学生的身心成长

○学生对自己的喜爱

○教育的重要性

○其他_____*

14. 您认为影响教师教育情怀的主要因素有哪些？［多选题］*

○工资福利待遇

○社会舆论倾向

○个人价值追求

○国家政策导向

○自身人格特质

○社会民众支持

○乡村教师职业发展空间

○自身成长经历

○其他＿＿＿＿＿＿＿＿＿＿*

15. 您认为对于师范生开展情怀教育的价值是什么？［多选题］*

○培养具有正确价值观的社会主义接班人

○提高师范生家国情怀和文化自信

○根植师范生"教育家"梦想

○引导师范生扎根乡村教育

○提升师范生专业能力

○有利于教育数字化转型

○培养师范生的责任感

○开不开展无所谓

○其他＿＿＿＿＿＿＿＿＿＿*

16. 您认为学校应如何培养师范生教育情怀？［多选题］*

○开设教育情怀相关课程

○开展教育情怀专题讲座

○组织教育社会实践活动

○推荐教育情怀相关的书籍

○安排师范生去乡村学校实习

○加强教育情怀相关宣传和感召

○开展"名师面对面"活动，以榜样引领

○教师以身作则，成为学生的榜样

○其他＿＿＿＿＿＿＿＿ *

17. 您期望学校如何提升教师的教育情怀？［多选题］*

○完善绩效奖励机制和考评机制

○优化职称评定制度

○组织团建活动，提高凝聚力

○加强教师与专家的交流

○给予更多进修和培训机会

○指导教师教学水平

○支持教师专业发展

○改善教师工作环境

○关心教师身心健康

○提高教师工资待遇

○减少教师不必要的工作任务

○其他_____ *

18. 教师是人类灵魂的工程师，您作为未来的人民教师，对于师范生教育情怀培养有哪些建议和想法？［填空题］

_____

_____

_____

_____

_____

二、小学优秀乡村教师访谈提纲

1.学长/学姐，你好，我们是"二师"小教专业的学生。我们了解到学长/学姐很优秀，是我们学习的榜样。因此，想问一些问题了解一下你们的成长经历，向你们学习一下。首先，回想没有上大学的时候，请问那时候的学长/学姐对教师这个职业有什么印象呢？

2.当初为什么选择全科教师这个职业呢？

（1）自己喜欢。——是因为受到过去某位老师的启发吗？

（2）父母安排/其他。——你当时喜欢这个专业吗？你觉得这对你后面的学习、成长有怎样的影响？

3.在经历了大——年的学习之后，你觉得对教师的印象有什么变化吗？或者你对教师这个职业有了什么新的认知吗？你对这样的变化有什么样的想法或者规划吗？

//（1—3职业选择动机）

4.学长/学姐在大学期间主要获得过哪些成就或者奖项呢（比如综合奖学金、竞赛得奖、干部经历）？

——这样的过程带给你哪些收获或者体会呢？

5.你对学校开设的专业课程有什么感受吗？你觉得它的优势是什么？你

又从中学到了什么呢?

——你觉得它有什么优点或不足吗?假如要对它进行改进,你有什么建议吗?

6.除了专业学习,你有没有其他爱好呢?比如你会阅读其他方面的书吗?你为什么会选择这些呢?这对你的专业技能或者个人成长有什么帮助吗?

//(4—6专业知识学习)

7.在课堂之外,你会积极参加社会实践吗?你参加了哪些部门、工作室性质的活动呢?你有怎样的感受和体会呢?

8.大学生有很多校外活动,如"三下乡"、志愿者,你参加过相关活动吗?参加了什么活动呢?你觉得这些活动给你带来了哪些收获呢?

9.你在大学期间有过类似于兼职的社会实践吗?

(1)有。——当时为什么要去做这类实践呢?这对你有什么影响呢?

(2)没有。——好像很多大学生都参加,你不参加是什么原因呢?是因为学习太忙还是其他什么事呢?

//(7—9专业技能实践)

10.回顾整个大学阶段,假如用5个词或3句话评价你的大学生活,你会怎么评价呢？为什么这样评价呢？

11.假如给大学生活打分，满分为 10 分，你会打几分呢？

例如，7 分。

——为什么是 7 分呢？你觉得哪些地方做得比较好呢？

——那剩下的 3 分为什么扣了呢？或者说你觉得自己有哪些做得不好的地方？

12. 假如把你大学的成长划分为几个阶段，你会分为几个阶段呢？

（1）三个。——为什么是三个阶段呢？这是三个什么样的阶段呢？你的划分依据是什么？为什么要这样划分呢？

（2）没有阶段。——那你在大学阶段印象最深刻的一件事是什么呢？这给你带来了什么样的影响呢？／你对教育事业相关的事最深刻的感受是什么？为什么会这样想呢？／你在大学阶段有什么最让你感动的事呢？它给你带来了什么变化呢？

补：你大学生活有过什么遗憾或者觉得很好的尝试吗？你对学弟学妹们有什么建议呢？／／（总评）

13. 在开始教师职业生涯后，你对教师这个职业是否有新的认识？这和你以前的想象有什么不一样呢？对于这些不一样你又是怎样去看和调整的呢？

14.你主要通过哪些方面学习学科专业知识呢？例如你目前教的是哪个科目？你通过哪些途径学习相关的知识呢？

15.你会有意识地培养自己的教学能力吗？你是否尝试通过阅读或者参加相关培训来培养教学能力？你还会通过其他途径来培养你的教学能力吗？如果会，是什么途径呢？你觉得这给你的教学能力提供了多大的帮助呢？

//（13—15专业知识）

16.你喜欢参加教研活动吗？你怎样看待教研活动呢？它给你带来了怎样的影响呢？

17.你会经常参加教研竞赛活动吗？

——会。那你觉得它给你带来了什么样的收获呢？

——不会。为什么呢？是因为它占用了太多时间还是效率不高呢？

//（16—17专业技能）

18.你对这些年的工作有什么样的感受呢？你对教师这份职业有什么更深的认识或者感受吗？

19.你对这几年的工作感到满意吗？假如给这段时间打分，满分为10分，你会打几分呢？

例如，7分。

——为什么是 7 分呢？你觉得哪些地方做得比较好呢？

——那剩下的 3 分为什么扣了呢？或者说你觉得自己有哪些做得不好的地方？

20.假如把你职后的这几年划分为几个阶段，你会分为几个阶段呢？

（1）x 个。——为什么是 x 个阶段呢？这是什么样的阶段呢？你的划分依据是什么？为什么要这么划分呢？

（2）没有阶段。——那这几年给你最大的感受是什么？

21.你会一直从事教师这个职业吗？你对未来有什么规划吗？

若无。为什么不去规划呢？

若有。那你有什么样的规划呢？可以具体谈谈吗？

三、小学全科师范生教育情怀原创作品集

（一）写给二十二岁自己的一封信

我把一切对未来的期望写进信里，望君珍重。

亲爱的自己：

你好！二十二岁的你，这时候刚刚成为一名正式的小学人民教师吧。你还好吗？生活是否过得如你所愿？刚刚戴上工作牌的你是不是像第一次背书包上学报到那天一样紧张而又充满期待呢？刚刚成为一名教师的你知道意味着什么吗？趁此机会写封信，把我的一些希望寄托给你，愿你在未来做一名合格的人民教师。

我希望你成为正确的风向标。每一个孩子都是一颗稚嫩的种子，当他们踏进学校的那一刻起，就悄悄开始萌芽了。我常常想，把老师比作园丁，是很贴切的，老师为每一颗可爱的种子施肥、浇水，让他们开出五彩缤纷的花朵。对于孩子来说，老师就是他们最好的风向标。作为一个孩子的启蒙者，老师应当以正确的价值观和正确的行为影响孩子、教育孩子。

请一定做一个负责任的教师。一位诗人曾经说过："既然选择了远方，便只顾风雨兼程。"既然选择了做老师，就要做一个合格的人民教师，要对得起老师这个光荣的称号，去做老师应该做的事情：积极写出令人满意的教案，及时了解学生的学习和生活情况，努力和家长沟通。对学生、对家长、对自己都问心无愧。

要擅长学习，坚持学习，善于传授知识。爱因斯坦说过："推动你的事业，不要让你的事业推动你。"未来真正能让你走远的，从来都是积极、自律与勤奋，请不要颓废消极，多去积累知识并坚持下去，不断提升自己的能力，每一次站上讲台时才会自信而且有底气，才会侃侃而谈并成为一个受欢迎的人民教师。

我也希望你有一个幽默风趣的灵魂。幽默可以淡化人的消极情绪，可以使人乐观，从而变得更加客观。学者海特说过："幽默是一个好教师最优秀的品质之一。"苏联教育家斯维特洛夫也认为："教育家最主要的，也是第一位的助手是幽默。"学生喜欢有幽默感的老师，理想的教师善于用幽默来激发学生

的兴趣，使学生学得更好。教师的幽默还可以使师生关系更加和谐，活跃气氛，调节学生情绪和学习导致的疲倦。

我理想的你还是会珍惜自己的人。老师面对的是一个个鲜活的生命，学生想看到的是生活的丰富性，想从教师身上看到生活的智慧，而不仅仅是知识的灌输。对工作认真、投入是良好品质，但是并不意味着生活就只有工作，一个对生活充满热情、努力尝试新事物的老师才会得到学生更多的喜爱。所以，请心怀诗和远方，让自己的人生变得丰富多彩。

作家雨果说过："花的事业是尊贵的，果实的事业是甜美的，让我们做叶的事业吧，因为叶的事业是平凡而谦逊的。"老师就好像是麦田里的守望者，守护着每一个稚嫩的笑脸，守护着每一个美丽的童年；老师也像是平凡的妈妈，始终温暖着每一颗小小的心脏，激励着每一次迈出的脚步。老师用千百倍的耕耘，换来了桃李满园香。一位好老师，胜过万卷书。

时光如水，岁月如梭，未来近在咫尺，希望这些期望你都能实现。"人生如逆旅，我亦是行人。"要积极生活，保持热爱！你一定会成为一个优秀的人民教师！

此致

敬礼！

十八岁的你

2019 年 9 月 1 日

（李秋萍）

（二）师者无疆

我想要的教育是什么？在大爱无疆的你们身上，我找到了答案。

乌泱泱的学生在下面端坐，眼神清澈明亮。我站在讲台上，看着他们，浑身颤抖。我不知道自己为什么做教师、如何做好一名教师。

我打开电脑，搜索教育一词。答案文绉绉且苍白无力。搜索栏下边是各种各样的新闻，我一扫而过。等等，这……是什么？"家长退群"上央视？群消息中尽显家长的卑微，不管老师发什么消息，全是一片"老师辛苦了"。老师布置作业，发到家长群里，而不是直接告诉学生。让那些十二点下班的家长无可奈何。这……是教育吗？我的头又是一阵刺痛。不，这不是教育。我所探寻的教育绝不是教师让家长辅导自己孩子做作业、批改作业，美其名曰促进亲子关系，却是为了让自己轻松。这不是教育，这是懒惰者的温床。

我走进大学教室，前排无人，后排的学生低着头划着手机，没有看手机的同学昏昏欲睡。教师只顾讲自己的，毫不在意学生的状态。这也不是我所探寻的教育，这只是教师一个人的表演。

我走进中学，广播里朗诵着各种各样的校规：垃圾箱里不允许有垃圾，桌子上不允许有书，早上五点半起床跑步，且要边跑边背书。看着公告栏，百分之百本科率。这难道就是我追寻的教育吗？不，这不是教育，这只不过是学校为了自己数据好看而折磨学生罢了。

我想，我应该能在那里找到教育的真谛吧。我循着记忆，来到校园那处拐角，推开那扇尘封已久的大门，中学时的教师仿佛还坐在那里对我笑，仿佛在说："你来了，我就知道你会来。"

我笑了笑，看向我曾经的教室。每个人都聚精会神地听着。窗外，落叶纷飞，暖阳斜照。

他总是在讲台上充满热情、激情，不依赖以往的课件，每一节课坚持板书。别人的数学课，枯燥乏味，学生要么一头雾水，要么昏昏欲睡。但是他，像一个魔法师，让每一个字、每一个符号都像小精灵一般，让人移不开眼。每一个知识点都仿佛被他施了法术，乖乖地钻进我们的大脑。

他从不请假，从不放弃。每一个学生都是他最爱的孩子，每一个学生都要跟上队伍，不管学生的基础多差。学生不会的知识点，他反复讲，一遍、两遍……还是不会，他换方法，举例子，直到学生明白为止。

他不仅是一个师长，还是我们的朋友。他从不摆架子，用教师的威严给我们施压。他陪我们玩，陪我们锻炼，面对哭泣的我们，总是一遍遍地抚摸着我们的头，告诉我们：没关系，一切都会好的。彩虹会出来的。

网页滑到低端，一些故事化作眼泪盈满我的眼眶，将我拉回现实。

"2008年感动中国人物——李桂林　陆建芬：悬崖小学的支教夫妻

颁奖辞：在最崎岖的山路上点燃知识的火把，在最寂寞的悬崖边拉起孩子们求学的小手，19年的清贫、坚守和操劳，沉淀为精神的沃土，让希望发芽。"

"2011年感动中国人物——胡忠　谢晓君：坚守藏区12年支教

颁奖辞：他们带上年幼的孩子，是为了更多的孩子。他们放下苍老的父母，是为了成为最好的父母。不是绝情，是极致的深情；不是冲动，是不悔的抉择。他们是高原上怒放的并蒂雪莲。"

……

我关闭了网页，闭上眼，似乎又回到了那个三尺讲台，下面乌泱泱的孩子眼神明亮。只是这次我不再颤抖，因为我明白了：教育，师者无疆。

（黄丹妮）

（三）遇见您，我幸运

您的孜孜不倦，是我们一生的幸运。

所有遇见，都是一种美好，就如董卿所说："世间一切都是遇见，就像冷遇见暖，有了雨；春遇见冬，有了岁月；天遇见地，有了永恒；人遇见人，就有了生命。"我遇见了您，于是便有了一场"爱恋"。

教育的发生，是一场遇见。初见，倾心。

2010年夏天，您第一次走进了四（3）班的教室。由于在校学生人数严重超过学校可容纳学位，班额超大，我们班从多余人员里排出了一个班，新班异常吵闹，酷暑的季节，知了的鸣唱交杂着、应和着。您就这样出现在了我们面前，顿时，整个世界都安静了下来。您向我们介绍了您自己，您的话语如潺潺溪流，润物无声，安静甜润。我们静静地听着您的言语……不知不觉中，下课的铃声响了起来。

教育的实施，是一场遇见。陪伴，欢喜。

玉老师的教育理念就是营造一种安静的教育生态。而阅读，恰恰能让校园安静下来，让学生们拥有一种舒展的生命姿态。于是，玉老师就四（3）班学风现状，提出了"尚读、向上"的主题阅读计划，着力从阅读文化、管理文化、环境文化、师生文化、课程文化等方面逐年系统推进，营造四（3）班的优秀学风。由此，"阳雅书苑"应运而生。"阳"寓意我们萌发向上；"雅"寓意阅读致远向雅。玉老师提议让班上的所有同学都放三本书在班级的阳雅书苑，我们想看的时候，就在旁边的借阅本上签字，写上借阅日期和书籍名称，就可以立即借阅看书。我们都十分赞同。我们可喜欢这个地方了，由此大树下、操场一角等随处可见班上的同学在看书。班上的海报等随处可见的阅读元素如春风化雨、润物无声般滋润我们的心田。渐渐地，我们的阅读兴趣越来越浓厚，按时阅读的好习惯也渐渐养成。玉老师见了此番景象，提出开展以"书情未来"为主题的"春天送你一首诗"活动，邀请家长代表与我们共话阅读、成长；为大家推荐好书，推动亲子阅读，为成长的生命播下阅读的种子；朗诵、演绎获奖诗歌，共品"五千年文化、三千年诗韵"，我们班诗意盎然。为了激发我们的练字兴趣，玉老师提出了金秋墨香书画笔会，开展以"阳雅知秋"为主题的书画笔会，开始向全班同学征集涵盖书法、美术、手工、摄影等类别的作品。并且，活动邀请了书画名家担任评委，评出获奖作品，举办颁奖典礼，在班上进行表彰，引领全班师生领略书画艺术的魅力，推进我们对文化艺术的追求。

玉老师倡导的这些活动，让我们一伸手，就能触及书籍；一呼吸，就能嗅到墨香。阳雅书苑就是一种文明标志，随时随地都能看到老师和孩子们或站或坐自由阅读的样子。阅读已成为我们的一种生活方式，让我们拥有了共同的语言密码，有了诗和远方。

教育的尾声，是一场遇见。久见，庆幸。

遇见可敬的老师们，遇见玉老师。您一直坚守在校园里，深耕细作。她拥有"自强不息，厚德载物"的精神和教育情怀。她喜欢读书，每天都能看见她在阳雅书苑与我们共同看书，对我们提出的各种奇怪问题都不厌其烦地解答。她与我们共读一本书、共同朗诵自己的原创作品。三毛说："每个人心里有一亩一亩田……种桃李种春风，开尽梨花春又来。"老师的春风，日日沐我心，从心开始，让我们的心田尽获沁脾芬芳。

这三年多的时光，足以装订成一本宽厚的书，里面记载着我们一起学习、共同进步的点点滴滴。它犹如一台老式的摄像机，记录着我们彼此美好的瞬间；它如同一首轻快的歌，传唱出永恒的回忆。贾玉欣老师，是我心中最美丽的老师，也是我最真挚的朋友，我们共度的那些欢声笑语的时光，我将永远难以忘怀！玉老师，您工作时的样子，是多么地凝神、专注。一天又一天的重复，周而复始，即便是到了夜深人静之际，您都还在灯光下一丝不苟地备课和批改作业，为我们默默地付出。玉老师，您是一位多么敬业而又精干的教学能手，在您的课堂里，气氛总能被您带动起来，您就是一位能把历史讲"活"的老师，而我心中对您的倾慕也油然而生。老师，您的脸上总会挂着真诚的微笑，让我感受到您是多么地和蔼可亲，如亲人一般。当我考试成绩不理想的时候，您不仅没有责备我或用漠视的眼光看待我，还始终会向我投来鼓励、信任的目光，对我说："我相信你下次一定会考好的！"您甚至会坐在我的身旁，用手轻轻地拍拍我的肩膀，为我分析这次考试失利的原因，并为我一道题一道题地分析错误的原因。春雨，染绿了世界，而自己却悄无声息地消失在泥土之中。玉老师，您就是我们心田的春雨，滋润了我们整个世界。虽然没有"最美女教师"张丽莉舍身救学生的丰功伟绩，没有胡忠、谢晓君老师去藏区支教的惊天地、泣鬼神的壮举，但是您从来不忘做好自己，从点滴做起的行动足以散发出您心中的师德之美。随风潜入夜，润物细无声。老师，您的言行滋润了我的心田，融入了我的肺腑。

经过玉老师三年的不懈努力，最终，我们小学毕业的时候，我们班学风优秀，能够"尚读"，能够"向上"。遇见您，是我们的幸运。不早不晚，刚刚好，是您。

未来，相信您会继续让每一个孩子遇见美好。而我因为遇见了您，遇见了最好的自己。

（邓丽群）

（四）**爱我所择**

没有什么梦想是一蹴而就的，经历时间的洗礼，我才明白选择的意义。

不过是向现实低头罢了。

高考结束，分数出炉，现实问题扑面而来。在高考分数和父母老师的压力下，我选择了这个对于大多数高考毕业生都不太"看得起"的全科教师专业。为什么会被"看不起"？对于一群只有十八九岁的年轻人来说，未来是他们的，但是他们对未来的认识却是片面的，"未来"这个词太令人向往了，似乎从来不会和农村教师挂钩。

高中毕业的我对于全科教师专业的认识就是农村小学老师。"农村""小学""老师"这三个词语，对于一个刚结束高考的毕业生来说那就是"没有前途"。在目前的社会价值观和现有的教育体制下，读高三的我们是靠"梦想"撑下来的。梦想是什么呢？是城市、精英、金钱，是对物质生活的追求，是认为熬过高三，我们就可以做任何我们想做的事，去最好的城市，读最好的专业，做最好的工作，什么都可以，只要是最好的。在现实与理想的差距下，我开始了我不太明白的大一生活。

是被推着走吧。

我终于开始作为一名大学生开启新的生活。社团、工作室、学生工作迎面而来，眼花缭乱。我尽最大的能力让自己的心静下来，思考我到底要的是什么。是培养自己的学生工作能力，还是选择学习一样新的东西，然后不断精进。关于这些的思考对于才成年的我来说，我也不知道该怎么去做，所以我选择都去试试。但是这些尝试都没有基于我对专业的认同，在当时我只不过是一个不太自私的利己主义者。在班级担任学习委员，直接对接学风建设部的工作，这是我对于自己工作能力的规划；社团方面，加入清音民乐工作室，开始零基础学习二胡，选择二胡是我对于社团进行评估、斟酌思量后的选择。我想让自己忙碌起来，不去思考我当初是因为什么而选择这个专业。

之所以选择这个专业，是因为工作包分配，是因为老师有编制，工作稳定。这就是我选择这个专业最初的原因。我可以毫无保留地承认这些思想都是非常功利、现实的，但是我可以诚实地接受自己的现实。

大一的专业课程有心理学、中外文学导读、数学史与数学文化、教育学原理等。我对于课程的认识只是，要我学我就学，我学习是为了期末考试，只要我听课、复习，我就可以取得不错的成绩。我对于学习的认识还只是停留在能取得不错的成绩上面，对于未来职业没有一点思考。这个时候我认为，学的这些东西不过是蜻蜓点水，根本无用，只不过是作为一个学生而被安排的课程罢了。

是时候开始了。

疫情过后，我终于可以回到校园。经过时间的沉淀，一切都来得自然而然，大二紧张的学业开始了。大二上学期的专业课程有教育心理学、课程与教学论、中华经典传统答辩等。我开始知道教育心理学要把心理学和教育学作为基础，答辩课也要有仪态与表达的基础，课程与教学论更是多学科的融合。于是我开始担心自己的基础能力不过关了，开始着急自己的能力不能够做一个好的老师了，开始知道教师不是一个简单、轻松的工作了，开始认同这个我曾经轻视的专业。

我也因自己明白得是不是太晚而惶恐过，但是我相信所有的事都是一个循序渐进的过程。我们曾经抱怨学院活动太多，觉得它太多、太杂，对成长并无益处，但是现在的我看来，这其实是要我们学会鉴别哪些活动是适合自己的，哪些活动是对成为一个好教师有益的。一个全科教师就是要广泛涉猎，能将那些不起眼的东西、那些容易被忽略的东西融入教学中。之后名师讲堂的两次听讲，每次都能让我更清楚地知道自己哪些地方还存在差距，在潜移默化中让我更加认可自己的专业并培育了我的教育情怀。

对于教育情怀，我不是一开始就有的，我也能够直面过去不成熟的想法。我需要做的不过是在每一个当下把自己能做的做到最好，不负将来，不负未来每一个孩子。学校、一个专业能够让一个不热爱教育事业的人认可并真正愿意付出，那它的办学宗旨和理念就是成功的。我开始为自己的专业和学校自豪，开始变得想要达到学校的教育目标，开始想要成为一名真正优秀的农村小学老师。曾经我把教育看成教书，把老师看成教书匠，深入了解教育行业后才明白，教育是教和育，是能力与情感的投入。

没有谁对自己的专业一开始就热爱，所有的事情都是水到渠成。辅导员从入学就给我们讲："如果不能择你所爱，那便爱你所择。"情感的共鸣是能够超越时间与空间的，我的情怀也能是永恒的。

（姜在惠）

（五）"三心"兼备，只为将来

坚守有三，其一热忱，其二爱，其三责任。

"你的数学是体育老师教的吗？""你的语文怕是体育老师教的吧？""你的体育老师可能有点忙哦，又教语文、数学又教体育的……"这些一度被用来调侃的话语，我想也会有人在百度上面搜过如何有力地回复吧，但现在，我们可以坚定且自豪地回答：是，并且语文、音乐、书法、英语、舞蹈也都是体育老师教的。我们为什么能够如此骄傲地回答呢？毫不意外，这就是全科教师的到来。

由此可见全科教师专业素养要求之高。更可知，能坚定和自豪地回答，少不了教师对教育的热忱之心，也少不了教师对学生的爱心，更少不了教师自身的责任之心。正如蔡元培先生所说："教育者，非为已往，非为现在，而专为将来。"

一为自己将来遇到更优秀的自己。特级教师于漪曾说："我有两把'尺'，一把是量别人的长处，一把是量自己的不足，只有看到自己的不足或缺点，自身才有驱动力。"教书育人不仅是"传道、授业、解惑"，还要从每一次的教学中发现他人的优点和自身的不足并依此完善自己。人非圣贤，只有自己不断努力，不断发现，不断完善，才能够一步一步走向优秀。

二为祖国未来花朵能够绚烂地绽放。近来，"张桂梅"这个名字频频出现在热搜榜上。她是一位老校长，一位山区全免费女子高中的校长。在偏远的山区，她目睹了许多农村女孩初中毕业便不能上学，甚至过不了几年就嫁人的情况。那可是风华正茂之时啊，于是她在市委、市政府和社会力量的支持下，创办了全国第一所山区全免费的女高——华坪女子高级中学。女高创办至今，那些孩子一个一个地走出了山区，有的做了兢兢业业的教师，有的选择继续在学业上深造，有的成为了保家卫国的警察英雄……

"我生来就是高山而非溪流，我欲于群峰之巅俯视平庸的沟壑。我生来就是人杰而非草芥，我站在伟人之肩藐视卑微的懦夫。"这是华坪女子高中的校训，我想如果没有张桂梅校长为孩子建立那一所免费女高，那么山里的孩子可能终其一生都无法跨越山区的"牢笼"；如果没有张桂梅校长每天拿着喇叭督促孩子学习，那么孩子们真的很少有机会能够大放光彩；如果没有张桂梅校长强调"出去了就不要回来"的话，那么又有多少孩子能够意识到自己还是应该要与命运搏一搏呢？

我们多数全科教师都是定向乡村教育，可要知道，那些农村孩子还是一个个充满童真、纯洁无瑕的孩子啊，我们一定要尽自己的全力让他们将来走出属于自己的一道风景线。

三为祖国未来的教育和更好的发展。为什么会出现全科教师呢？我想应该是让偏远地区的孩子也能够更好地绽放属于自己的光彩吧！走出大山的孩子肯定会带着属于自己的光芒回照那一片生他、育他、养他的故土；也会走上保家卫国的岗位；也会将属于自己祖国的红旗插到那浩瀚宇宙中的某一处……

全科教师后备军中的你啊我啊，请始终保持"热忱、爱与责任"三心，不仅为了那坚定且自豪的回答，也为了那一个个纯真的面孔，更为了那将来。

（吴娅琼）

（六）德艺双馨，我心中理想的教师模样

教育不仅是知识的传授，更是生活的指导。

怀着对教师事业的崇敬与向往我报考了小学教育（全科教师）专业，而我最初向往成为老师是因为对我六年级小学语文老师的崇拜，我希望我也能成为一位她那样德艺双馨的好老师。

我的这位老师具备了一位教师应该具备的专业素养，会教学，且教得好。我们小学不大，一个学校也就三四百人，每年开学举行升旗仪式的时候，校长会在主席台上念高年级的分班情况，我旁边的一位男同学被念到在她的班的时候，小声嘀咕："我真是倒了八辈子霉。"因为语文老师和她的搭档是我们学校乃至整个村都很出名的优秀教师，他们以所教的班升学率最高而著名，而同时为人所知的是他们俩的严格，因此我旁边同学的嘀咕也就不足为奇了。巧的是，那位同学的话正好被一位路过的老师听见了，他笑着调侃："这句话应该改成遇到他们是你走了八辈子的运。"这话虽说有夸张的成分，但是不难听出这是同行的高度肯定，我也因此对语文老师充满了向往。

我在她的教导下，不仅更好、更快速地掌握了预习、复习以及写作业等学习技巧，在那一年语文成绩飞速提高，更是奠定了我今后的语文素养基础，就算是在我因为考上了最好的初中而得意忘形学习懈怠的时候，仍然能够吃老本，游刃有余地学习并保持好成绩。她的课不仅讲得深入浅出，我很容易就可以理解她所讲的内容，而且从来不照本宣科，她也参考教辅，可是仅把教辅当作一个参考的视角。她很严肃，对我们从来都是高要求，她的课反而很是生动有趣，常常理论与实例结合，我从来都是激情满满地上课。所以，我以为一位好老师就是要教好书，让学生考出好成绩，考上心仪的学校。

除了非常希望也能像她一样教会一名原本成绩不好的学生怎么学习语文，取得好成绩，我更向往的是她身上的人格魅力。我仍记忆犹新的一件事对于她来说可能不过是一件小事，但于我来说触动很大。在一个平凡的晚自习下课之后，她让所有男生先离开教室，所有女生单独留下来。起先我以为是女生犯错了要教训我们，然而很快她的话就打破了我对她以往严肃形象的认识，只见她严肃地扫视了一圈坐在座位上的女孩子，缓缓开口："有没有同学已经知道女孩子发育到一定程度会来月经甚至已经来过了？"见没有回应她便开始详细讲述。这样一件事让我改变了对她以往的看法。同时在我的认知中，一位优秀

的教师除了要会教书，还应该会育人，育的不仅是学生的学习能力或者怎么提高成绩，还要教会他们怎么做人，教会他们不必对生理上很自然的变化过于羞耻，教会他们以更理性、更乐观的视角看待世界。

德艺双馨，以教好书立身，以育好人立世，这是我理想中一位优秀教师的形象，也是我正在努力的方向。

（冉乙汛）

（七）选择师范专业的缘由

老师的关怀就像一道微光，照亮我的心房，这就是我选择师范专业的原因。

古往今来，教师这个职业都是神圣的，是被赞美的、受人尊敬的。教师是太阳底下最光辉的职业，教师是人类灵魂的工程师。的确，"一个人遇到好老师是人生的幸运，一个学校拥有好老师是学校的光荣，一个民族源源不断涌现一批又一批好老师则是民族的希望"。教师这个职业是伟大且令人敬佩的。在社会发展中，教师是人类文化科学知识的继承者和传播者；对学生而言，教师是学生智力的开发者和个性的塑造者。

教师如此重要，也就相应地对教师有着更高的要求。现代社会提倡教师要有教育情怀：家国情怀、职业道德、爱岗敬业、教学包容等。这是对教师的高标准、高要求，但也是一名教师不可或缺的。因为教师真的对学生的影响太大了！以我的亲身经历为例，作为一名未来的小学教育全科教师，我选择这个职业最大的原因除以上提到的教师职业本身的伟大、神圣外，更重要的是受我的老师的影响。

在小学五年级之前，我就是一个"皮猴"，虽然是一位货真价实的女生，但所作所为绝对不是女生会做的。那个时候的我，用大人的原话就是"生错了性别"，每天都是想玩什么、怎么玩。下课了永远是第一个冲出教室的，然后在走廊上一窝蜂地玩卡片、弹弹珠等。而我们的班主任老师，她的目光只停留在那些"乖学生"身上，对我们这群"皮猴"则采取"放养"的态度，她的要求就是只要不在课堂上捣乱就可以了。但是，这种情况在我五年级的时候就转变了，我遇到了人生中的第一个"贵人"——王老师。他是我的语文老师兼班主任，他身残志坚，心怀祖国，感恩祖国，每天都是笑容满面、积极阳光地教学、生活。他不论学生成绩好坏，都平等对待每个学生。我在一次偶然下课冲出教室玩耍时被王老师看到了，他笑眯眯地走到我面前慈祥地说："陈庆，你的作业做好了吗？如果没做好，最好先去做好了再玩吧！毕竟你的主要任务是学习哦。加油，老师看好你哦！"我仍旧记得，在那一刻，在老师说相信我的那一刻，感觉全身血液都沸腾了，心想："老师竟然关注我了，他竟然相信我可以学好，那我一定不能让他失望。"于是，我立即放下手中的弹珠，返回教室做起了作业，开始了我的"求学之旅"。再后来，王老师也会时不时地鼓励我，如来看看我的作业完成情况、下课了亲切和蔼地问我的学习状况、课堂上时不时地让我回答问题等。他就像我的父亲一样，关心我、督促我、相信我。于是，我不负众望，在期末考试时考了全班第二名。他知道成绩后兴高采烈地打电话告知我的成绩："陈庆，你的成绩已经出来了哦，你是全班第二名，这次考得很不错，我就说你一定可以的。继续加油，老师看好你哦！"在电话中，我都能感受到他的喜悦。那一刻，我不仅为自己的好成绩而高兴，更为王老师对我的关爱而开心，我深刻地感受到自己并未被老师抛弃。后来，我顺利地考上了当地的好中学去上初中，也意味着我要离开我最亲爱的王老师了，这时的我虽不舍但心中目标明确：我也要成为一名像王老师那样的温暖关爱学生、积极努力教学、爱岗敬业的好老师。

　　小学遇到的好老师——王老师影响了我的一生！现在的我已经是一名小学教育（全科教师）专业的学生，它使我离梦想——成为一名优秀的人民教师又近了一步。我选择这个职业主要是受王老师的影响，我觉得我能报答、感谢他的最好方式是将他的榜样精神传承并发扬光大；另外一个原因就是我希望自己成为一名好老师，这样才会让更多的学生有一个美好的小学童年，就会少一些因被老师"抛弃"而后悔的学生。如果没遇到王老师，我可能会一直处于被老师"抛弃"的状态，玩耍毕业、读不了多久书就辍学外出打工等，整个人生轨迹完全改变都是可能的。但我是幸运的，我遇到了王老师，这位将学生视若珍宝的老师，在他爱的关怀下，"小树苗"茁壮成长，最终成为一棵能独当一面的大树。所以，我要严格要求自己，努力学好专业知识，提升专业技能，保持初心，努力成为一名博学的小学全科教师，并用我一颗火热的真心关爱和帮助更多像当时的我那样的学生，在他们懵懂时期做好他们的引路人，以让他们无悔童年、无悔遇我！

（陈庆）

（八）长大之后，我成了你

找寻你的脚步，慢慢成为你的模样。

易老师：

展信佳！

不知不觉间，2020 年就已经到了最后一个月了，渐渐是深冬了，虽是南方，但寒风实在是刺骨，远方的你，一定一定记得多穿衣。

距离我进大学来竟也快一学期了。上次见面还是高中毕业之后约了很久的小学聚餐，是过去很久了吧，但每每想起来，心中总是有无限的回忆。忘不了那天的阳光明媚，忘不了那天大家的欢声笑语，更忘不了的是久违了的您的亲切笑容。

还记得高考成绩出来后，我一味地沉浸在自己考试失利的痛苦和绝望之中，只要想到自己无法到自己向往的城市，到自己想去的学校，眼泪便不由自主地滑落。填报高考志愿只有三天，我却不敢开始选任何大学，我怕自己实在太差。父母建议我填报师范专业，女孩子也好就业。我拒绝了，并且态度十分强硬，说我不喜欢这样可以一眼看到老的工作……

成绩出来后的第二天，我很早便出门了，没有告诉父母，我只想一个人出去走走，漫无目的。一个人在河边走着，看着被微风吹起的柳枝，河水也平静地迈着它的步伐没有波澜地向前走着，一切都是那般平静和熟悉。"我真的只能留在这儿吗？"自己心中想着，叹了口气。包里的手机铃声响起把我拉回了现实，是您给我打来的电话，我犹豫了一下，接通了。

"喂，易老师。"

"哎，敏儿，成绩看到了吧？志愿看得怎样了？有什么打算吗？"

"没……我考得太差了，不敢选……"

说到这儿我哽咽了一下，没继续说。

"你看你就是这个性格，这么多年还没改掉，自信一点，你已经很棒了！其实昨天你妈妈已经给我打过电话说了你的情况，我的建议呢，就是希望你去读全科教师，那是一个很不错的选择，而且你的分数也是可以上的。"

"易老师，我不想读师范，我想去大城市发展……不想回区县去……"

因为我之前没事儿看书时还是看到过对全科教师的一些介绍的，只是没有考虑就没有去深入了解。

"怎么说呢，你想去大城市的心情我能理解，我知道这么多年你一直都很努力，也一直都很优秀，但现实是就算你现在到了大城市也只能是一个普通的学校，以后找工作，如果看第一学历的话，多少还是会受到影响的。敏儿你反过来想，重庆也是大城市呀，还是自己的家乡，多幸运啊！"

继续漫无目的地走着，太阳已经出来了，低头踩着自己的影子，电话两边的人都没说话，我知道，你在等我思考。

"易老师……你觉得我真的适合学师范专业吗？"

"适合呀，你都是我从小看着长大的，我难道还能害你不成？我知道你一直是个很独立、很有想法的人，教师行业的话你可以将你的一些想法进行深入探究和整理，然后带领学生一起学习，到时候传递给学生的将不仅是你个人的看法，而是一种优秀的思维习惯，并且受益终身。你还记得小学吗？你就喜欢经常来办公室帮我改作业，帮我整理同学的本子，问我一些作业的问题，办公室的老师还老是说我运气好，得到你这样的学生呢！"

我听着，您的一字一句仿佛又把我带回了那段记忆模糊却又最美好的时代。您说让我回去再想想。结束聊天之后我便回家了，妈妈早已备好饭叫我过去吃饭了，她也没问我为什么出去，我依旧沉默。

"易老师给你打电话了吗？"妈妈开口问道，打破了这尴尬的气氛。

"嗯，打了，你让她打的？"我说。

"没有，我给她打了电话后她说她想找你聊一聊。易老师人真是好，昨天她为了给你分析成绩，看你适合上什么专业，一直到凌晨一点才睡。噢，也问我最近你状况怎样，说好久没跟你联系了，还一直念着你……"

我听着，放下了碗筷，心中的感激油然而生，所以说当我还沉浸在过去时，您却在背后默默为我准备行囊。易老师啊，你知道吗？那天晚上我做梦了，梦见我回到了小学，依旧坐在那时的木桌前，听着你的作文课，念着我的作文，还让大家多学习，说我以后我一定会是个很厉害的人……

这应该是我这几天来睡得最好的一次吧。

最后我填报了全科教师专业并成功被录取，比起家里人看见我被成功录取的兴奋，我的情绪应该算是比较平静的吧。我在看到录取消息的当天晚上给你发了被录取的消息，你也直接打电话过来对我表示祝贺，还说啊，以后教我做教案，教我写论文，我心想啊，我是多么幸运才遇见了你。

九月，第一次踏入大学校园，有学姐过来问我啥专业的，我说"全科教师"，学姐笑着说："学妹教院的啊，真好！""教院"——这个将伴随我四年的名词，我想着。入校后几天便是开学典礼、新生讲座……其实是觉得很无聊的，但有一场"全科教师职业规划"的讲座，我却印象尤为深刻。听之前我还纳闷，不是毕业后就定向分配工作吗，还需要啥职业规划？讲座开始的时候老师给我们提出了一个问题："你为什么选择全科教师这个专业？ A.有教师情怀 B.听家长、老师的话　C.毕业后有编制　D.在校有补助。"

当老师问选A的有多少人时，大家都相视一笑，而举手的却寥寥无几，我也没有举手。后来老师给我们讲了全科教师的含义和现在国家对乡村教育的重视及乡村对教师的需求。其实听到一半时我的内心已经开始有触动了，就渐渐想到了你。PPT上又展示了一句："教育是迷恋他人成长的一门学问。"

我在自己的笔记本上工整地写下来这句话，也就是那时，我把它拍了下来发给了你，说"谢谢你"。

当时我听着，不知什么时候热泪已经充满眼眶了，倒不是讲座的内容多么感人，就是不自觉地想到了你，在有些人的印象中，自己的小学老师不负责任，也没多大水平，但是你留给我的印象，是在早晨七点半准时出现和大家一起晨跑的蓬勃朝气；是在每次科技节跟我们一起动手制作手工作业的无限耐心；是在改作业时红笔批注的一丝不苟……

听完讲座之后，走出报告厅，我的心情还久久无法平静，拿出手机看见你给我回的消息：

"敏儿，教师是一个有感情的工作，面对的是一群有思想、有感情的学生，即便毕业了很多年，即便没有经常联系，但心中还是无限牵挂……"

"教师情怀"这个我从前想都不会去想的词，从此刻开始，如花瓣片片落在湖面引起一圈一圈的涟漪般在我心中徘徊，让我渐渐有了新的体会，又更像是一粒种子，悄无声息地种在了我的心中，静待着春天，静待着发芽。

后来的中外文学导读课，讲的是"希腊神话故事"，老师说叫我们还是没事多看点书，以后没事还能给小朋友们讲故事，会很吸引小朋友的。是的啊，小学语文课上，你会课前给我们讲小故事，有时候讲不完还会让我们等着明天认真听，还有些心急的同学竟课后跑到办公室去问你故事结局如何了……小学关于您一切的一切，仿佛在我上了大学之后一点一点浮现于脑海，然后愈发清晰，转化成了我在大学学习的又一种无形的动力。我也会去图书馆借一些吸引人的神话故事书；也努力练字去沉淀自己浮躁的内心；有点音痴的我也一次又一次地跑去琴房重复练着十分简单的曲子……小时候，家长会经常问我长大之后想做什么，我总是想都不想地回答道："当老师！我要像易老师一样！"但渐渐长大之后，自己想要的太多，心情越是浮躁，早已经忘记了最初的自己，一次又一次地怀疑自己，一次又一次地将自己否决，当我在黑暗中迷茫时，是您再次提灯，照亮我前进的方向。我的目标愈发清晰，现在的我在努力向你看齐！

这样的生活让我感觉每天的时间都不够用，有时又觉得这叫充实，但一段时间后又觉得自己只是碌碌无为，也是有些迷茫吧。我不知道这样努力的我，最后到底会收获什么。最近一次内心再次被触动是跟着工作室的学长一起到附近的小学，第一次来是没有给我安排什么事的，我就在学校里逛，看见操场的角落有一个小女孩在蹲着。我走过去，看见她在悄悄抹眼泪：

"小朋友，你在这儿干吗呀？不回教室吗？"

"姐姐，我不会做作业，你看我错了好多题，我是不是真的很笨啊？"

女孩抽泣着，她用稚嫩的手把她的作业递给了我，是几道数学题，但上面基本上全是红叉叉，其实仔细看的话会发现本子纸张已经很皱了，最终答案的地方也留有许多改动的痕迹，不难猜出，她已经做过很多次了。我看了看那女孩，眼角还挂着泪珠，让人好生心疼。

"来，我教你！"我从自己的包里拿出随身携带的笔，教她怎么将数字对齐，怎么进位，然后再一步一步改正自己的作业题。她学得很快，一些之前她没理解的东西提一次也很快就懂了。作业做完时她问我："姐姐你好厉害啊！你是新来的老师吗？"

"我不是，但是以后我也会成为老师的！"我摸了摸她的头，笑着回答道。

"哦，这样呀，那姐姐以后肯定会是个很厉害的老师，我以后也要当老师！老师最厉害了，什么都知道！姐姐我回教室咯，再见啦！"

看着女孩一蹦一跳远去的背影，我仿佛看见的是十多年前的自己，这样的场景，这样的对话，这样的愿望……而我，却成了记忆中的你。

"站在这儿傻啦？该走了。"工作室的学长走过来拍了我一下。

我回过神来跟在学长后面："学长，你之前有没有觉得自己的老师很厉害？"

"有啊，小时候不懂事都这样觉得嘛。"

"才不！我现在也觉得老师好厉害！"我自己走在前面激动地说道。

学长冷笑了两声，无奈地摊了摊手："那只能说明你到现在还没长大哟！"

能给学生带去希望和梦想，一次又一次地牵住他们幼小的手向前走，我有一个很厉害的老师，一直都有这样的想法，那可能我一直都长不大了吧，那样挺好，您说呢？

"择我所爱，爱我所择"，是给我们授课的2019级的辅导员送给我们的话，现在，我将用大学四年，或许更长的时间去予以实践。我将带着满腔的热爱和追求，步履坚定地去迎接未来的无限可能。

借此机会，我还想对您说声对不起，开学到现在也没有跟您联系，但是每次您对我的关心我都收到了，我都铭记于心。小时候，是您从父母手中接过稚嫩的我，考得好您会表扬我，犯错了您会骂我，一步一步纠正我的陋习，用浅显易懂的文字教给我一些人生的道理。对我而言，您早已不只是我的老师，更像是妈妈一样，那么关心我、照顾我。现在，长大后，我想用实际行动来回报您的恩情，不管未来会怎样，我都会保留最初的美好，将这份爱以一种最简单却又最困难的方式传递下去！

您放心，我现在一切都好，不曾与您联系的日子，我在努力进步！

"正在努力变好，有一天想成为你的骄傲！"

此致

敬礼！

2020年9月10日
您的学生：杨政敏

（杨政敏）

（九）我是一名人民教师

回望初心，我发现自己的梦想依旧是它——成为一名人民教师。

"为什么我会选择读师范专业？"

提起教师这个职业，大家都会想到——稳定、假期长、幸福指数高等，也正是这些，我的父母想尽一切办法劝说我当一名老师。不得不说，这是我走向教育道路的一大重要因素。然而在下定决心读师范专业的那个暑假，我却无比焦虑，还曾躲在厕所里大哭了一场。

　　说到这儿，你一定会觉得我只是一个因为父母压力而走上教育事业道路的一个并不热爱教育的人。但你想不到的是，我最初的梦想就是成为一名人民教师。

　　教师，大概是我们学生接触最早也最多的职业，所以有许多同学最初的梦想都是成为一名人民教师，我也不例外。我记得我的小学班主任干练、认真，充满智慧，写得一手好字，于是她就成为我崇拜的对象。我想，我也要成为像她一样的老师，让很多小朋友崇拜我。就是这样单纯的想法，我小学毕业的时候在那棵属于我们班级的"未来之树"的挂牌上写下我的理想——我想成为一名教师。

　　初中时，我的英语成绩很不错，那是因为我非常喜欢当时的英语老师。她的课堂总是给人一种舒适感，我们可以在她的课堂上严肃讨论，也可以在她的课堂上哄堂大笑。每个学生在她眼里都是一样的，她从不偏袒成绩好的学生，也从不放弃成绩差的学生。她有时候会很生气，气我们作业完成不认真，气我们上课说小话。但批评完我们，她仍抱着一如既往的热情给我们讲课。她的课就像一股温润的暖风，吹拂过我幼小稚嫩的心灵。是她让我对教师这个职业更加向往。

　　而为什么在填报志愿，那个距离我的梦想最近的时刻，我却犹豫了呢？

　　在高中阶段，我渐渐对这个世界有了自己的认识，开始对老师不再一味地崇拜，能够辩证地看待自己的老师。我渐渐发现，年轻教师大多因为缺乏教学与管理的经验而无法充分施展自己的教学才能；有资历的老师教学方法却又可能老套死板，不再适合如今的学生；而有些老师重"教"而忽视"育"，让学生沦为学习的机器……

　　学生在求学生涯中会认识很多不同的老师，他们是最直接接触老师的群体，所以他们是最有资格评判一个老师工作是否合格的人。而作为一名立志成为未来人民教师的学生，我眼中看到"教师的不足"，正是我对这个职业未来发展的思考。

　　当看到这些的时候，我却畏惧了，因为我明白我所看到的也就是未来教师肩上要扛起的责任。我怕我的教学能力不够，我怕我的教育方式不够好，我怕我不够温柔、不够有耐心，我怕我不能让学生感受到这个世界的温暖与美好……是的，我怕，那是因为我站在学生的角度深切体会到一名教师对一个学生的内心会产生多么深刻而长远的影响。

当我告诉我的初中英语老师我心中的困惑与纠结时，她告诉我："可能你会觉得成为一名你理想中的完美的老师很难，但是当你有一颗想要成为好老师的心的时候，你就可以做得很好。"我想是的，或许我无法成为一位方方面面都优秀的教师，但是当我勇敢地承担起这个责任，我就能为祖国的教育发展助力。我回到我的母校，找到我们班的"未来之树"，我看到上面的挂牌上写着"李彦妮，理想——成为一名教师"，我像是穿上了尘封已久的羽衣，瞬间被赋予了坚持我最初理想的动力，我告诉自己——我要成为一名人民教师！

我知道"学高为师，身正为范"，如今我已经顺利成为一名师范生，我要用最高的要求规范各项技能的学习，无论是学科知识的学习，还是教育技能的学习都不能落下。我要争取和珍惜每次实践的机会，在实践中提高自己的能力与水平，要让我未来的学生学得有底气，有幸福感！同时我要树立正确的"三观"，培养良好的品格，提升职业道德。因为我不想当一个只是传授书本知识的"教书匠"。我还要做学生人生道路上的"引路人"，就像海伦·凯勒的老师安妮一样，用一颗善良而又坚定的真心去陪伴和引导学生的成长。最后，作为新时代的年轻教师后备军，我应当改良、创新教育方式，摒弃老教师们不符合当今社会现状和当今学生成长规律的教育方式，让教育与时俱进。

"百年大计，教育为本"，选择这个专业时或许是被一些现实的利益所影响，但现在我明白，我是一名未来的人民教师，四年后我将要面对的是一群纯洁可爱的孩子，他们是祖国的未来。作为一名小学老师，如果我能通过我对他们的教育让他们对这个世界充满热爱，让他们拥有良好的品格，让他们有能力为祖国建设作贡献，那是怎样的荣幸啊！如果我有幸成为一名人民教师，我将用毕生捍卫校园的纯洁，扶正下一代的"三观"。

"路漫漫其修远兮，吾将上下而求索。"想要成为一名优秀的教师，我注定还要学习和提升更多。希望有一天，我能够骄傲而又底气十足地告诉所有人："我是一名人民教师！"

（李彦妮）

（十）我们是一束光

抱着成为光的觉悟，走进孩子的人生，我们的使命应该是点亮孩子们。

　　黑框的眼镜、严肃的神情、规整的平头，白衬衫或者中山服搭配一条深色长裤、大头皮鞋，拿根棍子，这曾经是我们许多人在书中学到的对教师的刻板印象。后来，我们在学习中遇见了越来越多的老师，对老师的认识越来越丰富、越来越全面、越来越深刻。有的老师将学生真正当作了自己的孩子，将教育作为一种使命而矢志不渝。当然，也有个别所谓的"老师"，在这个"灵魂工程师"的队伍中严重损害教师形象。很幸运，我在十余年的学习生活中所遇到的老师都是学识渊博、品德高尚的人，他们教会我用真的方式去生活、用美的眼光去发现、从善的角度去理解。在即将成为一名人民教师的我看来，教育者就是一束光，照亮它们所到达的地方，为其经过的地方带去温暖。

　　教育有其自身的使命。曾经有一位老教师对我说，在他看来，教育绝不是单纯地为了学生在考试中的分数进步与学校里的表现良好。教育，从始至终都只有一个意义，即"教书育人"。抛开其他因素，就教育本身而言，教师开展教育活动，通过"教书"的方式传授知识（不仅是书本学科知识，还有一切所有的人类精神文明的成果）最终达到"育人"的总目标。"师也者，教之以事而喻诸德者也。"（戴圣《礼记》）。我们从古籍中可以看到，教育不仅仅是为了让受教育者有"谋事之才"，更要让受教育者有"立世之德"。在中国特色社会主义新时代，教育事业应通过"五育并举"培养全面发展的社会主义建设者与接班人，这是党和国家以及人民的期待，也是当代中国对我们教育者的呼唤。

　　师者，为徒启迪也。那么在教学实践中，教师应该是一种什么样的角色呢？就个人而言，两年后我将成为一名定向乡村的小学全科教师，我能做的似乎并不太多，毕竟作为新入职的教师，内容需要了解，方法需要借鉴，经验更需要向前辈学习。难道我们就只是按部就班等待熟悉角色吗？诚然，我们要接过前辈的重担，让教育事业在乡村不断生根发芽。但作为一名新时代的教师，我们拥有比前辈们更开放的视野、更包容的视角。如何将我们所看到的世界带到相对闭塞的乡村？我想，这就是我们的独特使命。我们要变成一束光，不仅要引导孩子们使其梦想闪亮、灵感迸发，更要照亮孩子们的人生和未来，让他们能够发现和探索这个精彩的世界，这方辽阔的、大有可为的天地。

　　育人者为时代奠基。在飞速发展的今天，义务教育逐渐普及、高等教育也向大众化发展，教师队伍不断壮大，个别不良现象的出现似乎给了一些人贬低教师作用的借口。然而，教师是一个特殊的职业，更是一个不可代替的职业。尽管有一部分人可能对我们暂时产生不理解，但我们未来一定会是带着光到岗位上的，这是一种对学生的责任，是一种继往开来的胸怀，更是一种育人使命的担当。正如马克思在其中学毕业论文中所说："我们的事业将默默地、但是永恒发挥作用地存在下去……"

我们的事业不属于任何人，而是属于生我养我的这片土地。我们带去的光，是一股温暖的力量，更是一股滋养的力量，我们立于广阔乡村一线之上，为美丽乡村盛世中华举起最早的火把。

七世雄而开盛世，代代承则求大同。在新时代吹响的号角里，在社会主义现代化建设的新征程中，在中华民族伟大复兴之路上，我们青年教师就变成一束束微小的光吧。斑斑点点的光，聚是一团火，散是满天星，愿你我永远在路上。

（曹静谦）

（十一）有情怀的教育，才是真正的教育

真正的教育应该拥有温度。

"教育的本质是一棵树摇动另一棵树，一朵云推动另一朵云，一个灵魂唤醒另一个灵魂。"这是德国哲学家雅斯贝尔斯曾说过的一句话。我时常想究竟怎样的教育可以让树与树之间拥有奇妙的联系？怎样的教育可以让云朵的遇见变得有意义？怎样的教育可以让一个灵魂去唤醒另一个灵魂？怎样的教育才应该属于我们？在经历很长一段时间的思考之后，我渐渐寻觅到了自己的答案——有情怀的教育，才是真正的教育。

韩愈说："师者，所以传道受业解惑也。"此话自然无错，作为教师，我们首先要做的事情理应是为学生解惑，将己之肚墨，授予学生，自古是老师的第一要务。但问题是，如何授予知识才能配得上"教师"二字呢？社会上不乏富有才学、经验老到的教师，但我认为并不是所有这样的人都能做教师。我曾经看过一档演讲类节目，其中一位选手的演讲让我记忆深刻，获益匪浅。他叫董仲蠡，是一位任教于某培训机构的老师。在演讲中，他讲述了自己在为学生上课时经历的一件尴尬事情，当他在评讲四级翻译时，提到了林语堂先生是如何翻译"松下问童子，言师采药去"的；讲到王佐良先生是如何把塞缪尔·厄尔

曼的《青春》翻译为年"岁有加，并非垂老；理想丢弃，方堕暮年"的。讲到许渊冲先生如何翻译李清照的"寻寻觅觅，冷冷清清，凄凄惨惨戚戚"时，有一位学生质问他："你讲这些有什么用？能不能提分？"他停住了，那一刻他突然不知道应该说些什么，不知道自己做的是教育还是教学。现在的我们总会想着让学生考高分，让孩子上名校，这错了吗？这没错，但对于教育而言，我们的目的绝不能局限于分数，受困于功利。富有才学的教师会教给学生知识、技能，而富有情怀的教师会教给学生为人、生活。我们的教育到最后都是为了唤醒我们对于世界的认知，学会知识的同时，也应该学会如何做人、如何生活，而唯有教育情怀的熏陶与滋润才会真正唤醒学生心里那份对于世界的热爱与追求。要让知识有温度，离不开我们教师真正情感的投入，离不开我们不懈坚守的付出，而这一切只有富有教育情怀的"教师"才能做到，唯有投入情感地授予知识，我们兴许才配得上"教师"二字。

一名教师的教育情怀，也映射出了一个人的价值观念。我自己在选择教师这个职业之时，就一直告诫自己，做教育的人是不能太过于功利的，真正能留得住、做得下去，我想我在教师这个行业里就一定能够有所收获。前段时间，我的高中物理老师在空间里发了一条动态，兴许是高中的工作压力太大，一直开朗乐观的她忍不住在空间里发泄，她问自己或者问大家："每一天，忙忙碌碌究竟是为了什么？"当我看到这句话时，也不禁问自己，每天在忙些什么呢？做这些的目的又是什么呢？我想我们每个人都有过这样的思考，每一个人的答案也各不相同，但这种迷茫的感觉是不是我们教育的一种缺失呢？我们学了十几年，老师教了十几年。小学时，我们为了考上一所好初中而学习；上了初中，我们又开始为了考上一所好的高中而奋斗；当迈入高中，我们又不得不为了一所好的大学而努力；当迈入大学呢？为了好工作、为了高工资？我们总是在一个阶段里为下一个阶段的到来而不停息地忙碌着，到最后发现自己永远也摆脱不了这种迷茫，而这其中究竟缺少了什么呢？这兴许就是我们现在的教育应该反思的问题。我一直认为教育不应该只是知识与技能的授予，而更多的应该是一种自我意识的觉醒，一种自我和世界的认识与探索。当我们面对夕阳孤禽时，能吟诵出"落霞与孤鹜齐飞，秋水共长天一色"，而不是呆呆地念叨"鸟在飞"，这也许就是教育最后的目的。而这一切离不开真挚情感的渲染，离不开拥有教育情怀的教师的引领。

就如同小董老师在演讲里说的那样："一个人，唯有认识自己，才能够知晓明日走向何方，而一个国家，只有让每一个人都明确自己的目标，才能够发展壮大。"能够拥有教育情怀是一名教师真正热爱教师这个职业的体现，而真正的教育就是富有情怀的教育。教育是强国之基，也是立国之本，而呼吁教师拥有教育情怀是国家和民族得到真正教育的保障，也是我们每一个教育工作者应该拥有的最基本的热情！

（何贵龙）

（十二）一朝沐杏雨，一生念师恩

在所遇到的形形色色的教师里，我幸运地遇见你，进而改变了我的整个人生。

我从心里抵触"老师"这个职业，直到遇见了你。

从开始接受教育至今，我遇到了许许多多的老师，有讨厌我的，也有喜欢我的，当然也有"不知道"我的。他们在我眼中有太多的不公平。后来，我想明白了，不是他们不公平，只是我不够耀眼。但是谢谢你，你用放大镜找到了我们每个人的优点，让我们每个人都各有用途。谢谢你信任我，将一些工作交给透明的我，虽然还是不够令人满意，但让我得到了锻炼的机会，并让我感受到了自我的价值。谢谢你关心我们的成绩与成长，与我们聊天，给我们写信，一个也不落下。谢谢你每次考试后都找我谈话，不论是成绩一成不变时的鼓励，还是退步时的理性分析，不论是在绿茵场上一抹平淡的微笑，还是在办公室内质问初心。谢谢你在关心我们学习的同时还注重我们的品行；谢谢你在我与同学发生矛盾时没有逼问我而是小心地试探与褒扬……

在我遇到的形形色色的老师里，有毫不负责的，有自弹自唱的，有不近人情的，当然也有和你一样鞠躬尽瘁、有情有爱的。我想我讨厌老师可能是因为我已经将自己代入角色，我不愿做前面那样的老师，但我又会因成了后者而感到不值，人无完人，他们也会因为一点点瑕疵被学生在背后评头论足。到这里我才发现，其实我是感恩每一个老师的，只是我害怕成为老师。但是谢谢你，让我体会到了"路遥知马力，日久见人心"，让我被你的态度与姿态感染，从而对"老师"这个职业有了新的思考。我永远不会忘记腿有伤的你在操场上与我们一同奔跑的身影，也不会忘记你对我们的每一次用心照料，不会忘记你说的"美好的东西值得等待"，更不会忘记你为数不多的几次生气，不会忘记你要我们终身学习的嘱托，也不会忘记你写的每一篇"小作文"……

近来我读到 Emily Dickinson 的一首短诗 *I Never Saw A Moor*：

I never saw a Moor—

I never saw the Sea—

Yet know I how the Heather looks

And what a Billow be.

就想到了你——那个让从未见过荒原与海洋的我知道了石楠的容貌和狂涛巨浪的人。你让刚成年的我在还未体会到社会与职场的残酷时，学会了许多准则或者叫基本规则，不论是不迟到的好习惯还是表里如一的行事风格等，让我在将来面对生活时至少不会被伤得体无完肤。

犹记在我自卑胆怯到不敢上讲台发言时，你将我叫到了办公室。办公室的落地窗很大，视野开阔，窗外绿树成荫。你没有批评我也没有给我讲什么大道理，只是看着窗外问我看见了什么，我没有迟疑地答道："一棵树。"当你再问还有什么时，我犹豫了，望着窗外，没有答案。沉默了一会儿，你开口道："在树下还有一片小草。"你说远方的人们往往都会看见高大的树而忽略小草的存在，但自身矮小的草又怎么能奢求别人的注意呢，除非它是一棵树。年难留，时易陨；但我始终记得：做一棵树，展示树的风采。

我最终的大学录取志愿是小学全科教师，这也意味着我也会成为一名老师，会有自己的学生。虽然我从未当过老师，但我已经受到你的感染并想清楚了该以什么态度和怎样的姿态面对我的学生，开启我的未来。

（周红雨）

（十三）情不知所起，一往而深——我和我的教师梦

伟大的您不仅孕育了我的生命，更影响了我的未来。

人一定要爱着点什么，恰似草木对光阴的钟情，而我深深爱着教师这个职业。

十二年披荆斩棘，我终于迎来了决定自己命运的那一刻——高考志愿填报。因为一直向往着教师这个伟大而神圣的职业，填报志愿时，我没有太多的纠结，义无反顾地选择了师范专业。在听取了亲戚和老师的建议后，我跟随自己的内心，选择了与理想非常契合的小学教育（全科教师）专业。

梦想经历着生根发芽。说到我的教师梦想，就不得不提到我的母亲，她是让我埋下梦想种子，并让它生长出第一棵芽的人。我的母亲是一名乡村小学教师，我从小便受到她的影响，她总是告诉我小学教师是学生成长的启蒙者，影响着每一个孩子的一生。小小的我便知道了小学教师是一份神圣的职业，教好小学生就是为他们的未来奠基。从母亲那里，我知道了教师这份神圣的职业不仅要有丰富的学识、精湛的教学方法，还要有一颗热爱教育的心。让我印象深刻的是，有一次，她们班级一位学生的家中发生火灾，无情的大火烧光了家里的一切，原本就困难的家庭更是雪上加霜。我的母亲鼓励我捐出自己的衣物去帮助那个学生，并带着我去看望她。母亲还向学校申请募捐筹款，为火灾后的家庭带去一点温暖。虽然那时的我还小，但我从母亲的身上学到了最大的善良。那一刻，我明白了这些帮助就像光一样照进孩子无助的世界，也点亮了我柔软的内心深处。从此，我的内心就埋下了教师梦的种子，我想让自己成为那道光，成为像我母亲一样的教师！成为一名拥有诗意情怀的小学人民教师！正如海德格尔所说的："人，诗意地栖居在大地上。"

在填报志愿之前，我对全科教师有过一定的了解。全科教师要求师德高尚，知识面广，能画能唱，全智多能，这与我过去所了解的小学教育专业的学习是不一样的，显然全科教师更有利于成长为一名全能、全才的小学教师，而我立志成为这样的教师。我的身边有很多亲戚、朋友选择了小学教育（全科教师）专业，他们都曾向我介绍过小学教育（全科教师）专业的情况，我对这个专业有着说不出来的熟悉感。同时，小学教育（全科教师）专业是定向培养师范生，我想在学成之时，回到自己的家乡用自己的力量为家乡的教育事业添砖加瓦。小学教育（全科教师）专业与我理想的专业十分契合，因此，我毫不犹豫地选择了这个专业，选择成为一名师范学子。最大的快乐莫过于与梦想的距离越来越近。

教育真正的魅力所在便是塑造优秀的人才，为家乡献力，为祖国奉献。我对大学有太多的憧憬和向往，大学四年，愿我能看到更多，学到更多，丰富自我。我会不忘教师初心，立志成为一名优秀的摆渡人，让更多的孩子看到精彩的世界！

（谢敏）

（十四）爱其所择

事与愿违，却意外发现生命里的宝藏，为自己的教师梦想而努力成为我生命的底色。

"报个师范吧，女孩子以后当个老师多稳定啊。""爸爸妈妈虽然建议你报师范，但还是尊重你。""虽然这也许和你的性格不符，但今年的疫情你也看到了，工作稳定多好哇。"……报考志愿的时候，众音齐聚，我脑袋发胀。

一直以来的坚定被这些声音慢慢消解，我开始慌，我手足无措，我不知道自己想要的到底是什么。我不说话，我开始保持沉默，我去了田野。田野是阳光赠予的吻，在那我想找到答案。一群孩子在那过家家，童真的笑声让我怦然心动。我走了过去，小声说："我是你们新来的老师。"孩子们一愣，接着一笑，露出他们稀疏的门牙。

没有任何意外，我被录取了，成了如今的一名师范生，未来的一位小学教师。我会踏上讲台，迎接许许多多鲜活的笑容，他们会对我说"老师好"，会在我面前笑，在我面前哭，甚至会把我当作亲人。想到这些，我跨进"二师"的步伐没有那么无力了。我开始期待四年后的自己，期待四年后我的学生们，我的孩子们。

但真正的心态转变是在大学的第一堂课里，老师问"有哪些人是自己主动选择我们学校、选择我们专业"的时候，班上为数不多地举起了三只手。我心里庆幸"原来这么多人和我一样被迫、一样无助啊"。但接下来老师的话又让我沉思，他说："在人自由的时候，我鼓励他们择其所爱，但同学们，你们已经选择了'二师'，选择了成为一名全科教师，那么我鼓励你们爱其所择，不管这个选择是谁做的，怎样做的，你们现在需要做的，就是接受它，热爱它。"我低下头，开始数手指。"接受它，热爱它！"心里的声音逐渐强烈。我开始放下固执，放下过往，告诉自己，那就爱我所择吧。

我开始勾勒我心中理想老师的模样，我想应该是有着我高中英语老师那样温婉的气质，有着小学数学老师的幽默风趣。我会成为小孩子们喜欢的小王老师，会和他们成为朋友。我会喜欢教师这个职业。

但成为一名全科教师，我需要做什么呢？走进乡村，走进乡村的基础教育需要我做什么呢？

优秀，我要变得优秀。可是要从何做起呢？在上大学之前，我就想，我要努力竞选班干部，我要入党，我要让我的大学生活丰富多彩。可上大学后，好像都事与愿违了。班干部竞选以失败告终；英语考试给我当头一棒。如今的生活除了莫名其妙的忙碌就是无尽的沉沦。我在消耗自己。

"你在做些什么啊!"我在心中呐喊。可这一切,我好像都力不从心,我无从下手。可我,不想再继续"发霉"了。

我去了解我们专业,了解以后的就业,了解定向的区县,了解儿童心理。我上课慢慢专注,作业努力去完成。我在球场上放松,我和小伙伴们玩轮滑。我好像没有那么废物了。

堤坝上有兜卖的风筝,跟着风,我的梦启程了。四年光阴,初心予你。四年后,我终将成为你,千千万万乡村教师中的一个。

(王倩)

(十五)春风化雨润桃李,学高身正奏华章

探求内心深处的秘密,是对未来的期望,让我勇敢地向前迈进。

昨晚做梦,我梦见回到了填志愿的那天早上。

眼前的桌上凌乱地摆满各种填报指南,电脑的浏览器里塞满了大量学校官网的网页标签。经过前期的焦头烂额,沉下心的我静静地坐在椅上,笔纸搁置在一旁,闭目思考着我的梦在何方。

你究竟想要什么?我自己问自己。

是教书育人,还是救死扶伤?是专注精神建设,还是治愈肉体伤亡?"凡是愚弱的国民,即使体格如何健全,如何茁壮,也只能做毫无意义的示众的材料和看客,病死多少是不必以为不幸的。"鲁迅先生冷峻的面庞在我脑海浮现;"余谨于上帝及公众前宣誓,愿吾一生纯洁忠诚服务,勿为有损无益之事,勿取服或故用有害之药。当尽予力以增高吾职业之程度,凡服务时所知所闻之个人私事及一切家务均当谨守秘密,予将以忠诚勉助医生行事,并专心致志以注意授予护理者之幸福。"南丁格尔温柔的声音却又在我耳边回响。

难以选择,无法割舍。

我回忆着自己过去的经历,近乎贪婪地想从中找到我内心方向的蛛丝马迹。在我蒙学之初、懵懂之时,是他们助我破开混沌之谜;在我天真烂漫、贪玩误学时,是他们使我领悟治学之道……我惊奇地发现,我的豆蔻青春,一颦一笑,苦乐悲欢,他们都在我身旁。

最终,我独自坐上那辆火车,前往那个梦的地方。

尽管在今后，我要斟酌词句去面对每一个青春激荡的灵魂，我要用所有的耐心去面对随时爆发的不稳定因素和学生们偶尔无法合理自控的情绪……我还是会笑着尽快理清来龙去脉，绝不抱怨，这些从根本上也绝不会产生任何动摇我的负能量……我仍然希望，我的一生都将奉献于教师这个岗位，无怨无悔，我乐于参与他们的成长。

我能参与别人的成长，还要奢求什么呢？

我知道，他们现在的世界很小，小到可以把我记得；他们未来的世界很大，大到也可以把关于我的记忆容纳。

我想象着走在学校里迎面而来的"老师好"，没有掷地有声，但温暖我心……它让我的职业有了更坚定的价值指向。

教师这个职业光辉且明媚。在上课的时候我将会传达给我的学生们一些价值观，我希望他们海纳百川，善良且真诚，有自己的立场和真正的热爱……或许我们每一位教师不可能都改变孩子的命运，但是，但凡我们说的一句话、一个道理他们能够理解并且牢记于心，那也足够。

所以，为了实现我的梦，为了不让我的梦只是梦，接下来的每分每秒，我都会做好打算，毕竟，学高为师，身正为范！

时代在进步，社会在发展，伟大的祖国也向我们发出了更具青春活力的召唤，"故今日之责任，不在他人，而全在我少年。少年智则国智，少年富则国富；少年强则国强，少年独立则国独立……红日初升，其道大光。河出伏流，一泻汪洋。"看我少年"前途似海，来日方长"。

教育理想比天高，落地方有百花香！

（张滢）

（十六）做一个有教育情怀的教师

教育情怀就是教育怀情。

未觉池塘春草梦，阶前梧叶已秋声。转眼之间，来到大学已经是第三个年头了。最初懵懵懂懂的那个我，已经逐渐变得成熟、稳重。那个哼唱着"长大后，我就成了你"的小女孩在一年半之后将要变成"传道、授业、解惑"的"教书匠"了。

小时候我希望长大以后当一名人民教师，那时候的想法很天真，因为老师有很多假期，学生放假，老师就跟着放假。两次高考，我都报考的是师范专业，现在终于圆了我的教师梦。在上大学之前，回想起以前自己的小学老师，我觉得当老师应该是很容易的。但是当真正接触到这一领域的时候，我才发现没有那么轻而易举。

在这三年里，我们学习了许多有关教师教育的课程，掌握了许多的理论知识，还有每年一次的见习，都为我们以后的工作打下了基础。在学习过程中，我一直都在考虑一些问题，在四年后我将做一名什么样的教师，作为一名教师应该具备怎样的职业素质和综合素质。这些在经过系统的学习中大致找到了理论性的答案，心中已经有了底。但是教育情怀这四个字对我来说，还是稍许陌生。如何做一个有教育情怀的老师，热爱教育事业、热爱学生？

在大一下学期的时候，一个讲座让我记忆犹新，也给我心里带来了很大的触动，我也在其中寻找到了自己想要的答案，其中几句话至今我都还记得。第一句话是"做有教育情怀的老师，要有'爱'"。是呀，心有对教育的爱、对这份职业的爱、对学生的爱，不忘初心，始终坚持，你定会获得满满的幸福感。这一点其实我还是有点体会的，大一去见习的时候，虽然时间只有短短的两周，但是收获颇多。只要你对学生付出真心，对学生有爱，为他们着想，他们就会表现出相应的行动来回应你。还记得小学五年级的时候，我们班上来了个实习的老师，她当时对我们很好，特别关心我们，当她实习期满要离开学校的时候，班上大多数同学都红了眼眶，十分地不舍，她在与我们道别的时候也没有忍住眼泪。我们要毕业的时候，她还专门从学校回来看我们，为我们加油打气。第二句话就是"做有教育情怀的老师，要有'慢'"。教育是慢的艺术，真正育人的老师，是允许学生犯错误的老师。所有的东西不可能都立竿见影，需要细水长流。十年树木，百年树人。教育需要慢下来，慢慢对学生产生影响，慢慢感染学生。俗话说"心急吃不了热豆腐"，有些事情是需要慢慢进行的，特别是教育学生，要符合他们的身心发展规律，不可拔苗助长。第三句话就是"做有教育情怀的老师，要有'学'"。活到老，学到老；一辈子做教师，一辈子学做教师。学无止境，把自己学到的东西教给学生，是无比幸福的。虽然我们以后毕业了不用担心工作的问题，但是我们也不能放松自己，要坚持学习，丰富自己的知识，开卷总是有益的。第四句话就是"做有教育情怀的老师，要有'礼'"。礼既是礼貌待人，又是规范自己。在大学里我发现了一个现象，学生遇见了老师，不管是不是自己的任教老师，几乎很少向老师问好，形同陌生人。这也引发了我的反思，以后进入工作岗位了，自己一定要彬彬有礼地对待学生及同行，对待学校的前辈，要先打招呼，这样既表达了自己对他们的尊重，也表现了自己的礼貌。作为一名准教师，我们要记得"勤学修德，为人师表"，只有自己做好了，才能去要求别人。

作为新时代的准教师，我要做的还有很多，不仅仅是自己看到的这些，还有许多未知的东西等着探索。对于教育情怀这一块，我觉得不光要说，喝再多的心灵鸡汤，喊再多的口号，都不如实际去做，在行动中体现。"生活不止眼前的苟且，还有诗和远方。"教师生涯充满酸甜苦辣，不忘初心，始终前行，让教育情怀一直在心中。

（唐明琼）

（十七）教育是一份情怀

苦涩甘甜，我愿在未来的教师岗位上认真品尝。

"十年树木，百年树人。"踏上三尺讲台，也就意味着踏上了艰巨而漫长的"育人之旅"，教师就像那默默奉献的绿叶，时时刻刻衬托着鲜花的娇艳。

怀着对远方神圣的热切向往，为了远方那心目中的圣地，青年教师们把青春年华扎根于三尺讲台而无怨无悔；中年教师们将家庭搁置一旁而全身心地扑在教学工作上；老教师如老黄牛一般埋头苦干而不知疲倦。他们，所面对的不只是几十双求知的眼睛，还有一个需要用爱来倾注浩瀚的海洋；他们，犹如辛勤的农夫，钟爱着自己的这片土地，一年又一年精心耕作、无私奉献。

为什么要成为一名老师？就好像问你为什么要努力学习一样，很多人可能想说：因为自幼便以教书育人为理想；因为有一年三个月的带薪休假；因为我喜欢小朋友；因为教师职业是铁饭碗，我好像别无选择；因为……但是不管有着什么样的出发点，我们终究选择了师范，选择了教师这个职业。

作为未来的小学教师，这个选择是在我的生命轨迹中自然形成的，它并不是我的原始目的。也就是说，做一名教师并不是我的理想。虽然我成长的道路上受到过很多优秀教师的启蒙与教导。他们以渊博的知识，使我走出蒙昧与无知；他们用高尚的人格，教会我如何做人。所以，就算它不是我的挚爱，但既然已经做了这个选择，我就会积极、尽职地做好该做的事情。我知道自己学识浅薄，品德还不够优秀，为了能胜任这个职业上了大学。我努力学习专业知识、练习教师基本功来完善自己，广泛涉猎各种知识并深入钻研来充实自己。

教书是一件任务重、压力大、责任大的事情。或许未来的某一刻，我正经历着迷茫，天天都是一样的生活：上课、下课、改作业，学生经常犯错，学校又布置了各种任务，时间不够用等。只感觉工作很无聊，生活一下子没有了激情和目标，就像是失恋的感觉，也听到旁边同事抱怨这样的日子什么时候是个头啊。或许未来的某一刻，我会觉得喘不过气来，感觉焦头烂额、走投无路，只希望那时候，我会提醒自己——我是学生的生命线。

"人生之海，奉献是岸。"选择了教师这个职业，便选择了奉献。我希望未来能把我的知识无私地传授给我的学生，使他们成为社会的有用之才。周建成，一位在隆回县山村学校默默奉献了几十年的农村教师，他的一生没有惊天动地的壮举，甚至没有任何荣誉光环的笼罩，直到去世，他也未能亲眼看到自己晋升中级职称的资格证和聘任书；他一直以一名共产党员的标准严格要求自己，却迟迟没有向党组织递交入党申请书。但是，他用自己一点一滴的实际行动书写了一个大大的"人"字。甘为人梯，像"春蚕"吐尽青丝，像"蜡烛"化成灰烬，把毕生献给教育事业，献给学生。他是我学习的榜样。

作为一名定向乡村的全科教师，或许我也像周老师一样，没有轰轰烈烈的事迹，没有荡气回肠的壮举，只是在平凡的岗位上做着自己该做的事情。可以不进城，可以不被提拔，但是我不可以不敬业，不可以不成长。对待课堂，一定要怀敬畏之心，因为那是学生生命诗意栖息的地方。

"师者为师亦为范，学高为师，德高为范。"走上三尺讲台，教书育人；走下三尺讲台，为人师表。教师不仅是社会主义精神文明的建设者和传播者，更是莘莘学子道德基因的转接者。教师工作的"示范性"和学生所特有的"向师性"，使教师在学生心目中占有非常重要的位置。我深深懂得，我肩上的担子不轻，需要不断完善自己。

"同学们，上战场了。"或许，在毕业的时候，我们会对着同学说这句话，因为教育之路，任重而道远。我知道做教师苦，当自己苦口婆心劝导，学生还是毫无反应时；当自己呕心沥血讲解，班级还是毫无起色时；当自己尽心竭力完成一件事情，领导却说这不完善、那不完美时。我知道做教师难，自己把学生当成自己的孩子一样，进步了为他高兴，退步了为他着急，生病了为他难过，可稍微有点差池，个别家长就会不支持教师的工作。但是，苦水中沤出的麻结实，淤泥中挣扎出的荷洁白动人，沙漠戈壁中行走的骆驼执着顽强，一个历经沧桑洗尽铅华的人才会坚韧不拔。我也知道做教师甜，孩子们一句真诚的问候，一个信赖的眼神，一次小小的进步，课堂上那种热烈又和谐的氛围，孩子们的崇拜，如小鸟般依偎在你的周围。无论美丑，天空总是收容每一片云彩，所以天空才会广阔无比；无论大小，高山总是收容每一块岩石，所以高山才会雄伟壮观；无论清浊，大海总是收容每一朵浪花，所以大海才会浩瀚无比。所以，无论未来有多少艰难险阻，我都会勇敢面对。

寒来暑往，春去秋来，希望我在教书育人的生命历程中不断行走，不断追寻，以"学高为师，德高为范"为己任，培养德智体美劳全面发展的社会主义"四有"新人。

（陈敏）

（十八）给周老师的一封信

本无须太多言语，一切安好皆于信中。

亲爱的周老师：

展信安好！

很久没写过信了，拿起笔却不知该如何开始写，也不知道您近来如何。身体有没有好转一些？吃饭可还香？是不是还坚持着每天画画呢？

黄昏散落的碎光潋滟，被微漾的水面渡去，时光将暮色埋进深海酿一支琥珀酒。我手捧一抔沙，试图将往事忆起，依稀记得我和你的那段时光。

冬天的空气有独特的湿润感，清冷稀薄。海平线在视野中渐显，远处山峰也抹上一层柔软的橙色轮廓，大抵是畏惧夜色太过凉薄，我躲藏在晨曦的柔和里，小心翼翼地背着书包在路上行走。山路难行，您总是坚持在山脚下等我，即使冬季寒风凛冽，但是每天早晨都有您留给我的温暖。

村子里去上学的小孩不多，而我却是为数不多的小孩子之一，因为离学校远，每天早晨我都需要翻越一个山坡，您因为担心我的安全，就这样两年来坚持每天早晨在这里陪我走到学校里。

那天早晨一如往常，您一身干净的棉布衣裳，袖子上撸，裤脚系紧，伫立在那棵大槐树下，眼睛时不时望向山坡上，等着我的到来。

晨曦氤氲，天空暗中透白。街巷里桂花饼飘来了香味，您在路上咳嗽了几声，我们在不知不觉中走进了校园。几张桌几张椅，一块黑板一盒粉笔，这些物品七零八碎地拼凑成了一间教室。

故事是从我上小学开始，在最后一节课结束。您在课上用清脆又响亮的声音点着每一位同学的名字，你转身落笔在黑板上，少了平时的运笔顺畅，多了些迟钝。黑板上的每一个字就像一个个截然不同而又吸引人去探索的图案，渐渐地，您的板书已经布满了每一个角落。接着，我们望着您，您从包里拿出了一盒牛仔布包裹着的彩笔，一字一句地说："以后大家也能用彩笔绘画了，这是属于你们的彩笔。"也正是那盒彩笔陪伴了我们接下来的时光。在最后一节课上，您跟我们郑重道别，说着："同学们，很幸运能做你们的老师。"此后，便再无您与我们上课的场景了。

原来，您患了严重的病，上完那堂课，您便被送进了医院。那盒彩笔唤醒了我们的故事，由于大部分学生家里的经济条件不好，在当时看来能够拥有一盒彩笔是非常难得的事。后来才了解到，那是您省吃俭用半年时间换来的仅此一盒的彩笔。

您这一生一言不发地走遍了角角落落，从山坡小巷走到熙熙攘攘的大街，最后还是停在了学校里。您为了让我们能够有更好的教育和未来，为了让小乡村的学校变得更好，为了让我们能够拥有一盒彩笔，痴痴地奉献了一生，我在您的吹拂下成长。

此刻，我坐在被海风侵蚀得薄脆的木板上，垂下双腿，身边仿佛还留着那个冬季的余温，像是宣告着我和您的一切都从未离场。我们也曾走在冬季，那时的炙热不曾被凛冽寒风驱散，可是晨曦会逝去，每个冬季都不同。再次翻开我和您的回忆，变成《哈利·波特》里会动的魔法相片，那些被遗落的美好，那些和您一起走在街道上的场景，又重新打动我。想要再唤您一句"周老师"，将我心底的拼图拼凑完整。

您不用担心我，近来一切都好，而现在的我，也变成了曾经的您。

您的学生：唐川尧

（唐川尧）

（十九）心若有爱，必生温暖

富有爱的教育可以改变人的一生，温暖人的一生。

如今生活在人人都谈情怀的时代，"家国情怀""人民情怀""情怀营销"等常被人谈论。然而，极具情怀特色的教师职业却甚少提及教师教育情怀，甚至谈情怀色变。将"情怀"束之高阁，认为情怀虚无缥缈、遥不可及。人们对教师教育情怀提出了较高要求，倾向于用"春蚕到死丝方尽，蜡炬成灰泪始干""教书育人、诲人不倦"等极具牺牲、奉献意味的词语来形容教师，要求教师始终燃烧自己，照亮别人，要求教师一味地牺牲奉献。这样的论调未免有些不切实际，作为一名小学全科准教师的我对教育情怀有着这样的美好憧憬：与学生亦师亦友，真诚以待，用爱浇灌，达到一种教学相长的境界，在或许不那么光鲜亮丽的岗位上踏踏实实、兢兢业业地做着自己该做的事。我想这也许也算是种情怀吧！

"精诚所至，金石为开。"情感投入决定目标的实现概率。"真者，精诚之至也。不精不诚，不能动人。"唯有真心能触动真心，唯有爱能感化人性，孕育灵魂。斯普朗格认为："教育的本质就是以爱为中介的文化传递。教育是爱的教育，爱是教育的内在本质，没有爱就没有教育，爱是教育的灵魂，是教育的生命所在。"古今中外，爱都是教育发展进程的主旋律，在爱的滋养下，教育事业迎来了自己的春华秋实。

古有至圣先师孔子，用大爱、大情怀为我国教育事业谱下了一曲华美乐章，主张"寓教于乐，诲人不倦"，孔子的教育思想中"仁爱"是核心。现代史上有伟大的人民教育家陶行知先生放弃高校教授工作，带着"捧着一颗心来，不带半根草去"的博大教育情怀，扎根乡村，创办晓庄学校，一生致力于乡村教育事业的发展。今有教育楷模魏书生、窦桂梅用自己独特的人格魅力、高尚的教育情怀感染了无数师生，为日渐低迷的教育生态文化带来了一丝生机，为教师专业发展建立了一片文化绿洲，成为教育界新的时代标兵。西方有教育家裴斯泰洛齐首创爱的教育，提出爱的思想教育，彻底改变了传统师生关系。裴斯泰洛齐提出："教育的主要原则是爱。"裴斯泰洛齐爱的教育思想启示教师，对学生无保留的关心与爱是学生前进的动力，是构建和谐师生关系的重要保障。此外，苏霍姆林斯基是苏联时期一位生于乡村、热爱乡村、一生坚守在普通乡村中学的乡村情怀教育家，其情感教育思想更是享誉国内外。他的

《把整个心灵献给孩子》《给教师的一百条建议》等著作已成为国内中小学教师的必读书目，他的教育思想的核心是人道主义，主张用满腔热情和爱心浇灌学生的心灵，他的教育信条是相信每一个孩子，认为每个孩子身上都蕴藏着某些尚未被发现的闪光点，需要教师用耐心、爱心去开发、挖掘。他对儿童的爱、对乡村教育事业的忠诚一直鼓舞着每一位教育工作者，同样也鼓舞着我。在漫长的人类教育史中，"爱"这一积极情感一直是教育发生的情感前提，一切教育活动都应在爱的基础上发展，因此，在未来的教育事业中我将心中充满爱地教育孩子们，我坚信这样的教育必生温暖。

苏霍姆林斯基曾说："对孩子的依恋之情，是教育修养中起决定作用的一种品质。"我憧憬着与学生的关系就像恋人之间的关系，要与学生谈一生一世的恋爱，情之深、情之切地对待学生，发自内心地热爱孩子们；我憧憬着与学生之间的关系不仅是一种工作关系，更不是例行公事，而是互为成长伙伴；我憧憬着与学生之间亦师亦友，更有亲情，不是亲人胜过亲人，超越现实生活中的世俗关系。虽用心用情，但并不是一味地付出，而是在很大程度上，是学生成就了教师，被学生的生命所鼓舞和感染，真正能够达到教学相长。

纵观古今中外，对教育的爱、对学生的爱是所有教育名师身上所具有的共同特性。对小学全科教师来说，其爱不仅简单地表现为对学生、对教育的关切，还突出地表现在对乡村教育的敬业精神和对这片乡土的爱上。

教育是一场相遇的旅行，遇到一个好教师对学生的发展影响深远。尤其对于处于弱势地位的乡村学生来说，教师便是他们生命成长中的重要人物，对其良好社会化及健全心理人格的形成有着重要影响。未来的工作同行们，希望我们都能用爱践行教育，不让我们的孩子"输在起跑线上"，我坚信心若有爱，必生温暖。路就在脚下延伸，而我们正在迈步向前；路就在脚下延伸，而我们正在铺路。

（张明）

（二十）择你所爱，爱你所择

我不知道未来如何，但竭尽全力不负为师是我唯一的承诺。

第一次听到"择你所爱，爱你所择"这句话，是在开学第一课，那一晚的记忆已经开始模糊了，唯一记得的是自己那一晚的羞涩和这句话，这句话是辅导员杨老师送给我们的，她说这句话是她大学时的人生格言，到现在依然在用。上大学后，听到最多的不是你高考考了多少分或者就读哪所学校，而是你为什么读这个专业。我记得我以前是这么回答的："我没有喜欢的专业，这个听着不错，不用找工作还有编制，对女孩子来说挺好的。"可是现在细细回想，那时的自己似乎总是代入我高中班主任的脸庞，或许是因为刚刚离开高中不久，班主任对我也挺好的，所以我是因为不舍才会这样。在自我怀疑和否定中茫然地度过了我的大一上学期，大一下学期因为疫情在家被迫待了半年，突然的闲暇让我有空思考自己想要的是什么、怎么度过自己的大学生活。在自我了解中，我其实一直是一个不想为难自己的人，很多东西我觉得只要尽力了就好，不想去争，也就是父母说的"不上进"，可是我喜欢这样的自己，这样的自己很快乐，没有压力，没有烦恼。仔细想想高中前期的自己似乎不是这样，我享受考班级前几名的快乐，喜欢站在领奖台上感受别人羡慕的目光，好像这一切的转折点是2018年的高考，我失利了，成了所谓的"复读生"。

　　那一年是我最不愿意回忆的，却也是我最难忘怀的，我记忆里的那一年只有无数的卷子和深夜里无数次的崩溃失眠。现在那凌晨三四点同学的呼噜声似乎就在耳边回荡，我不知道自己是怎么熬过来的，但是我确实熬过来了，站在了这里，未来会成为一名人民教师。但也是从那时开始，我好像用尽了自己所有"争强好胜"的激情。我有时会和同学们自嘲，我毕业之后会不会是去"误人子弟"的，可每次玩笑之后又会忍不住想我当老师之后会是什么样子。我想过很多种，但是我最想成为的是我高中班主任这样的。其实他和普通的教师没有多大的区别，在我看来唯一的闪光点是对学生无条件的信任，我不知道他的信任从哪里来，其实在成长的过程中，我们都慢慢丧失了自己对这个世界的信任，对外界总会保留一丝警惕和不信任，可是在和班主任相处的三年半里，我从没有觉得自己是不被信任的。"高四"那一年一直有一个背影，和朱自清《背影》里面的背影有点像，又有点不一样，班主任的背影似乎要更高大一些，可能是常年锻炼的缘故吧，他不会说很多的鸡汤文，但是他会静静地等你说完，然后说一句"我觉得你可以"。他在课堂上会更加关注你，会叫老师给你补课，像很多沉默寡言的父亲一样，说得不多，只是默默地做，这样的老师或许才是我想要成为的老师模样。

　　我不确定自己是否能做一名好老师，但是我会做一名合格的老师，就像

《令人心动的 offer》里的那句话"我将用毕生去捍卫法律的尊严"。而我会用毕生去教好每一个孩子,如辅导员开学第一课说的那样"择你所爱,爱你所择",未来已经选择,那就好好爱自己所选择的,不忘初心,方得始终!

(谭柳)

(二十一)选择,无悔亦热爱

在喧闹的世界里,我愿做一名平凡的教师,无怨亦无悔。

高中毕业的那段时间,我被问到最多的问题是"你为什么选择这个大学这个专业啊""你怎么不去其他地方读更好的大学啊"。这些问题不仅是家人、同学也包括老师都问过,或许他们有些人理解,有些人不理解,哪怕现在我周围有些同为小学教育专业的同学可能也不知道为什么他们会做出这个决定。

我当初选择大学的时候,同样有许多的朋友给我建议,但是我还是有我自己的看法与坚持。老实说,我明白我的个性不太适合在理工科领域发展,反而更喜欢感性的事物和人文。而在社会学科方面,我又对教育情有独钟,倒称不上孔子"桃李天下"的传道解惑,也谈不及鲁迅"弃医从文"的救人救世,只是有一颗赤诚的育人之心和对国家的美好祝愿。别人听来可能会觉得可笑,很不切实际,觉得一个平凡的乡村教师怎么可能有这么大的社会作用。但我觉得恰恰是教师这一职业更能发挥这样的社会作用。

其实从网络环境就可以看得出来,当今"网络喷子""社会愤青"的现象屡见不鲜,"某博""某乎"这些社交软件的环境就可以很明显地体现出来。为了博人眼球,做出一些低俗恶趣味的事;为了赚取热度,对于某些误会煽风点火;为了体现"高知",说出看似正确却毫无同理心的冰冷话语。恶搞他人丝毫不考虑他人想法,"煽风点火"丝毫不考虑会给他人带来多少麻烦,展现自己的"文化程度"就可以说出尽毁"三观"的话语。每当看到这些的时候,我感到更多的不是愤怒而是悲哀和心寒,我们国家大力普及义务教育,发展高等教育,难道培养的就是这些浑身充斥着戾气的青年吗?更可笑的是只有一个高中文凭却说着"学历没有一点用"的话。

转念想来,不能一味地抨击他们,我们同样要思考为什么会有这样的现象。是不是我们的教育出了问题?时间往前推 10 年可以了解,那个时候的师资水平其实并不算高,特别是小学教师,可能其中大部分还没有大学学历,对于学生的教育也不够了解，在教育方式和教育手段上会有不妥，可能更多地强调传知而忽视了育人。以上种种都有可能是原因所在。

我可能达不到张载"为往圣继绝学"的能力，但还是想通过自己的努力来帮助某些或者某一个孩子拥有一个积极的心态、一个向上的目标。我可能自己做不到为国家、为社会作出什么具体的巨大贡献，但能为社会减少一个浑身充斥着戾气的人，增加一个奋进的人也能使我满足。

而在乡村，在教育相对滞后的情况下，教师育人的作用显得更为重要，乡村学生接触的东西相对较少，单纯但也同样容易被影响，我们作为乡村教师更要学会如何保护和引导他们，让他们能够在对社会有自己看法的同时保持一颗热爱生活、积极向上的心。

教育任重而道远，功成不必在我，但功成必定有我，这就是我的选择，无悔亦热爱。

（程科）

（二十二）为师于我

命运辗转，从学生变为教师，这是我对自己内心最诚挚的回答。

我是一名小学教育专业的新生，自报到以来，我清楚了我的专业、我的学校，却从不敢轻易幻想自己成为一名"教师"的样子，这二字于我，总是距离过远却又那么亲近。

我只是个学生，内心深处我一直这样认为。十几年的学习之旅，磕磕绊绊。我曾遇到过我很喜爱、敬佩的老师，也有过不太中意的老师，他们在我心中或多或少都给了我想当老师的冲动。我想，从小到大对我影响最深的便是我的语文老师们，无论是生活还是学习，认识自我还是感悟社会，在我至今的认知中都留下了浓墨重彩的一笔。为师于我，是能影响人一生的征程。

小学时，语文老师喜欢自然花草，玩文弄墨，针砭时弊，即使很多东西还不懂，但是他讲的东西却在我脑海里生根发芽。我喜欢阅读，喜欢自然，喜欢用写写画画来陈述自我。我也想和他一样，用我的快乐和思想影响别人，启发别人。很荣幸，现在的我有了这个机会；也很紧张，我是否能给予学生真正有意义的人生价值观的培育导向。为师于我，是梦想与渴望，也是现实与挑战。

　　小学的我，心有期盼，却畏惧现实，害怕在人前表现，一度奉行沉默是金的法则，最后转化为浓浓的自卑感。可巧，初中时，我遇到了一位像"妈妈"一样的语文老师，给我孤独的生活带来阵阵暖意。她关注我的学习，关注我的生活，会给予我肯定，为我指点迷津。我学着一点一点打破黑色硬壳，去接触外界，最后我甚至可以将她给我的温暖传给周围的人。阴暗的地方过于寒冷，温暖的火光并不灼人。为师于我，是解救被胆怯与孤寂笼罩的小灵魂，是给予他们自信，温暖他们的内心，让他们有站在人前的底气和关爱他人的温柔。

　　高中时，课业加重，屡次考试的不理想让我对一切丧失了热情。一个下午，我抱着对语文的唯一希望找到了我的语文老师。她了解我的来意后，问我："平常喜欢看书吗？"我答："喜欢看小说。"她带着赞许的眼光看向我："那不错啊！我知道，比起你喜欢的小说，书上的文章对你并没有那么大的吸引力，可是，当你看小说的时候，是不是也会用到我们学习的东西呢？仔细想想，名家名作并不是完全晦涩难懂的，不要把它们固化，要学着去欣赏它们，喜欢它们。兴趣是最好的老师，你对语文有兴趣了，成绩必然不会太差。"

　　"学会喜欢"四个字，让我恍然大悟。

　　对于学习，我并不厌恶，甚至怀着一丝喜爱。可是我把它们想得太难，最后那丝喜爱被湮没于烦恼，造成了我的颓废。我又一次点燃了心火，去感受文章遣词造句的唯美、数理逻辑的严密、历史星河的璀璨、地理徜徉万象的玄幻。学会喜欢，喜欢后我发现了许多有趣的东西，对学习的烦恼转为偏爱。这又给了我启发，为师于我，是挖掘每一份对知识的心动、每一丝对生活的热忱，让我热情不减，充实自我。

　　教育是用灵魂影响灵魂。我的灵魂被我的老师们所影响，我也想去感化其他更多的人。为师于我，是帮助他人的同时成就自我，是感动，是期待，是自豪。迷茫总是有的，或许现在的迷茫还会持续，但是我已有了方向，我是学生也会是一名老师，我能接受更多的知识，也会热爱更多的人。

　　为师于我，并不畏惧！我愿携着我的热爱奔赴那一个烙印在我青春记忆中的约定。

（程晓玲）

（二十三）微米之梦 逐步绽放

心若向阳，春暖花开，微米之心，矢志不渝。

簌簌银杏落下，暗暗桂香自来。慢慢，它又带我回到了萦绕无限欢声笑语的童年时代。童年，多么美好的词语，成年人心心念念、梦中时而追忆的时段，也正在这时，我的心中埋下了一颗种子，一颗葵花种子。

何为葵花？菊科向日葵属的一年生草本植物，向阳而生。为何是葵花？葵花象征希望，象征光明。我在小学时期有一位老师，她如同向日葵一样伴着阳光走进了我的世界。那是一堂写作课，题目为"我的理想"，同学们都有自己的理想："我要当科学家""我要当警察""我要当医生"，而我在绿格子的作文本上写上了"我的理想是当一名老师"。老师在教室过道中观察时发现我写的文题，便问："为什么想要成为一位老师？"当时足够稚嫩的我仅仅回复："因为老师有假期！"但是当时她并未继续追问为什么，而是笑笑，说了句"可以"，然后转身走了。

可能就是从那时起，我已经开始有对教师职业的相关探索与好奇吧！我没有像《鲁滨孙漂流记》之中的鲁滨孙那样勇敢地冒险一次，也没有像《堂吉诃德》里面的阿隆索·吉哈诺那样说走就走去找寻所谓的"战士"，但是我在老师的课堂之中充分地认识了他们，激发了我对外面世界的向往。身处一个村小，交通不便、地理偏远和教学资源匮乏等问题限制了许多教学的开展，但是仅靠着书本，有质感的书本，这批老师为我们打开了多彩的世界。课前每日分享名言警句，课堂穿插其他名著小故事，课后一起玩小游戏，这些活动丰富了我们的生活。但是他们是怎样的一批人呢？他们大多是本地人，在这里出生，也在这里奉献他们的一生。随着他们送走一批一批的"我们"，他们双鬓斑白慢慢老去。现今我们回望过往，吃水不忘挖井人，我们被这样的一群老师所影响，成为拥有足够能力的新一代，现在就该我们有所作为了。

时代不断地向前发展，全国的教学质量相比之前已经有了很大的提高，然而仍然有一些地区生源较少，以致多个年级的学生共上一堂课，缺乏教师的全面引导与教学。因此，我选择了全科教师这个专业，一个师范专业里面较为特殊的专业。这个专业涉及许多我从未接触过的课程，如钢琴、"三字一话"、形体等课程，我们在大学充实着自我，希望能为乡村的孩子们带去较为系统和全面的教育。

从最新的教育讲座中，我们充分认识到了人工智能对于教育信息化的重大影响。现今正处在教育信息化2.0时代，我们大力加强信息技术与教学的融合创新，以求促进教育改革，推进教育现代化。所以我们要不断地完善自己，努力使自己成为一名优秀的老师。

这是我最初的梦，如微米一般小，但是，我仍旧会让它逐步绽放。像向日葵一样，笑对阳光，带去知识与爱，温暖学生未来的一生，绽放我的梦想，照亮他们的梦想！

（肖文琴）

后 记

教育情怀，是从教者的教育初心，更是师者的优良品德。

在社会多元化的今天，基础教育，尤其是偏远山区及农村地区的教育，最为宝贵的是扎根于基础教育的师资力量。那么究竟如何培育一批"下得去、留得住、干得好"的教师，以实现城乡教师资源均衡配置，这是教育工作研究者和管理者需要思考的问题。从核心素养角度而言，除了知识、能力方面要过硬之外，还需要具有浓厚的教育情怀。

厚植教育情怀，尊重教师职业，就是在呵护民族未来的成长沃土。诚然，每位乡村教师所内化于心的教育情怀将是未来教育的光芒与希望。因此，师范院校积极促进师范生树立良好的教育情怀是对新时代教育发展的社会责任与使命。我国应在全社会弘扬尊师重教的良好风尚，不断提高教师的政治地位、社会地位、职业地位，让教师享有应有的社会声望。我们坚信，通过厚植教育情怀与坚定理想信念，未来的教育一定会五彩缤纷，大放异彩。

百年大计，教育为本。唯其如此，才能让更多的优秀人才乐为人师、善为良师。教师是太阳底下最神圣、最光辉、最古老的职业，也必须成为引领时代、弘扬主旋律、传递正能量的职业。今天，站在以高质量的教育发展为党育人、为国育才的新时代起点上，教育同人更应厚植教育情怀，不忘教育初心，砥砺前行，努力成为有教育情怀的新时代人民教师。

嗟乎！师道之不传也久矣！欲人之无惑也难矣！古之圣人，其出人也远矣，犹且从师而问焉；今之众人，其下圣人也亦远矣，而耻学于师。——韩愈《师说》